EMPIEZA CON EL PORQUÉ

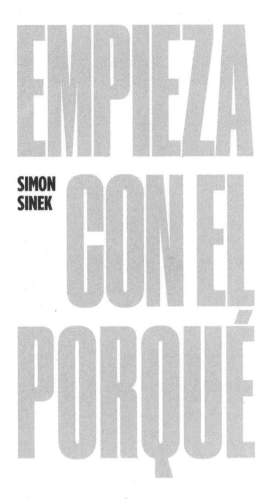

EMPIEZA CON EL PORQUÉ

SIMON SINEK

CÓMO LOS GRANDES LÍDERES MOTIVAN A ACTUAR

EMPRESA ACTIVA

Argentina – Chile – Colombia – España
Estados Unidos – México – Perú – Uruguay

Título original: *Start with Why – How Great Leaders Inspire Everyone to Take Action*
Editor original: Portfolio / Penguin
An imprint of Penguin Random House LLC, New York
Traducción: Martín R-Courel Ginzo

1.ª edición Mayo 2018
1.ª edición de esta presentación Abril 2024

ISBN: 978-84-16997-89-3
E-ISBN: 978-84-17180-80-5
Depósito legal: M-7.395-2024

Fotocomposición: Ediciones Urano, S.A.U.
Impreso por Romanyà Valls, S.A. – Verdaguer, 1 – 08786 Capellades (Barcelona)

Impreso en España – *Printed in Spain*

Para Victoria,
que encuentra buenas ideas
y las convierte en fantásticas

Hay jefes y hay líderes.
Los jefes ostentan puestos de poder o de influencia.
Los líderes nos motivan.

Ya sean personas individuales, ya organizaciones,
todos seguimos a los líderes no porque tengamos
que hacerlo, sino porque queremos.
Y seguimos a los líderes no por ellos, sino por nosotros.

Este es un libro dirigido a aquellos que desean motivar
a los demás y a los que desean encontrar a alguien que los motive.

ÍNDICE

INTRODUCCIÓN

¿POR QUÉ EMPEZAR CON EL PORQUÉ?

Este libro versa sobre una constante que se da de forma natural, una manera de pensar, de actuar y de comunicarse que confiere a algunos dirigentes la capacidad de motivar a los que los rodean. Aunque estos «líderes innatos» tal vez hayan llegado al mundo con cierta predisposición para motivar, no tienen dicha aptitud en exclusiva. Todos podemos aprender ese comportamiento. Con un poco de disciplina, cualquier dirigente u organización pueden motivar a los demás, tanto de dentro como de fuera de la organización, para que les ayuden a promover sus ideas y aspiraciones. Todos podemos aprender a liderar.

La meta de este libro no es simplemente la de intentar arreglar las cosas que no funcionan. Antes al contrario, escribí este libro con la idea de que sirviera de guía para prestar atención y amplificar las cosas que sí funcionan. No es mi intención desbaratar las soluciones aportadas por otros. La mayoría de las respuestas que obtenemos, cuando nos basamos en pruebas sólidas, son perfectamente válidas. Pero si empezamos con las preguntas equivocadas, si no entendemos la causa, entonces hasta las soluciones adecuadas nos llevarán siempre por el camino equivocado... tarde o temprano. La verdad, ya ves, siempre sale a la luz... al final.

Las historias que se relatan a continuación son las de aquellas personas y organizaciones que encarnan de forma natural esa constante. Ellas son las que empiezan con el Porqué.

1

El objetivo era ambicioso. La ciudadanía estaba sumamente interesada. Los expertos estaban deseosos de ayudar. El dinero estaba al alcance de la mano.

Provisto de todos los ingredientes para alcanzar el éxito, en los albores de la década de 1900, Samuel Pierpont Langley se había propuesto ser el primer hombre que pilotara un avión. Alto funcionario del Instituto Smithsoniano y profesor de matemáticas que también había trabajado en Harvard, gozaba de un gran prestigio. Entre sus amigos se contaban algunos de los hombres más poderosos de la administración y los negocios, entre ellos Andrew Carnegie y Alexander Graham Bell. Langley recibió una subvención de 50.000 dólares del Departamento de Defensa para financiar su proyecto; una cantidad de dinero exorbitante para la época. Además, había reunido a las mejores mentes del momento, un verdadero *dream team* de talento y conocimiento. Langley y su equipo utilizaron los mejores materiales, y la prensa lo seguía a todas partes. Por todo el país había personas cautivadas por la historia esperando leer que Langley había conseguido su objetivo. Con el equipo que había reunido y los amplios recursos de los que disponía, tenía garantizado el éxito.

¿Lo fue?

A unos cuantos cientos de kilómetros, Wilbur y Orville Wright estaban trabajando en su propia máquina voladora. Tan intensa era su pasión por volar que habían despertado el entusiasmo y el compromiso de un entregado grupo de su ciudad natal, Dayton, Ohio. Nadie financiaba su iniciativa; no había ninguna subvención de la administración; no tenían contactos en las altas esferas; ninguno de los integrantes del equipo tenía un título superior ni había asistido a la universidad, ni siquiera los propios hermanos Wright. Pero el equipo, que se reunía en una humilde tienda de bicicletas, consiguió hacer realidad su sueño. El 17 de diciembre de 1903, un reducido grupo de personas fueron testigos del vuelo de un hombre por primera vez en la historia.

¿Cómo es posible que los hermanos Wright tuvieran éxito donde no fue capaz de conseguirlo un equipo mejor provisto, mejor financiado y más instruido?

No fue una cuestión de suerte. Tanto a los hermanos Wright como a Langley los movía una gran motivación; tanto unos como otro tenían una sólida ética de trabajo; los tres tenían una aguda mente científica. Todos perseguían exactamente el mismo objetivo, pero solo los hermanos Wright supieron motivar a los que los rodeaban y conducir realmente a su equipo para crear una tecnología que cambiaría el mundo. Solo los hermanos Wright empezaron con el Porqué.

2

En 1965, los estudiantes del campus de la Universidad de California en Berkeley fueron los primeros en quemar públicamente sus tarjetas de reclutamiento, en protesta por la intervención de Estados Unidos en la guerra de Vietnam. El norte de California era un foco del sentir antigubernamental y contestatario; las imágenes de los enfrentamientos y los disturbios en Berkeley y Oakland dieron la vuelta al mundo y avivaron movimientos solidarios a lo largo y ancho de Estados Unidos y Europa. Pero no sería hasta 1976, casi tres años después del fin de la intervención militar estadounidense en el conflicto de Vietnam, cuando se desató una revolución diferente.

Sus impulsores pretendían provocar un impacto, un gran efecto, incluso desafiar la manera en que la gente entendía el funcionamiento del mundo. Pero estos jóvenes revolucionarios no lanzaban piedras ni se levantaron en armas contra un régimen autoritario. En vez de eso, decidieron derrotar al sistema en su propio terreno. Para Steve Wozniak y Steve Jobs, los cofundadores de Apple Computer, el campo de batalla era la empresa, y el arma elegida, el ordenador personal.

La revolución del ordenador personal se estaba empezando a cocinar cuando Wozniak construyó el Apple I. La tecnología, que apenas empezaba a concitar interés, estaba en buena medida considerada una herramienta empresarial. Los ordenadores eran demasiado complicados y estaban fuera del alcance del ciudadano medio. Pero Wozniak, un hombre que no actuaba movido por el dinero, imaginaba un fin más noble para la tecnología. Veía el ordenador personal como un medio para que el hombrecillo de la calle se enfrentara a una corporación. Si fuera capaz de encontrar la manera de ponerlo en manos del ciudadano de a pie, pensaba Wozniak, la computadora otorgaría a casi cualquiera la capacidad para realizar muchas de las mismas funciones que una empresa con unos recursos inmensamente superiores. El ordenador personal podía igualar la partida y cambiar la manera de funcionar del mundo. Woz diseñó el Apple I, y mejoró la tecnología con el Apple II, a fin de que fuera asequible y sencillo de utilizar.

Con independencia de lo visionaria o brillante que sea, una gran idea o un producto fantástico no vale gran cosa si nadie lo compra. El mejor amigo de Wozniak en aquella época, un Steve Jobs de veintiún años, sabía exactamente lo que había que hacer. Aunque tenía experiencia como vendedor de componentes electrónicos excedentes, Jobs acabaría demostrando que era mucho más que un buen vendedor. Quería hacer algo importante en la vida, y crear una empresa era como iba a lograrlo. Apple fue la herramienta que utilizó para desatar su revolución.

En su primer año como empresarios, y con solo un producto, Apple logró unos ingresos de un millón de dólares. El segundo año, las ventas alcanzaron los 10 millones de dólares. En su cuarto año, vendieron ordenadores por valor de 100 millones de dólares. Y en solo seis años, Apple Computer era una empresa multimillonaria con más de 3.000 empleados.

Jobs y Woz no fueron las únicas personas que tomaron parte en la revolución del ordenador personal. No eran los únicos chicos listos del negocio; de hecho, ni siquiera sabían mucho sobre la actividad. Lo que hizo especial a Apple no fue la capacidad de ambos para levantar una empresa con un crecimiento tan rápido; tampoco lo fue su capacidad para tener ideas distintas sobre los ordenadores personales. Lo que ha hecho especial a Apple es que ha sido capaz de repetir el modelo una y otra vez. Apple ha conseguido desafiar con éxito el pensamiento convencional del sector informático, de la industria electrónica, de la industria musical, de la industria de la telefonía móvil y del mundo del ocio en general. Y la razón es sencilla: Apple motiva. Apple empieza con el Porqué.

3

No era un hombre perfecto. Tenía un carácter complejo. No era el único que sufría en unos Estados Unidos anteriores a los derechos civiles, y había muchos otros oradores con carisma. Pero Martin Luther King Jr. tenía un don: sabía cómo motivar a las personas.

El doctor King sabía que si el movimiento en pro de los derechos civiles había de triunfar, que si iba a haber un cambio real y duradero, sería necesario algo más que él y sus aliados más próximos; se necesitaría algo más que unas cuantas palabras estimulantes y unos discursos elocuentes. Sería necesaria la gente, decenas de miles de ciudadanos normales, unidos por una sencilla idea: cambiar el país. A las 11 de la mañana del 28 de agosto de 1963, esas personas enviarían a Washington el mensaje de que había llegado la hora de que Estados Unidos se dirigiera por una nueva senda.

Los organizadores del movimiento en pro de los derechos civiles no enviaron miles de invitaciones, ni tampoco había un sitio web para consultar la fecha. Pero la gente acudió. Y siguieron llegando más y más. En total, un cuarto de millón de personas cayeron sobre la capital del país a tiempo de oír las palabras inmortalizadas por la historia, pronunciadas por el hombre que lideraría un movimiento que cambiaria los Estados Unidos: «Tengo un sueño».

La capacidad para atraer a tantas personas de todos los colores y razas, desde todos los rincones del país, para reunirlas el día previsto y en el momento preciso, requirió de algo especial. Aunque otros supieran lo que tenía que cambiar en los Estados Unidos para que los derechos civiles llegaran a todo el mundo, fue Martin Luther King quien fue capaz de motivar a un país para que cambiase no solo en beneficio de una minoría, sino para el bien de todos. Martin Luther King empezó con el Porqué.

* * *

Hay líderes y hay personas que lideran. Con solo un 6 por ciento de cuota de mercado en Estados Unidos y alrededor de un 3 por ciento en todo el mundo, Apple no es uno de los principales fabricantes de computadoras domésticas. Sin embargo, la empresa lidera el sector de los ordenadores y en este momento es líder también en otros sectores. Las experiencias de Martin Luther King no eran excepcionales, pero él motivó a un país para que cambiara. Los hermanos Wright no eran los participantes más fuertes en la carrera por realizar el primer vuelo a motor tripulado, pero nos condujeron a una nueva era de la aviación y, al hacerlo, cambiaron por completo el mundo en el que vivimos.

Los objetivos de todos ellos no eran distintos a los de los demás, y sus sistemas y procesos eran fáciles de reproducir. Sin embargo, los hermanos

Wright, Apple y Martin Luther King descuellan sobre sus homólogos. Todos se apartan de la norma, y su influencia no es fácil de imitar. Son miembros de un grupo muy selecto de líderes que hacen algo muy, pero que muy especial: nos motivan.

Ni más ni menos que lo que toda persona u organización necesita para animar a los demás a que actúen por una u otra razón. Algunos quieren incitar a realizar una compra; otros buscan el respaldo o un voto; otros más alientan a los que los rodean para que trabajen más o con más inteligencia o, simplemente, para que sigan las normas. La capacidad para estimular a las personas no es, en sí misma, difícil. Normalmente, está relacionada con algún factor externo. Los incentivos tentadores o la amenaza de castigos a menudo provocarán la conducta que deseamos. General Motors, por ejemplo, tuvo tanto éxito en animar a la gente para que compraran sus productos que vendieron más coches que cualquier otro fabricante del mundo durante más de setenta años. Pero, aunque punteros en su sector, no ejercieron ningún liderazgo.

Los grandes líderes, por el contrario, son capaces de motivar a las personas para que actúen. Aquellos que son capaces de motivar infunden en las personas un sentido de finalidad o un sentimiento de pertenencia que tiene poco que ver con la obtención de cualquier incentivo o beneficio externo. Aquellos que verdaderamente lideran son capaces de crear un grupo de seguidores que no actúan porque estén dominados, sino porque se sienten motivados. En cuanto a los que se sienten motivados, la motivación para actuar es algo profundamente personal. Son personas menos proclives a sucumbir a la influencia de los incentivos, que están dispuestas a pagar un precio mayor o a soportar inconvenientes e incluso el sufrimiento personal. Los que son capaces de motivar provocarán el seguimiento de unas personas —simpatizantes, votantes, clientes, trabajadores— que actúan por el bien común, no porque tengan que hacerlo, sino porque quieren hacerlo.

Aunque relativamente escasos en número, las organizaciones y los líderes con la capacidad natural de motivarnos se presentan en una enorme variedad. Se pueden encontrar tanto en el sector público como en el privado. Están en todo tipo de actividades industriales, vendiendo a los clientes o a otras empresas. Con independencia de en dónde estén, todos ejercen una enorme y desproporcionada influencia en sus sectores. Son los que tienen los clientes y los empleados más fieles; suelen ser los más rentables de su ramo; son más innovadores; y, lo que es más importante, son capaces de mantener todas esas cosas durante un período de tiempo prolongado. Muchos cambian la industria; algunos incluso cambian el mundo.

Los hermanos Wright, Apple y el doctor King son únicamente tres ejemplos. Harley-Davidson, Disney y Southwest Airlines son otros tres. John F. Kennedy y Ronald Reagan también eran capaces de motivar. Con independencia de cuál sea su procedencia, todos tienen algo en común: todos los líderes y empresas ejemplares, sea cual sea su tamaño o sector, piensan, actúan y se comunican exactamente igual.

Y eso es precisamente lo contrario de lo que hacen todos los demás.

¿Y si todos pudiéramos aprender a pensar, actuar y comunicarnos como los que son capaces de motivar? Imagina un mundo en el que la capacidad para motivar no sea la práctica exclusiva de unos cuantos escogidos, sino de la mayoría. Los estudios demuestran que más del 80 por ciento de los estadounidenses no realizan el trabajo de sus sueños. Si hubiera más personas que supieran cómo crear organizaciones que motiven, podríamos vivir en un mundo en el que esa estadística fuera la inversa, un mundo en el que el 80 por ciento de las personas estuvieran encantadas con sus trabajos. La gente que ama ir a trabajar es más productiva y creativa; vuelve a casa más feliz y tiene familias más dichosas; trata mejor a sus compañeros, clientes y compradores. Los empleados motivados contribuyen a hacer más sólidas las empresas, y más fuertes las economías. Esta es la razón de que escribiera este libro. Confío en motivar a los demás para que hagan cosas que los motiven, de manera que juntos podamos crear las empresas, la economía y el mundo en el que la confianza y la lealtad sean la norma, y no la excepción. Este libro no está pensado para decirle a nadie lo que tiene que hacer ni cómo hacerlo. Su objetivo no es proporcionar una línea de actuación, sino ofrecer la *causa* para actuar.

En cuanto a aquellos que estén abiertos a nuevas ideas, que busquen alcanzar un éxito duradero y que crean que para alcanzarlo necesitan la ayuda de los demás, les planteo un reto: de ahora en adelante, que empiecen con el Porqué.

PRIMERA PARTE

UN MUNDO QUE NO EMPIEZA CON EL PORQUÉ

1

ASUME LO QUE SABES

En un frío día de invierno, un hombre de cuarenta y tres años juraba su cargo como presidente de su país. A su lado estaba su predecesor, un famoso general que, quince años antes, había comandado las fuerzas armadas de su país en una guerra que había conducido a la derrota de Alemania. El joven líder había sido educado en la fe de la Iglesia católica. Las siguientes cinco horas las dedicó a contemplar los desfiles en su honor, y estuvo levantado celebrándolo hasta las tres de la mañana.

Sabes a quién me estoy refiriendo, ¿no?

Es el 30 de enero de 1933, y me estoy refiriendo a Adolf Hitler, y no, como la mayoría de las personas supondría, a John F. Kennedy.

La cuestión es que hacemos conjeturas. Suponemos cosas sobre el mundo que nos rodea basándonos en informaciones ocasionalmente incompletas o falsas. En este caso, la información que aporté era incompleta. Muchos estaban convencidos de que me estaba refiriendo a John F. Kennedy, hasta que añadí un pequeño detalle sin importancia: la fecha.

La relevancia de esto radica en que nuestra conducta se ve condicionada por las suposiciones que hacemos o lo que percibimos como cierto. Tomamos decisiones basadas en lo que *creemos* saber. No hace tanto tiempo que la mayoría de las personas creían que la Tierra era plana. Esta presunta verdad influía en la conducta. Durante este período, apenas se llevaron a cabo exploraciones; la gente temía que si viajaba demasiado lejos podría desaparecer por los confines de la Tierra. Así que la mayoría se quedaba donde estaba. Y hasta que un detalle sin importancia se hizo público —que la Tierra es redonda—, la conducta no se modificó a gran escala. Después de este descubrimiento, las sociedades empezaron a recorrer el planeta. Se crearon rutas comerciales, y las especias se comercializaron. Las sociedades compartieron nuevas ideas, como las matemáticas, lo que desencadenó todo tipo de innovaciones y avances. La rectificación de una sencilla suposición falsa hizo avanzar a la raza humana.

Analicemos ahora cómo se forman las empresas y cómo se toman las decisiones. ¿Sabemos realmente por qué algunas empresas tienen éxito y otras no, o solo lo suponemos? Con independencia de la concepción que se tenga del éxito —alcanzar la cotización bursátil propuesta, ganar cierta cantidad de dinero, cumplir un objetivo de ingresos o beneficios, conseguir una gran divulgación, crear la propia empresa, dar de comer a los pobres o ganar una oposición pública—, la manera de proceder para alcanzar nuestras metas es muy parecida. Algunos improvisan, pero la mayoría tratamos al menos de recopilar alguna información, de manera que podamos tomar decisiones bien documentadas. A veces este proceso de recopilación es formal, como pueda ser el realizar encuestas o estudios de mercado; y a veces es informal, como pedir asesoramiento a nuestros amigos y colegas o recordar nuestras experiencias personales para obtener cierta perspectiva. Sean cuales fueren los procesos o las metas, todos queremos tomar decisiones documentadas. Y lo que es más importante, todos queremos tomar las decisiones *correctas*.

Pero, como todos sabemos, no todas las decisiones resultan ser las correctas, sea cual sea la cantidad de información que recopilemos. A veces el efecto de estas decisiones equivocadas carece de importancia, y en ocasiones puede acabar en catástrofe. Sea cual sea el resultado, tomamos decisiones basadas en una visión del mundo que, de hecho, tal vez no sea del todo certera. De la misma manera que muchos estaban seguros de que a quien me estaba refiriendo al principio del capítulo era a John F. Kennedy. Hasta podrían haber apostado dinero a que así era, una conducta basada en una suposición. Sin duda, claro, hasta que aporté ese nimio detalle de la fecha.

No solo las malas decisiones se toman basándose en falsas suposiciones. Hay ocasiones, cuando las cosas van bien, en las que creemos saber la razón, pero ¿la sabemos realmente? Que el resultado fuera el que queríamos no significa que podamos repetirlo hasta la saciedad. Tengo un amigo que invierte parte de su dinero. Siempre que le sale bien es gracias a su inteligencia y habilidad para escoger las acciones correctas, al menos según él. Pero, cuando pierde dinero, siempre culpa al mercado. No tengo problemas con ninguno de ambos planteamientos lógicos, pero o sus éxitos y fracasos dependen de su clarividencia o ceguera, o son fruto de la buena o mala suerte. Pero ambas cosas no pueden ser.

Entonces, ¿cómo podemos garantizar que todas nuestras decisiones den los mejores resultados por razones que están absolutamente fuera de nuestro control? La lógica impone que es fundamental disponer de más información y más datos. Y eso es exactamente lo que hacemos. Leemos libros, asistimos a conferencias, escuchamos podcasts y preguntamos a los amigos y los colegas; todo ello con el fin de recabar más información para poder decidir qué hacer o cómo actuar. El problema es que todos hemos pasado por situaciones en las que tenemos todos los datos y recibimos multitud de buenos consejos, pero las cosas siguen sin ir demasiado bien. O puede que el efecto dure solo un breve período de tiempo, o que suceda algo que no pudimos prever. Una breve nota para todos los que acertaron con Adolf Hitler al inicio del capítulo: los detalles que proporcioné son iguales tanto para Hitler como para John F. Kennedy, así que podría haber sido cualquiera de los dos. Hay que tener cuidado con lo que se cree que se sabe. Las suposiciones, ya ves, incluso cuando se basan en investigaciones fundadas, pueden hacernos descarriar.

Esto lo sabemos intuitivamente. Sabemos que incluso con montañas de información y buenos consejos, si las cosas no salen como se esperaba, quizá sea porque pasamos algo por alto, a veces tan solo un detalle insignificante pero esencial. En estos casos, acudimos de nuevo a todas nuestras fuentes, quizá busquemos algunas nuevas, e intentamos resolver qué es lo que hay que hacer, y una vez más da comienzo el proceso completo. Pero más información no siempre sirve de ayuda, sobre todo si, de entrada, lo que pone en movimiento todo el proceso es una suposición errónea. Hay otros factores que debemos considerar, factores externos a nuestra inteligencia racional, analítica y ávida de información.

Hay ocasiones en las que carecemos de datos o en las que decidimos ignorar los consejos o la información disponible y optamos sin más por guiarnos por nuestra intuición y las cosas salen bien, ocasionalmente incluso mejor de lo esperado. Este baile entre la intuición y la toma de decisiones racional abarca en buena medida la manera que tenemos de dirigir las empresas y hasta de vivir nuestras vidas. Podemos seguir desmenuzando todas las alternativas en todas las direcciones, pero, al final, todos los buenos consejos y todas las pruebas irrefutables nos dejan donde empezamos: cómo explicar o decidir una línea de actuación que produzca un efecto deseado que sea repetible. ¿Cómo podemos tener una visión de futuro perfecta?

Hay una historia fantástica sobre un grupo de ejecutivos de la industria automovilística estadounidense que fueron a Japón para observar una cadena de montaje japonesa. Al final de la cadena se colocaban las puertas en las bisagras, igual que en Estados Unidos. Pero faltaba algo. En Estados unidos, un trabajador de la cadena golpearía los bordes de las puertas con un mazo de caucho para garantizar que encajaran a la perfección.[1] Ese trabajo no parecía existir en Japón. Perplejos, los ejecutivos automovilísticos estadounidenses preguntaron en qué momento se aseguraban de que las puertas encajaran a la perfección. Su guía japonés se los quedó mirando con una tímida sonrisa: «Nos aseguramos de que encajan cuando las diseñamos». En la fábrica automovilística japonesa no examinaban el problema y acumulaban datos para resolver cuál era la mejor solución: diseñaban el resultado que querían desde el principio. Si no lograban el resultado deseado, sabían que la causa era una decisión que habían tomado al inicio del proceso.

A fin de cuentas, las puertas de los coches fabricados en Estados Unidos y las de los fabricados en Japón parecían encajar cuando salían de la cadena de montaje. Salvo que los japoneses no necesitaban emplear a nadie para que golpeara las puertas, como tampoco necesitaban comprar mazo alguno. Y lo más importante: las puertas de los japoneses probablemente durasen más, y puede incluso que fueran estructuralmente más sólidas en caso de accidente. Y todo esto por ninguna otra razón que la de asegurarse desde el principio que las piezas encajaran.

Lo que los fabricantes de automóviles estadounidenses hacían con sus mazos de caucho es una metáfora de cómo se dirigen tantas personas y empresas. Cuando nos enfrentamos a un resultado que no es el planeado, echamos mano de una serie de tácticas coyunturales altamente eficaces hasta que

---

1. Bodek, Norman, «¿What is Muda?», *Manufacturing Engineering*, julio de 2006, http://www.sme.org/cgi-bin/find-articles.pl?&ME06ART40&ME&20060709&SME.

logramos el resultado deseado. Pero ¿hasta qué punto son estructuralmente sólidas tales soluciones? Demasiadas empresas funcionan en un mundo de objetivos tangibles y de mazos de caucho para alcanzarlos. Sin embargo, los que obtienen mejores resultados, los que sacan más provecho de un menor número de personas y menos recursos, los que tienen una gran influencia, crean productos y empresas e incluso contratan personas que encajan todas basándose en la intención inicial. Aunque el resultado pueda parecer el mismo, los grandes líderes conocen el valor de las cosas que no podemos ver.

Cada orden que damos, cada línea de actuación que implantamos, cada resultado que deseamos, empieza con lo mismo: una decisión. Y están los que deciden manipular la puerta para que encaje y alcanzar el resultado deseado, y aquellos que empiezan en alguna otra parte muy diferente. Aunque ambas maneras de proceder pueden arrojar unos resultados inmediatos parecidos, es lo que no podemos ver lo que hace que el éxito duradero sea más predecible solo para uno. Para ese que sabe por qué las puertas tienen que encajar gracias al diseño y no por defecto.

2

ZANAHORIAS Y PALOS

Manipulación frente a inspiración

En la actualidad apenas existe un producto o servicio en el mercado que los clientes no puedan comprarle a cualquier otro por el mismo precio, de casi la misma calidad, con el mismo nivel aproximado de rendimiento y más o menos con las mismas funciones. Si de verdad gozas de la ventaja de ser un precursor, probablemente la pierdas en cuestión de meses. Si ofreces algo verdaderamente novedoso, no pasará mucho tiempo antes de que alguien más aparezca con algo parecido y puede que hasta mejor.

Pero si se les pregunta a la mayoría de las empresas por qué sus clientes son sus clientes, la mayoría dirá que es gracias a una calidad, unas funcionalidades, un precio o un rendimiento mejores. En otras palabras, la mayoría de las empresas no tienen ni la más remota idea de por qué sus clientes son sus clientes. Esta es una conclusión fascinante. Si las empresas no saben la razón por la que sus clientes lo son, hay muchas probabilidades de que tampoco sepan por qué sus empleados son sus empleados.

Si la mayoría de las compañías no saben realmente la razón por la que sus clientes han llegado a serlo ni por qué sus empleados son sus empleados, entonces ¿cómo pueden saber cómo atraer a más empleados y fomentar la lealtad entre los que ya lo son? La realidad es que la mayor parte de las empresas actuales toman decisiones basándose en una serie de suposiciones parciales o, lo que es peor, totalmente erróneas sobre lo que impulsa sus negocios.

Solo hay dos maneras de influir en la conducta humana: o la puedes manipular o la puedes motivar. Cuando hablo de manipulación, este término no tiene una connotación necesariamente peyorativa; es una táctica muy habitual y razonablemente benigna. De hecho, muchos la llevamos practicando desde que éramos pequeños. «Seré tu mejor amigo» es la táctica de negociación sumamente eficaz empleada por generaciones de niños para obtener algo que quieren de un compañero. Y, como cualquier niño que alguna vez haya entregado un caramelo esperando conseguir un nuevo amigo íntimo confesará, da resultado.

Desde el mundo empresarial hasta la política, las manipulaciones proliferan en todo tipo de ventas y de comercialización. Entre las manipulaciones habituales se incluyen la bajada del precio, el lanzamiento de ofertas; la difusión de mensajes que inciten al miedo, ejerzan presión social o despierten el deseo y la promesa de innovaciones para influir en la conducta, ya se trate de una compra, de un voto o de recabar apoyo. Cuando las empresas o las organizaciones no tienen una idea clara de por qué sus clientes lo son, suelen confiar en una cantidad desproporcionada de manipulaciones para conseguir lo que necesitan. Y por una buena razón: las manipulaciones dan resultado.

El precio

Son muchas las empresas que se niegan a recurrir al juego de los precios, pero si lo hacen es porque saben que es efectivo. Tanto, de hecho, que en ocasiones la tentación puede resultar irresistible. Existen pocas empresas de servicios profesionales que, cuando se enfrentan a una oportunidad de conseguir un gran negocio, no hayan bajado su precio para cerrar el trato. Con independencia de cuánto lo racionalicen ante sí o ante sus clientes, el precio es una manipulación sumamente eficaz. Baja los precios lo suficiente, y la gente te comprará. Esto es algo que vemos al final de una temporada de rebajas, cuando los productos son «abaratados para acelerar su venta». Baja el precio lo suficiente, y los estantes se vaciarán rápidamente para dejar sitio a los productos de la próxima temporada.

Recurrir al juego de los precios, no obstante, puede suponer un coste tremendo y crearle a la empresa un importante dilema. Para el vendedor, vender basándose en el precio es como la heroína. La ganancia a corto plazo es fantástica, pero cuanto más se practique, más difícil se vuelve dejar el hábito. En cuanto los compradores se acostumbran a pagar un precio que está por debajo de la media por un producto o servicio, resulta muy difícil conseguir que paguen más. Y los vendedores, que se enfrentan a la presión insoportable de bajar los precios cada vez más para poder competir, se encuentran con que sus márgenes se van reduciendo progresivamente. Todo lo cual solo conduce a la necesidad de vender más para compensar. Y la manera más rápida de hacer esto es de nuevo el precio. Y, por consiguiente, se establece la espiral descendente de la adicción al precio. En el mundo de las drogas, a estos adictos se los llama yonquis; en el mundo de la empresa, lo llamamos bienes indiferenciados. Seguros, ordenadores personales, servicios de telefonía móvil, cualquier cantidad de artículos envasados... La lista de bienes indiferenciados creada por el juego de los precios crece sin cesar. En casi todas las circunstancias, las empresas que se ven obligadas a tratar sus productos como artículos de consumo indiferenciados es por su propia culpa. No puedo discutir que bajar los precios sea una manera absolutamente legítima de dirigir los negocios; el problema consiste en seguir siendo rentables.

Wal-Mart parece ser una excepción a la regla, ya que ha creado un negocio extraordinariamente próspero practicando el juego de los precios. Aunque esto también ha conllevado un alto coste. La envergadura contribuyó a que Wal-Mart evitara la debilidad inherente a la estrategia del precio, aunque su obsesión por este sobre todo lo demás la ha dejado sumida en los escándalos y ha dañado su reputación. Y todos los escándalos de la empresa nacieron de sus intentos por mantener unos costes reducidos, de manera que pudiera permitirse ofrecer unos precios tan bajos.

El precio siempre tiene un coste. La pregunta es: ¿cuánto estás dispuesto a pagar por el dinero que ganas?

Las ofertas

General Motors se impuso una meta audaz: liderar la cuota de mercado de la industria automovilística estadounidense. En la década de 1950 había en el país cuatro fabricantes de automóviles para elegir: GM, Ford, Chrysler y AMC. Antes de que los fabricantes extranjeros entraran en el sector, GM ocupaba una posición de dominio. La nueva competencia, como cualquiera esperaría, hizo el objetivo más difícil de mantener. No es necesario que proporcione ningún dato para explicar hasta qué punto ha cambiado la industria del automóvil en cincuenta años. Pero General Motors se mantuvo firme durante la mayor parte del último siglo y conservó su preciada posición de dominio.

Sin embargo, desde 1990, la cuota de Toyota en el mercado estadounidense ha aumentado más del doble. En 2007, su cuota aumentó desde solo el 7,8 por ciento hasta el 16,3 por ciento.[2] Durante el mismo período, GM asistió al espectacular desplome de su cuota de mercado en Estados Unidos, que pasó del 35 por ciento en 1990 al 23,8 por ciento en 2007. Y a principios de 2008 sucedió lo inimaginable: los consumidores estadounidenses compraron más automóviles extranjeros que nacionales.

Desde que en la década de 1990 se enfrentaran a esta embestida competitiva por parte de Japón, GM y los demás fabricantes de automóviles estadounidenses han luchado frenéticamente para ofrecer incentivos que les ayudaran a aferrarse a su menguante cuota. Promocionados con una amplia campaña publicitaria, GM, por ejemplo, ofreció incentivos de devolución de 500 y 7.000 dólares a los compradores de sus coches y camiones. Las promociones funcionaron fantásticamente durante mucho tiempo, y las ventas de GM volvieron a ir en aumento.

Pero a largo plazo los incentivos solo contribuyeron a erosionar espectacularmente los márgenes de beneficio de la empresa y la sumieron en un profundo agujero. En 2007, GM perdía 729 dólares por vehículo, en buena medida debido a los incentivos.[3] Al darse cuenta de que el modelo era insostenible, la empresa anunció que reduciría los importes de los incentivos de reembolsos que ofrecía y, con esa reducción, las ventas se desplomaron. Ni dinero, ni clientes. El sector del automóvil había convertido a los clientes en unos yonquis de los reembolsos, creando la expectativa de que no había nada parecido a un precio normal.

---

2. Krisher, Tom, «GM, Toyota in virtual tie on 2007 sales», *USA Today*, 23 de enero de 2008, http://www.usatoday.com/money/topstories/2008-01-23-434472425_x.htm.

3. Informe Harbour 2008 de Oliver Wyman, http://www.oliverwyman.com/content_images/OW_EN_Automotive_Press_2008_HarbourReport08.pdf.

Ya sea el «dos por uno» o el «juguete de regalo dentro», las ofertas son unas manipulaciones tan habituales que, para empezar, solemos olvidarnos de que estamos siendo manipulados. La próxima vez que acudas al mercado para comprar una cámara digital, por ejemplo, estate atento a cuáles son tus criterios de elección. Es fácil que encuentres dos o tres cámaras con las características que necesites: tamaño, número de megapíxeles, precio comparable, buena marca. Pero puede que una tenga una oferta: un estuche o una tarjeta de memoria gratis. Dada la relativa similitud de funciones y ventajas, ese pequeño extra es a veces lo único que se necesita para inclinar la balanza. En el mundo de las relaciones interempresariales, las ofertas se conocen como «valor añadido». Pero los principios son los mismos: da algo gratis para reducir el riesgo, de manera que alguien haga negocios contigo. Y, al igual que el precio, las ofertas dan resultado.

La naturaleza manipuladora de las promociones está tan arraigada en el comercio minorista que el sector incluso dio nombre a uno de los principios: lo llaman rotura. La rotura mide el porcentaje de clientes que no se aprovechan de una promoción y en su lugar acaban pagando el precio entero. Esto suele ocurrir cuando los compradores no se molestan en realizar los pasos necesarios para reclamar sus reembolsos, un proceso complejo o incómodo que se mantiene así de manera intencionada para aumentar las probabilidades de errores o de inoperancia, a fin de provocar que esa cifra de rotura siga creciendo.

Los reembolsos suelen exigir que el cliente envíe una copia del recibo, recorte un código de barras del embalaje y rellene un laborioso formulario de reembolso, con detalles sobre el producto y cómo fue comprado. Enviar la parte equivocada de la caja o dejarse un detalle de la solicitud puede retrasar el descuento durante semanas o meses o invalidarlo por completo. El sector del reembolso también tiene un nombre para la cantidad de clientes que, sencillamente, no se molestan en solicitarlo o que jamás cambian el cheque de descuento que reciben. Este fenómeno se conoce como deslizamiento.

Para la actividad empresarial, los beneficios inmediatos de los reembolsos y otras manipulaciones son claros: un reembolso engatusa a los clientes para que paguen el precio completo de un producto que quizá se hayan planteado comprar solo por la perspectiva de un reintegro parcial. Pero casi el 40 por ciento de estos clientes jamás conseguirán el precio más bajo que creían estar pagando.[4] Llámalo un impuesto sobre el comprador desorganizado, pero los minoristas se valen de él.

Las autoridades han redoblado su vigilancia sobre el sector del reembolso, aunque solo con un éxito limitado. El procedimiento de reintegro sigue siendo engorroso, y eso significa dinero gratis para el vendedor. La manipulación en todo su esplendor. Pero ¿a qué precio?

El miedo

Si alguien fuera a atracar un banco con un plátano en el bolsillo, sería acusado de robo a mano armada. Sin duda, nadie correría ningún peligro de que le dispararan, pero lo que la ley tiene en cuenta es la suposición de que el ladrón portaba un arma real. Y con toda la razón: sabiendo perfectamente que el miedo los motivará a atender sus exigencias, el ladrón adopta medidas para intimidar a sus víctimas. El miedo, real o imaginario, es sin duda la manipulación más poderosa de todas.

«Nunca han despedido a nadie por usar IBM», dice el viejo axioma, en alusión a una conducta que es radicalmente hija del miedo. El empleado de un departamento de compras, encargado de encontrar a los mejores proveedores para una empresa, rechaza un producto mejor con un precio más favorable simplemente porque es de una empresa pequeña o de una marca menos conocida. El miedo, ya real, ya imaginario, a que su empleo estuviera en peligro si algo saliera mal sería suficiente para llevarlo a ignorar la finalidad expresa de su puesto, incluso haciendo algo que no redundara en el mejor interés de la empresa.

Cuando se recurre al miedo, la realidad es accesoria. Profundamente arraigado en nuestro impulso biológico de supervivencia, es una emoción que no se puede borrar de un plumazo con datos y números. Así es como el terrorismo surte efecto. No es la probabilidad estadística de que uno pueda resultar herido por un terrorista, sino que es el temor a que pueda suceder lo que paraliza a la población.

---

4. Grow, Brian, «The Great Rebate Runaround», *BusinessWeek*, 23 de noviembre de 2005, http://www.businessweek.com/bwdaily/dnflash/nov2005/nf20051123_4158_db016.htm.

Como poderoso manipulador que es, el miedo suele utilizarse con motivaciones bastante menos viles. Utilizamos el miedo para educar a nuestros hijos; lo utilizamos para animar a las personas a que obedezcan un código ético. El miedo se utiliza habitualmente en la publicidad del sector público para promocionar la seguridad de la infancia o la concienciación sobre el sida o la necesidad de ponerse el cinturón de seguridad. Cualquiera que viera la televisión en la década de 1980 recibió una dosis considerable de anuncios contra las drogas, entre ellos uno de interés público, frecuentemente imitado, del programa federal estadounidense para la lucha contra el consumo de drogas entre adolescentes: «Este es tu cerebro», decía la voz de un hombre que sostenía un huevo de un blanco inmaculado. Acto seguido, rompía la cáscara y echaba el huevo en una sartén de aceite hirviendo. «Y este es tu cerebro bajo los efectos de las drogas... ¿Alguna pregunta?»

Y otro anuncio más pretendía provocar el pánico en cualquier adolescente temerario: «La cocaína no te hace más atractivo..., hace que te mueras».

De manera similar, cuando los políticos dicen que su contrincante subirá los impuestos o recortará el gasto en las fuerzas de seguridad, o el informativo de la noche te alerta de que tu salud o tu seguridad están en peligro a menos que los sintonices a las once de la noche, ambos están intentando sembrar el miedo entre los votantes y los teleespectadores, respectivamente. Las empresas también utilizan el miedo para avivar la inseguridad que todos sentimos a fin de vender sus productos. La idea es que, si no compras el producto o servicio, podría sucederte algo malo.

«Cada treinta y seis segundos muere alguien de un infarto de miocardio», afirma el anuncio de un cardiólogo de la zona. «¿Tiene usted radón? ¡Su vecino sí!», reza un anunció en el lateral de un camión de alguna empresa dedicada a la inspección de la contaminación en los hogares. Y, por supuesto, al sector de los seguros le encanta venderte un seguro de vida «antes de que sea demasiado tarde».

Si alguna vez te han vendido algo con la advertencia de que te atengas a las temibles consecuencias si no lo compras, te están poniendo la proverbial pistola en la sien para ayudarte a que veas el «valor» de escogerlos a ellos antes que a la competencia. O puede que solo sea un plátano. Pero da resultado.

Las aspiraciones

«Dejar de fumar es lo más fácil que he hecho en mi vida —decía Mark Twain—. Lo he hecho cientos de veces.»[5]

Si el miedo nos motiva para alejarnos de algo horrible, los mensajes sobre las aspiraciones nos tientan con algo deseable. Los vendedores acostumbran hablar sobre la importancia de tener aspiraciones, ofreciendo a alguien algo que desea conseguir y la posibilidad de alcanzarlo con más facilidad con un producto o servicio. «Seis pasos hacia una vida más feliz.» «¡Trabaje esos abdominales para alcanzar su talla deseada!» «En solo seis semanas puede hacerse rico.» Todos estos mensajes son manipuladores, ya que nos tientan con cosas que deseamos tener o con la persona que aspiramos a ser.

Aunque positivos por naturaleza, esta clase de mensajes son más eficaces con aquellos que carecen de disciplina o que están mediatizados por un temor o una inseguridad persistente de ser incapaces de conseguir sus sueños por sí mismos (lo cual, en diversas épocas y por diferentes razones, nos pasa a todos). Siempre bromeo con que uno puede conseguir que alguien se haga socio de un gimnasio con un mensaje de este tipo, pero lograr que acuda allí tres días a la semana exige un poco de motivación. Alguien que lleva un estilo de vida saludable y que tiene el hábito de hacer ejercicio no reacciona ante reclamos como «seis fáciles pasos para perder peso». Son aquellos que no llevan ese estilo de vida los más vulnerables. No es nada nuevo que mucha gente pruebe una dieta tras otra en un intento de conseguir el cuerpo de sus sueños. Y, con independencia del régimen que escojan, todos estos vienen acompañados de la salvedad de que un ejercicio regular y una dieta equilibrada contribuirán a mejorar los resultados. En otras palabras: disciplina. Las inscripciones en los gimnasios suelen aumentar alrededor de un 12 por ciento todos los eneros, cuando la gente intenta satisfacer sus propósitos para el nuevo año de llevar una vida más sana. Sin embargo, solo una mínima parte de los que aspiran a convertirse en amantes del entrenamiento siguen asistiendo al gimnasio al concluir el año. Los mensajes motivadores pueden estimular el comportamiento, pero en la mayoría de la gente esto no durará.

---

5. American Cancer Society Guide to Quitting Smoking, http://www.cancer.org/docroot/PED/content/PED_10_13X_Guide_for_Quitting_Smoking.asp.

Los mensajes sobre las aspiraciones no solo son efectivos en el mercado de los consumidores, sino que también dan bastante buenos resultados en las transacciones entre empresas. Todos los directivos de empresas, tanto grandes como pequeñas, quieren hacerlo bien, así que toman decisiones, contratan asesores e implantan sistemas que los ayuden a conseguir el resultado deseado. Pero con demasiada frecuencia no son los sistemas los que fallan, sino la capacidad para mantenerlos. A este respecto, puedo hablar por mi propia experiencia. He adoptado montones de sistemas o hábitos a lo largo de los años que me ayudaran a «alcanzar el éxito al que aspiro», con el único resultado de verme de nuevo recurriendo a mis viejos hábitos al cabo de dos semanas. Mi aspiración ahora es un sistema que me ayude a evitar adoptar sistemas para cumplir todas mis aspiraciones. Aunque probablemente no sería capaz de seguirlo durante mucho tiempo.

Esta respuesta inmediata a los deseos duraderos también está patente en el mundo empresarial. Una amiga que es asesora empresarial fue contratada por una compañía multimillonaria para que los ayudara a satisfacer sus metas y aspiraciones. El problema estaba, me explicó, en que fuera cual fuese el asunto, los directivos de la empresa siempre se sentían atraídos por la opción más barata y rápida antes que por la mejor solución a largo plazo. Al igual que alguien que sigue una dieta, «ellos jamás disponen del tiempo o el dinero para hacerlo bien la primera vez», me dijo mi amiga sobre sus clientes, «aunque siempre disponen del tiempo y el dinero para hacerlo de nuevo».

La presión social

«Cuatro de cada cinco dentistas prefiere Trident», pregona el anuncio del chicle en su intento de conseguir que probemos su producto. «Un estudio de doble ciego dirigido por una importante universidad concluyó…», promueve un publirreportaje de medianoche. «Si el producto es lo bastante bueno para los profesionales, es lo bastante bueno para usted», anima el anuncio. «Con más de un millón de clientes satisfechos y seguimos creciendo», dice provocadoramente otro. Todas estas son formas de presión social. Cuando los profesionales del mercadeo informan de que una mayoría de la población o un grupo de expertos prefiere su producto por encima de otro, están intentando influir en el consumidor para que crea que sea lo que sea lo que estén vendiendo es lo mejor. La presión social o de grupo funciona porque creemos que la mayoría o los expertos tal vez sepan más que nosotros. Este tipo de presión funciona no porque la mayoría o los expertos tengan siempre razón, sino porque tenemos miedo a que podamos estar equivocados.

Ocasionalmente se utiliza el refrendo de los famosos para aumentar la presión social en los argumentos de venta. «Si él lo utiliza —se quiere que pensemos— es que tiene que ser bueno». Esto es lógico cuando oímos a Tiger Woods avalar los productos de golf de Nike o las pelotas de golf Titleist. (El contrato de Woods con Nike tiene el mérito de haber puesto realmente a la empresa en el mapa del mundo del golf.) Pero Tiger también ha promocionado coches de General Motors, servicios de asesoría empresarial, tarjetas de crédito, alimentos y un reloj de Tag Heuer diseñado «especialmente para el golfista».[6] A propósito, el reloj puede soportar el impacto de una fuerza de 5.000 G, un nivel de impacto que es más probable que soporte la pelota que el golfista. Pero Tiger lo promocionó, así que tiene que ser bueno. La promoción por los famosos también se utiliza para apelar a nuestras aspiraciones y nuestros deseos de ser como ellos. El ejemplo más explícito fue el de la campaña de Gatorade: «Quiero ser como Mike», cuya finalidad era incitar a los más pequeños a que bebieran Gatorade para crecer y ser igualitos que Michael Jordan.[7] Sin embargo, es más difícil ver la conexión con muchos otros ejemplos de respaldo de los famosos. Sam Waterston, por ejemplo, que alcanzó la fama por *Ley y Orden*, vende en la red productos financieros de TD Ameritrade. De no ser por su fama, no está claro qué es lo que puede hacer por la marca un actor célebre por encerrar a maníacos homicidas. Supongo que es «digno de confianza».

Los impresionables menores no son los únicos sometidos a la presión de grupo. Es muy probable que la mayoría hayamos pasado por la experiencia de ser presionados por un vendedor. ¿No has tenido nunca a un vendedor intentando encasquetarte alguna «solución para la oficina», con el argumento

---

6. http://tagheuer.com/the-collection/specialists/golf-watch/index.lbl.

7. «The allure of Gatorade», *CNN Money*, 22 de noviembre de 2000, http://money.cnn.com/2000/11/21/deals/gatorade/.

de que, si el 70 por ciento de tus competidores están utilizando sus servicios, por qué tú no? Pero ¿y si el 70 por ciento de tus competidores son idiotas? ¿O si ese 70 por ciento recibieron mucho valor añadido o se les ofreció un precio tan bajo que no pudieron resistirse a la tentación? La conducta está pensada para hacer una cosa y solo una: presionarte para que compres, para que sientas que podrías estar dejando pasar algo o que todos, excepto tú, lo saben. Mejor optar por lo que hace la mayoría, ¿verdad?

Por citar a mi madre: «Si tus amigos metieran la cabeza en el horno, ¿también la meterías tú?» Por desgracia, si a Michael Jordan o a Tiger Woods les pagaran por hacer exactamente eso, en realidad podría ponerse de moda.

La novedad (también conocida como innovación)

«Con un diseño y una ingeniería innovadoras, [Motorola] ha creado un móvil de la máxima calidad[8] —rezaba un comunicado de prensa que anunciaba el lanzamiento del artículo más reciente del fabricante de teléfonos móviles en el supercompetitivo mercado de la telefonía móvil—. La combinación de metales, como el aluminio para aeronaves, con nuevos avances, como la antena interna y el teclado grabado químicamente, dan lugar a la creación de un aparato que tiene un grosor de solo 13,9 mm.»

Y dio resultado. Millones de personas se apresuraron a hacerse con uno. Los famosos mostraban sus RAZR en la alfombra roja, e incluso uno o dos primeros ministros fueron vistos mientras hablaban por el suyo. Tras vender más de 50 millones de unidades, pocos podrían haber argumentado que el RAZR no había sido un tremendo éxito. «Al sobrepasar las actuales expectativas sobre los móviles, el RAZR representa la historia de Motorola de ofrecer innovaciones revolucionarias —declaró el antiguo CEO de Motorola Ed Zander sobre su nuevo y asombroso producto—, al mismo tiempo que establece un nuevo listón para los futuros productos que salgan del sector inalámbrico.» Este producto único supuso un enorme éxito económico para

---

8. «Introducing the Motorola RAZR V3», http://www.motorola.com/mediacenter/news/detail. jsp?globalObjectId=4485_3818_23.

Motorola. Era verdaderamente una innovación de proporciones descomunales.

¿O no?

Menos de cuatro años después, Zander fue destituido.[9] Las existencias se
vendían al 50 por ciento de su valor medio desde el lanzamiento del RAZR,
y los competidores de Motorola había superado fácilmente las características y las funciones de aquel con nuevos teléfonos igual de innovadores. Motorola volvió a ser otro fabricante más de telefonía móvil que luchaba por su
trozo de tarta. Como muchas antes que ella, la empresa había confundido la
innovación con la novedad.

La verdadera innovación cambia el curso de los sectores industriales o
incluso de la sociedad. La bombilla incandescente, el microondas, el fax,
iTunes... Todas son verdaderas innovaciones que cambiaron nuestra manera de dirigir las empresas, alteraron la forma de vivir nuestras vidas y, en el
caso de iTunes, desafió a una industria a volver a evaluar por completo su
modelo de negocio. Añadir una cámara a un teléfono móvil, por ejemplo, no
es una innovación; una fantástica función, sin duda, pero no transformado-
ra de una industria. Teniendo presente esta revisada definición, incluso la
propia descripción que Motorola hizo de su nuevo producto deviene simplemente en una relación de características fantásticas: carcasa metálica, antena oculta, teclado plano y un teléfono ligero. A duras penas una «innovación revolucionaria». La empresa había diseñado con éxito el último objeto
deslumbrante con el que la gente se entusiasmaría..., al menos, hasta que un
nuevo objeto deslumbrante apareciera en escena. Y esa es la razón de que
tales características tengan más de novedad que de innovación. Se añaden
con la intención de diferenciar, pero no de reinventar. Eso no tiene nada
de malo, pero no se puede contar con que añada ningún valor duradero.
La novedad puede impulsar las ventas —como queda demostrado por el
RAZR—, pero su influencia no es duradera. Si una empresa incorpora demasiadas ideas novedosas con demasiada frecuencia, eso puede tener una
influencia parecida sobre el producto o la categoría al del juego de los precios. En su intento de establecer una diferencia añadiendo más funciones,

9. «Motorola's Zander out after 4 rocky years», MSNBC, 30 de noviembre de 2007, http://www.
msnbc.msn.com/id/22040026/.

los productos empiezan a verse más como bienes indiferenciados. Y, al igual que sucede con el precio, la necesidad de ampliar la línea con un producto más a fin de compensar la indiferenciación acaba en una caída en picado.

En la década de 1970 había solo dos tipos de dentífrico Colgate. Pero, a medida que la competencia fue aumentando, las ventas de Colgate empezaron a decaer. Así que la empresa introdujo un nuevo producto que incluía una nueva característica, digamos que el flúor. Luego, otra. Y otra más. Blanqueador; antisarro; destellos; franjas… Cada innovación sin duda contribuyó a impulsar las ventas, al menos durante algún tiempo. Por lo tanto, el ciclo continuó. ¿Adivinas cuántos tipos diferentes de dentífrico Colgate tienes para elegir en la actualidad? Treinta y dos. En la actualidad existen treinta y dos tipos diferentes de pasta de dientes Colgate (sin contar las cuatro que fabrican para niños). Y habida cuenta de que cada empresa reacciona a las «innovaciones» de la otra, eso significa que los competidores de Colgate también venden una cantidad similar de variantes que ofrecen una calidad más o menos igual, con aproximadamente los mismos beneficios y casi al mismo precio. Literalmente, hay docenas y docenas de dentífricos entre los que escoger, y sin embargo no hay datos que demuestren que los estadounidenses se laven más los dientes ahora de lo que lo hacían en la década de 1970. Gracias a toda esta «innovación», se ha vuelto casi imposible saber qué pasta de dientes es la adecuada para uno. Tanto es así, que incluso Colgate ofrece un enlace en su sitio web denominado: «¿Necesitas ayuda para decidir?»[10] Si Colgate tiene que ayudarnos a escoger uno de sus productos porque hay demasiadas variantes, ¿cómo se supone que vamos a decidirnos cuando vamos al supermercado, donde no dispondremos de su sitio web para que nos eche una mano?

De nuevo, este es un ejemplo de la última serie de objetos deslumbrantes diseñados para animar a realizar una prueba o una compra. Lo que las empresas disfrazan inteligentemente como «innovación» es en realidad una novedad. Y no solo son los artículos envasados los que se basan en la novedad para engatusar a los consumidores; también es una práctica habitual en otros sectores. Y funciona, pero la estrategia rara vez consolida —o no lo hace nunca— una relación de fidelidad.

---

10. http://www.colgate.com/app/Colgate/US/OC/Products/Toothpastes/Name.cvsp.

Desde entonces, el iPhone de Apple ha sustituido al RAZR de Motorola como el nuevo y popular móvil indispensable. Sin embargo, la eliminación de todos los botones y la colocación de una pantalla táctil no es lo que hace innovador al iPhone. Estas no son más que unas nuevas funciones fantásticas. Pero otros pueden copiar esas cosas, y eso no redefiniría la categoría. Hay otra cosa que Apple hizo que es considerablemente más importante.

Apple no solo está marcando la pauta en cuanto a cómo han de diseñarse los móviles, sino también, en un estilo típico de la empresa, por lo que respecta a la manera en que ha de funcionar el sector. En la industria de la telefonía móvil era el proveedor del servicio, no el fabricante del teléfono, el que determinaba todas las funciones y las ventajas que podía ofrecer el teléfono. T-Mobile, Verizon Wireless, Sprint, AT&T, todas dictaban a Motorola, Nokia, Ericsson, LG y otras lo que los teléfonos harían. Entonces apareció Apple, y anunció que ella le diría al proveedor del servicio lo que haría el teléfono, y no al revés. AT&T fue la única que estuvo de acuerdo, consiguiendo así el contrato exclusivo para ofrecer la nueva tecnología. Esa es la clase de cambio que influirá en el sector durante mucho tiempo y ampliará a mucho más que unos pocos años el aumento de las existencias del nuevo y deslumbrante producto.

Novedoso, ¿verdad?

El precio que pagas por el dinero que ganas

No puedo discutir que las manipulaciones dan resultado. De hecho, cada una de ellas contribuye a influir en la conducta y todas pueden ayudar a que una empresa consiga un éxito considerable. Pero hay contrapartidas. Ni una sola de ellas genera fidelidad; con el paso del tiempo, cada vez cuestan más; las ganancias se limitan al corto plazo; y aumenta el nivel de tensión tanto para el comprador como para el vendedor. Si se dispone de una cantidad de dinero excepcionalmente grande o solo se busca conseguir una ganancia inmediata sin considerar para nada el largo plazo, entonces estas estrategias y tácticas son perfectas.

Al margen del mundo empresarial, en la actualidad las manipulaciones también son la norma en la política. De la misma manera que las manipulaciones pueden impulsar una venta pero no generan ninguna fidelidad, así también pueden ayudar a que un candidato salga elegido, pero no crean una base para el liderazgo. Este requiere que la gente siga con uno en las duras y en las maduras. El liderazgo es la capacidad de aglutinar a las personas no para un único acontecimiento, sino durante años. En los negocios, liderazgo significa que los clientes seguirán respaldando tu empresa aunque metas la pata. Si la manipulación es la única estrategia, ¿qué sucederá la próxima vez que sea necesario tomar una decisión de compra? ¿Qué pasará después de ganar unas elecciones?

Hay una gran diferencia entre el cliente frecuente y la fidelidad. La clientela frecuente se produce cuando las personas hacen negocios contigo múltiples veces; la fidelidad, cuando la gente está dispuesta a rechazar un producto mejor o un precio mejor para seguir haciendo negocios contigo. Los clientes fieles a menudo ni siquiera se molestan en investigar a la competencia o en considerar otras opciones. La fidelidad no es fácil de ganar; la clientela frecuente, sin embargo, sí. Lo único que se necesita son más manipulaciones.

Las técnicas manipuladoras se han convertido en la actualidad en un sostén tal de las empresas estadounidenses, que para algunas se ha vuelto un hábito que prácticamente no son capaces de abandonar. Al igual que cualquier adicción, el impulso no es desintoxicarse, sino encontrar la siguiente dosis lo más deprisa y con la mayor frecuencia que se pueda. Y, por bien que puedan sentar los subidones inmediatos, estos tienen un efecto deletéreo sobre la salud a largo plazo de una organización. Adicta como es al cortoplacismo, la actividad empresarial actual se ha convertido en buena medida en una serie de subidones rápidos uno detrás de otro y de otro. Las tácticas cortoplacistas se han hecho tan sofisticadas que se ha creado todo un sistema económico a disposición de las manipulaciones, provisto de estadísticas y de una pseudociencia. Las empresas de venta directa, por ejemplo, ofrecen cálculos sobre qué palabras obtendrán los mejores resultados en cada una de las partes de la publicidad directa que envían.

Aquellas que ofrecen reembolsos por correo saben que el incentivo funciona, y saben que, cuanto mayor el reintegro, más eficaz es. También conocen el coste que conllevan tales reembolsos. Para hacerlos rentables, los fabricantes confían en que las cifras de la rotura y el deslizamiento se mantengan por encima de cierto nivel. Como sucede con nuestro fiel drogadicto, cuya conducta se ve reforzada por lo bien que se siente con el subidón inmediato, la tentación de hacer que los requisitos del reembolso sean más abstrusos o complicados, para así reducir la cifra de solicitantes idóneos, puede resultar irresistible para algunas.

Samsung, el gigante de la electrónica, dominaba la clase de arte de la letra pequeña que hace tan rentables los reembolsos para las empresas.[11] A principios de la década de 2000, la empresa ofrecía reembolsos de hasta 150 dólares sobre una diversidad de productos electrónicos, estipulando en la letra pequeña que aquellos quedaban limitados a un reintegro por dirección, una exigencia que a la sazón le habría parecido bastante razonable a cualquiera. Pero, en la práctica, esto descalificaba realmente a todos los clientes que vivieran en edificios de viviendas en los que más de un residente hubiera solicitado el reembolso por la misma clase de producto. Más de 4.000 clientes de Samsung engañados por la devolución del dinero recibieron sendas notificaciones negándoles los reembolsos con el citado argumento. Este proceder fue puesto en conocimiento del fiscal general de Nueva York, y en 2004 Samsung fue obligada a pagar 200.000 dólares a los que vivían en edificios de viviendas por sus reclamaciones de reembolsos. Este es un caso extremo de una empresa a la que pillaron. Pero el juego del reembolso de recortar el código de barras, rellenar formularios y hacerlo todo antes de la fecha límite está en plena efervescencia. ¿Cómo puede una empresa afirmar que está centrada en el cliente, cuando está tan a gusto calculando la cantidad de ellos que no conseguirán ver realizada ninguna promesa de ahorro?

Las manipulaciones conducen a las transacciones, no a la fidelidad

«Es muy sencillo —informa el publirreportaje televisivo—, no tiene más que introducir sus viejas joyas de oro en el sobre seguro de prepago, y le enviaremos un cheque por el valor del oro al cabo de solo dos días». Mygoldenvelope.com,

---

11. «Samsung's American Unit Settles Rebate Case», *New York Times*, 21 de octubre de 2004, http://query.nytimes.com/gst/fullpage.html?res=9B01E3DD113AF932A15753C1A9629C8B63.

uno de los líderes de este sector, actúa de intermediario para que el oro sea enviado a una refinería, fundido y vuelto a introducir en el mercado de las materias primas.

Cuando Douglas Feirstein y Michael Moran fundaron la empresa, querían ser los mejores del negocio. Deseaban transformar una industria con la reputación de una casa de empeños clandestina y conferirle un poco del lustre de Tiffany. Así que invirtieron para conseguir la experiencia perfecta y se esforzaron para que la experiencia del servicio al cliente fuera la ideal. Ambos eran emprendedores de éxito y conocían el valor de crear una marca y una experiencia del cliente sólida. Habían invertido mucho dinero en intentar conseguir el equilibrio adecuado, y se aseguraron de explicar lo que los diferenciaba en una publicidad de respuesta directa en diferentes canales de televisión por cable tanto locales como nacionales. «Mejor que las ofertas similares», decían. Y tenían razón. Pero la inversión no dio los frutos deseados.

Transcurridos unos cuantos meses, Feirstein y Moran hicieron un importante descubrimiento: casi todos sus clientes hacían negocios con ellos solo una vez. Tenían un negocio de compraventa, pero estaban intentando hacer que fuera mucho más que eso. Así que desistieron de intentar hacer que su servicio fuera «mejor que las ofertas similares» y, en su lugar, se conformaron con que fuera bueno. Habida cuenta de que la mayoría de las personas no se iban a convertir en clientes frecuentes, no habría comparaciones directas con los demás servicios. Lo único que tenían que hacer era provocar una decisión de compra y ofrecer una experiencia lo bastante agradable para que la gente lo recomendara a un amigo. Cualquier otra cosa sería innecesaria. En cuanto los propietarios de mygoldenvelope.com se dieron cuenta de que no tenían que invertir en las cosas que generan fidelidad si todo lo que querían hacer era impulsar transacciones, su empresa se hizo inmensamente más eficaz y rentable.

En las transacciones que se producen una vez por término medio, la mejor manera de provocar la conducta deseada es la técnica del palo y la zanahoria. Cuando la policía ofrece una recompensa, no anda detrás de fomentar una relación con el testigo o el soplón; no es más que una transacción única. Cuando pierdes a tu gatito y ofreces una recompensa para recuperarlo, no tienes que establecer una relación duradera con la persona que te lo devuelva; únicamente quieres tener a tu gato de nuevo.

Las manipulaciones son una estrategia totalmente válida para impulsar una transacción o provocar cualquier conducta que solo es necesario que se produzca una vez o en raras ocasiones. Las recompensas que utiliza la policía están pensadas para incentivar a los testigos a que se presenten y aporten pistas o pruebas que puedan conducir a una detención. Y, como pasa con cualquier promoción, la manipulación dará resultado si el incentivo parece lo bastante alto para atenuar el riesgo.

Sin embargo, en cualquier otra circunstancia en la que una persona u organización quiera algo más que una única transacción y tenga la esperanza de establecer una relación de fidelidad duradera, las manipulaciones no sirven. Por ejemplo, ¿un político quiere tu voto o desea tu respaldo y lealtad para toda la vida? (A juzgar por la manera en que se dirigen los procesos electorales hoy día, se diría que lo único que desean es ganar las elecciones. Los mensajes para desacreditar a los contrincantes, el énfasis sobre un único problema y la incómoda utilización del miedo o los deseos así parecen indicarlo. Tales tácticas ganarán elecciones, pero no siembran la lealtad entre los votantes.)

El sector automovilístico estadounidense aprendió por las malas el elevado coste de confiar en la manipulación para crear un negocio, cuando lo que realmente necesitaba era fomentar la fidelidad. Aunque las manipulaciones tal vez sean estrategias viables cuando corren buenos tiempos y se gasta el dinero a manos llenas, un cambio en las condiciones del mercado los hizo ser demasiado caros. Cuando estalló la crisis del petróleo en 2008, las ofertas y los incentivos del sector automovilístico se hicieron insostenibles (lo mismo sucedió en la década de 1970). En este caso, el tiempo en que las manipulaciones podrían producir ganancias quedó establecido por el período en el que el sector sería capaz de mantener la estrategia. En esencia, esta es una frágil plataforma sobre la que construir un negocio, la suposición de una bonanza sin fin. Aunque los clientes fieles se sienten menos tentados por las demás ofertas e incentivos, en épocas de bonanza la libre circulación de las empresas dificulta reconocer el valor que tienen. Es en los tiempos difíciles cuando más importancia tienen los clientes fieles.

Las manipulaciones dan resultado, pero cuestan dinero. Y cuando no se dispone de este para sufragar tales tácticas, carecer de unos seguidores fieles es realmente dañino. Después del 11 de Septiembre, hubo clientes que enviaron cheques a Southwest Airlines para mostrar su apoyo. La nota que acompañaba a un talón de 1.000 dólares decía: «Se han portado tan bien conmigo a lo largo de los años, que en estos tiempos de dificultad querría darles las gracias echándoles una mano». Los cheques que recibió la aerolínea sin duda no fueron suficientes para tener un efecto importante en su cuenta de resultados, pero simbolizaban los sentimientos de los clientes hacia la marca. Se sentían socios. La fidelidad de los que no enviaron dinero es casi imposible de calcular, pero su influencia ha sido incalculable a largo plazo, al contribuir a que Southwest conserve su posición como la aerolínea más rentable de la historia.

Saber que tienes una cartera de clientes y unos empleados fieles no solo reduce costes, sino que proporciona una inmensa paz mental. Como pasa con los amigos fieles, sabes que tus clientes y empleados no te fallarán cuando más los necesites. Es ese sentimiento de «estamos juntos en esto» que comparten cliente y empresa, votante y candidato, jefe y empleado, lo que define a los grandes líderes.

Por el contrario, valerse de las manipulaciones genera un estrés a gran escala en el comprador y en el vendedor por igual. Por lo que respecta al comprador, le resulta cada vez mas difícil saber qué producto, servicio, marca o compañía es la mejor. Bromeo con lo de la proliferación de variedades de dentífricos y la dificultad de escoger el adecuado. Pero lo de la pasta de dientes es solo una metáfora. Casi todas las decisiones que se nos pide que tomemos todos y cada uno de los días es como la elección del dentífrico. Decidir qué bufete de abogados contratar, a qué universidad asistir, qué coche comprar, para qué empresa trabajar, a qué candidato votar…, demasiadas elecciones. Toda la publicidad, las ofertas y la presión empleadas en tentarnos en un sentido o en otro, todos los intentos de presionar más que los demás para cortejarnos por nuestro dinero o nuestro apoyo, al final produce sistemáticamente el mismo resultado: estrés.

Y también a las empresas, cuya obligación es ayudarnos a decidir, y cuya capacidad para hacerlo se ha ido haciendo cada vez más difícil. La competencia hace algo nuevo, algo mejor cada día; tener que dar permanentemente con una nueva promoción, una nueva táctica de mercadotecnia de guerrilla o una nueva función que añadir es una tarea ardua. Unido a los efectos duraderos de años de decisiones inmediatas que han erosionado los márgenes de beneficio, también aumenta los niveles de estrés en el seno de las organizaciones. Cuando las manipulaciones son la norma, no hay vencedores.

No es casualidad que hacer negocios y ser trabajador hoy día sea más estresante de lo que era tiempo atrás. Peter Whybrow, en su libro *American Mania: When More Is Not Enough*, afirma que muchas de las enfermedades que sufrimos en la actualidad apenas guardan relación con nuestra mala alimentación o con las grasas parcialmente hidrogenadas de nuestra dieta. Más bien, dice Whybrow, es la manera en que han evolucionado las empresas estadounidenses lo que ha llevado nuestro estrés a unos niveles tan altos que, literalmente, estamos enfermando por su culpa.[12] Los estadounidenses padecen úlceras, depresión, hipertensión, ansiedad y cáncer a unos niveles sin precedentes. Según Whybrow, todas esas promesas de más, más y más en realidad están sobrecargando nuestros circuitos cerebrales del placer. Las ganancias inmediatas que impulsan actualmente la actividad empresarial estadounidense, en realidad, están destruyendo nuestra salud.

Que funcione no lo hace apropiado

El peligro de las manipulaciones es que funcionan. Y, dado que funcionan, se han convertido en la norma, practicada por la inmensa mayoría de las empresas y organizaciones, sea cual sea tamaño o sector. Solo el hecho origina una presión social sistémica. Víctimas de una ironía perfecta, nosotros, los manipuladores, hemos sido manipulados por nuestro propio sistema. Con cada bajada de precio, cada oferta, cada mensaje basado en el miedo o en las aspiraciones y con cada novedad que utilizamos para alcanzar nuestras metas, nos encontramos con que nuestras empresas, nuestras organizaciones y nuestros sistemas son cada vez más débiles.

La crisis económica que comenzó en 2008 no es más que otro ejemplo, bien que extremo, de lo que puede suceder si se permite que una suposición falsa siga adelante. El desplome del mercado inmobiliario y el subsiguiente hundimiento del sector bancario se debieron a decisiones tomadas en el

---

12. Whybrow, Peter C., *American Mania: When More Is Not Enough*, W. W. Norton & Company, New York, 2005.

seno de los bancos basándose en una serie de manipulaciones. Los empleados fueron manipulados con bonificaciones que les animaban a tomar decisiones estrechas de miras. La deshonra pública de cualquiera que hablara claro desalentaba a mostrar el desacuerdo con los responsables. La libre circulación de los créditos animó a los que aspiraban a comprarse una casa a hacerlo por encima de lo que podían permitirse, en toda la escala de precios. Había muy poca lealtad. Todo consistió en una sucesión de decisiones comerciales, efectivas, sí, pero a un alto precio. Fueron pocos los que trabajaron en pro del bien general. ¿Y por qué habrían de hacerlo?, no había ninguna razón para ello; no había causa ni convicción salvo la gratificación inmediata. Los banqueros no fueron los primeros en ser arrastrados por su propio éxito. Los fabricantes de automóviles estadounidenses llevaban decenios comportándose de la misma manera: una manipulación tras otra, decisiones cortoplacistas basadas en decisiones inmediatas. La contracción o incluso el desplome es la única conclusión lógica cuando las manipulaciones son la principal línea de actuación.

La realidad es que, en el mundo actual, las manipulaciones son la norma.

Pero hay una alternativa.

SEGUNDA PARTE

UNA PERSPECTIVA ALTERNATIVA

3

EL CÍRCULO DORADO

Hay unos pocos líderes que en lugar de manipular optan por inspirar o motivar a las personas para alentarlas. Ya se trate de personas individuales, ya de organizaciones, cada uno de esos líderes ejemplares piensa, actúa y se expresa exactamente de la misma manera. Y esta está en las antípodas de lo que hacemos todos los demás. Conscientemente o no, la manera que tienen de hacerlo es ciñéndose a una tendencia que surge en ellos de manera natural y que denomino el Círculo Dorado.

El concepto del Círculo Dorado se inspiró en la sección áurea, una sencilla relación matemática que ha fascinado a matemáticos, biólogos, arquitectos, artistas, músicos y naturalistas desde los inicios de la historia.[13] Desde los egipcios hasta Leonardo da Vinci pasando por Pitágoras, muchos han recurrido a la sección áurea para aportar una fórmula matemática a la

13. Mathworld, Wolfram, «Golden Ratio», http://mathworld.wolfram.com/GoldenRatio.html. También http://goldennumber.net/.

proporción e incluso a la belleza. Esta razón matemática también respalda la idea de que hay más orden en la naturaleza que lo que creemos, algo que podemos ver en la simetría de las hojas o en la perfección geométrica de los copos de nieve.

Lo que me sedujo de la sección áurea, no obstante, fue que tuviera tantas aplicaciones en una multiplicidad de campos. Y lo que aún es más importante, que brindara una fórmula que era capaz de producir resultados repetibles y predecibles en ámbitos en los que podrían haberse supuesto frutos del azar o de la suerte. Incluso la Madre Naturaleza —para muchos un símbolo de lo impredecible— mostraba más orden que el que le reconocíamos hasta entonces. Al igual que la sección áurea, que aporta pruebas de orden en el aparente desorden de la naturaleza, el Círculo Dorado encuentra orden y previsibilidad en la conducta humana. En pocas palabras, nos ayuda a comprender por qué hacemos lo que hacemos. El Círculo Dorado proporciona pruebas concluyentes de cuánto más podemos lograr si nos recordamos a nosotros mismos empezar todo lo que hacemos preguntándonos en primer lugar por qué.

El Círculo Dorado es una perspectiva alternativa a las suposiciones existentes sobre la manera en que algunos líderes y algunas organizaciones han conseguido un grado tan desproporcionado de influencia. Por ejemplo, nos aporta una idea bastante clara sobre cómo Apple es capaz de innovar en tantos sectores diferentes y no perder jamás su capacidad para hacerlo; nos explica por qué la gente se tatúa en el cuerpo el logotipo de Harley-Davidson; nos permite comprender mejor no solo cómo Southwest Airlines creó la aerolínea más rentable de la historia, sino por qué las cosas que hacía daban resultado; e incluso arroja algo de claridad sobre la razón de que la gente siguiera al doctor Martin Luther King Jr. en un movimiento que cambió un país y sobre el motivo de que asumiéramos el desafío de John F. Kennedy de llevar a un hombre a la luna incluso después de su muerte.[14] El Círculo Dorado, en fin, nos muestra cómo esos dirigentes fueron capaces de inspirar a la acción en lugar de manipular a las personas para que actuaran.

---

14. «The Decision to Go the Moon: President John F. Kennedy's May 25, 1961 Speech before a Joint Session of Congress», NASA History Office, http://history.nasa.gov/moondec.html.

Esta perspectiva alternativa no es solo útil para cambiar el mundo: también existen aplicaciones prácticas para la capacidad de motivar. Se puede utilizar como guía para mejorar inmensamente el liderazgo, la cultura empresarial, la contratación, la creación de productos, las ventas y la mercadotecnia. E incluso explica la fidelidad y cómo generar la suficiente inercia a fin de convertir una idea en un movimiento social.

Y todo empieza desde dentro. Todo empieza con el Porqué.

Antes de que podamos analizar sus aplicaciones, primero déjame que defina los conceptos, empezando desde fuera del círculo y moviéndonos hacia el interior.

QUÉ: cada empresa y organización del planeta sabe QUÉ hace. Esto es verdad con independencia de lo grande o pequeña que sea, y sean cuales fueren los sectores en los que actúa. Todo el mundo es capaz de describir con facilidad los productos o servicios que una empresa vende o las funciones que desempeña dentro de ese sistema. Los QUÉ son fáciles de identificar.

CÓMO: algunas empresas y personas saben CÓMO hacen lo QUE hacen. Ya lo llames «propuesta de valor diferenciador», ya «proceso patentado», ya «propuesta de venta exclusiva», los CÓMO se citan a menudo para explicar la diferencia o superioridad de algo. No tan evidentes como los QUÉ, muchos los consideran los factores diferenciadores o motivadores de una decisión. Sería falso suponer que eso es todo lo que se necesita. Hay un detalle que pasan por alto:

POR QUÉ: muy pocas personas o empresas pueden expresar con claridad POR QUÉ hacen lo QUE hacen. Cuando hablo del PORQUÉ, no me refiero a ganar dinero: eso es una consecuencia. Por el PORQUÉ me refiero a cuál es tu finalidad, motivo o creencia. ¿POR QUÉ existe tu empresa? ¿POR QUÉ te levantas de la cama cada mañana? ¿Y POR QUÉ debería importarle a alguien?

Cuando la mayoría de las organizaciones o de las personas piensan, actúan o se expresan lo hacen de afuera adentro, esto es, desde el QUÉ hacia el PORQUÉ. Y no sin motivo: se mueven desde lo más claro hacia lo más confuso. Decimos QUÉ hacemos, a veces decimos CÓMO lo hacemos, pero rara vez hablamos de POR QUÉ hacemos lo QUE hacemos.

Pero no así las empresas inspiradas. No así los líderes inspirados. Todos y cada uno de ellos, da igual su tamaño o sector, piensan, actúan y se expresan de adentro afuera.

A menudo utilizo como ejemplo a Apple Inc. sencillamente porque goza de un reconocimiento generalizado y sus productos son fáciles de asimilar y de comparar con los demás. Aún más, el éxito de Apple en el transcurso del tiempo no es normal. Su capacidad para mantenerse como una de las empresas más innovadoras año tras año, junto con su increíble capacidad para generar un seguimiento casi religioso, la convierten en un ejemplo fantástico para demostrar muchos de los principios del Círculo Dorado.

Empezaré con un sencillo ejemplo de mercadotecnia.

Si Apple fuera como la mayoría de las demás empresas, sus mensajes publicitarios se moverían de afuera adentro del Círculo Dorado. Empezaría con alguna declaración sobre QUÉ hace o fabrica la empresa, seguido por CÓMO piensa que es diferente o mejor que lo que hace la competencia, para posteriormente realizar algún llamamiento a la acción. Con esto, la empresa esperaría a cambio algún tipo de conducta, en este caso una compra. Un mensaje publicitario de Apple, si fuera como todas las demás, podría parecerse a este:

Fabricamos unos ordenadores fantásticos.

Tienen un diseño precioso, son sencillos y fáciles de utilizar por el usuario.

¿Quieres comprar uno?

No es un argumento de ventas muy convincente, pero es así como la mayor parte de las empresas nos venden. Esta es la norma. Primero empiezan con lo QUE hacen: «Aquí está nuestro nuevo vehículo». Luego, pueden decirnos cómo lo hacen o en qué son mejores: «Tiene asientos de piel, un consumo fantástico y una gran financiación». Y a continuación, hacen un llamamiento a la acción y pretenden provocar una conducta.

Este es un modelo que se observa en los mercados de empresa a consumidor y también en los entornos interempresariales: «Este es nuestro bufete de abogados. Nuestros profesionales proceden de las mejores universidades, y representamos a los clientes más importantes. Contrátenos». Y un modelo que está vigente en la política: «Esta es nuestra candidata, estas son nuestras ideas sobre los impuestos y la inmigración. ¿Ven cómo es de diferente?

Vótenla». En todos los casos la comunicación está organizada con la intención de convencer a alguien de una diferencia o un valor superior.

Pero esto no es lo que hacen los líderes y las empresas inspirados. Cada uno de ellos, con independencia del tamaño o sector, piensa, actúa y se expresa de adentro afuera.

Analicemos de nuevo ese ejemplo de Apple y reescribámoslo siguiendo el orden en que la empresa se expresa *realmente*. En esta ocasión, el ejemplo empieza con el PORQUÉ.

Creemos en desafiar el estado de las cosas con todo lo que hacemos. Creemos en pensar diferente.

Nuestra manera de desafiar el orden establecido es fabricando unos productos bien diseñados, sencillos y fáciles de utilizar por los usuarios.

Y da la casualidad de que fabricamos unos ordenadores fantásticos.

¿Quieres comprar uno?

Este es un mensaje completamente diferente. En realidad, la *sensación* que transmite es diferente a la del primero. Después de leer la segunda versión —y lo único que hice fue invertir el orden de la información—, tenemos muchas más ganas de comprarle una computadora a Apple. No hay triquiñuelas, ninguna manipulación, ningún mensaje que tenga que ver con las ambiciones, ningún famoso.

Apple no se limita a invertir el orden de la información, sino que su mensaje empieza con el PORQUÉ, esto es, con una finalidad, causa o creencia que no tiene nada que ver con lo QUE hacen. Lo QUE hacen —los productos que fabrican, desde los ordenadores hasta los pequeños dispositivos electrónicos— ya no sirven como la razón para comprar, sirven como la prueba tangible de su causa. El diseño y la interfaz de usuario de los productos Apple, bien que importantes, no son suficientes en sí mismos para generar una fidelidad tan asombrosa entre sus clientes. Estos importantes elementos contribuyen a hacer que la causa sea tangible y racional. Otros pueden contratar a diseñadores punteros y a ingenieros brillantes y hacer productos bonitos y fáciles de utilizar y copiar lo que hace Apple, e incluso podrían robarle empleados a Apple para hacerlo, pero los resultados no serían los mismos. Copiar simplemente lo QUE hace Apple o CÓMO lo hace no dará resultado. Hay algo más, algo difícil de describir y casi imposible de copiar que confiere a Apple un nivel tan desproporcionado de influencia en el mercado. El ejemplo empieza a demostrar que la gente no compra lo QUE haces; compra POR QUÉ lo haces.

Vale la pena repetirlo: la gente no compra el QUÉ; compran el POR-QUÉ.

La capacidad de Apple para diseñar unos productos tan innovadores de manera tan continuada y su habilidad para hacerse acreedora de tan increíble fidelidad hacia sus productos, proviene de algo más que del QUÉ exclusivamente. El problema es que las organizaciones utilizan los elementos y los beneficios tangibles para crear un argumento racional por el que su empresa, producto o idea es mejor que otras. En ocasiones, tales comparaciones se hacen sin ambages, y a veces se basan en analogías o metáforas, pero el efecto es el mismo. Las empresas tratan de vendernos lo QUE hacen, pero nosotros compramos el POR QUÉ lo hacen. Esto es a lo que me refiero cuando digo que se expresan de afuera adentro; esto es, empiezan con el QUÉ y el CÓMO.

Sin embargo, cuando te expresas de adentro afuera, el POR QUÉ se ofrece como la razón para comprar, y los QUÉ sirven como la prueba tangible de esas creencias: las cosas que podemos señalar para racionalizar o explicar las razones por las que nos sentimos atraídos por un producto, una empresa o una idea por encima de otros.

QUÉ hacen las empresas son aspectos externos, pero POR QUÉ lo hacen es algo más profundo. Desde un punto de vista práctico, Apple no tiene nada de especial; no es más que una empresa como cualquier otra. No existe una diferencia real entre Apple y cualquiera de sus competidores, llámese Dell, HP, Gateway o Toshiba. Escoge una, tanto da. Todas son estructuras empresariales, que es todo cuanto es una empresa: una estructura. Todas fabrican ordenadores; todas tienen algunos sistemas que funcionan y algunos que no; todas tienen un acceso similar al mismo talento, a los mismos recursos, a las mismas agencias, a los mismos asesores y a los mismos medios de comunicación; todas tienen algunos buenos directivos, algunos buenos diseñadores e ingenieros inteligentes; todas fabrican algunos productos que funcionan bien y algunos que no…, incluso Apple. Entonces, ¿por qué esta atesora un nivel tan desproporcionado de éxito? ¿Por qué es más innovadora?

¿Por qué es sistemáticamente más rentable? ¿Y cómo consiguió crear unos seguidores tan fieles de culto, algo que muy pocas empresas han sido capaces de conseguir alguna vez?

La gente no compra QUÉ haces, sino que compra POR QUÉ lo haces. Esta es la razón de que Apple haya adquirido un nivel extraordinario de flexibilidad. Es evidente que la gente se encuentra a gusto comprándole un ordenador a Apple. Pero también se encuentra a gusto comprándole un reproductor mp3, o un teléfono móvil, o un DVR. Los consumidores e inversores se encuentran absolutamente tranquilos con el hecho de que Apple ofrezca tantos productos diferentes y en tantas categorías distintas. No es lo QUE hace Apple lo que la distingue; es POR QUÉ lo hace. Sus productos dan vida a su causa.

De todas formas, no soy tan insensato como para sugerir que sus productos carecen de importancia; por supuesto que la tienen. Pero es la razón de su importancia la que contraviene las ideas convencionales. Los productos de Apple, en sí mismos, no son la razón de que Apple sea considerada superior; sus productos, lo QUE hace, sirven de prueba tangible de aquello en lo que cree la empresa. Es la evidente correlación entre QUÉ hace y POR QUÉ lo hace lo que logra que destaque. Y esta es la razón de que consideremos que es auténtica. Todo lo que Apple hace contribuye a demostrar su PORQUÉ: desafiar el orden establecido. Sean cuales sean los productos que haga o el sector en el que opere, siempre queda claro que Apple «piensa diferente».

Cuando Apple empezó sacando el Macintosh, que tenía un sistema operativo basado en una interfaz gráfica de usuario en lugar de un complicado lenguaje informático, desafió el modo en que en ese momento funcionaban los ordenadores. Es más: donde la mayoría de las empresas tecnológicas vieron su principal oportunidad de mercadotecnia entre empresas, Apple quiso darle a una persona que estuviera sentada en casa el mismo poder que cualquier empresa. El PORQUÉ de Apple, el desafío al estado de las cosas y la capacitación del individuo, es una constante que se repite en todo lo que dice y hace. Es algo que cobra vida en su iPod, y aún más en el iTunes, un servicio que hizo frente al *statu quo* del modelo de distribución de la industria musical y que se adecuaba mejor a la manera que tenían las personas de consumir música.

El sector musical estaba organizado para vender álbumes, un modelo que había evolucionado en una época en que escuchar música era una actividad que en buena medida hacíamos en casa. Sony cambió eso en 1979 con el lanzamiento del Walkman. Pero incluso el Walkman, y posteriormente el Discman, estaban limitados a la cantidad de casetes o discos compactos que pudieras transportar además del aparato. La creación del formato musical del mp3 cambió todo eso. La compresión digital permitía que se pudiera almacenar una gran cantidad de canciones en unos aparatos de música digitales muy fáciles de transportar y relativamente baratos. La posibilidad de que saliéramos de casa con un único aparato fácil de transportar transformó la música en algo que en buena medida escuchábamos fuera de casa. Y el mp3 no solo cambió dónde escuchábamos la música, sino que también transformó nuestra cultura del coleccionismo de álbumes en una cultura del coleccionismo de canciones. Mientras el sector musical seguía enfrascado en intentar vendernos álbumes, un modelo que ya no se adecuaba a la conducta del consumidor, Apple lanzó su iPod ofreciéndonos la posibilidad de llevar «1.000 canciones en el bolsillo».[15] Con el iPod e iTunes, Apple mejoró considerablemente el trabajo de transmitir el valor tanto del mp3 como del reproductor mp3 en relación con la forma de vivir nuestras vidas. Su publicidad no aportaba descripciones exhaustivas de los detalles de los productos; no trataba de ellos, sino de nosotros. Y comprendimos POR QUÉ lo queríamos.

Apple no inventó el mp3, ni tampoco la tecnología que se convirtió en el iPod, y sin embargo se le atribuye el mérito de transformar con él el sector musical. El reproductor musical portátil con disco duro *multigigabyte* fue inventado en realidad por Creative Techonology Ltd.,[16] una empresa tecnológica de Singapur que saltó a la fama por crear la tecnología de audio Sound Blaster, que permitió a los ordenadores portátiles caseros tener sonido. De hecho, Apple no lanzó el iPod hasta veintidós meses después de la entrada de Creative en el mercado, detalle que por sí solo pone en entredicho la

---

15. «Apple Presents iPod», http://www.apple.com/pr/library/2001/oct/23ipod.html.

16. «The Nomad Jukebox Holds a Hefty Store of Music», *New York Times*, 1 de junio de 2000, http://www.nytimes.com/2000/06/01/technology/news-watch-the-nomad-jukebox-holds-a-hefty-store-of-music.html?scp=18sq=creative+nomad&st=nyt.

supuesta ventaja del pionero. Habida cuenta de sus antecedentes en el sonido digital, esta última estaba más cualificada que Apple para lanzar un producto musical digital. El problema estuvo en que anunciaron su producto como el «reproductor mp3 de 5 GB», que es exactamente el mismo mensaje de Apple de las «1.000 canciones en tu bolsillo»; la diferencia estriba en que Creative nos contó QUÉ era su producto, mientras que Apple nos habló de POR QUÉ lo necesitábamos.

Solo después, una vez que decidimos que teníamos que tener un iPod, adquirió importancia el QUÉ, y escogimos la versión de 5GB, o la versión de 10GB, y así sucesivamente, los detalles tangibles que demostraban que podíamos conseguir llevar 1.000 canciones en el bolsillo. Nuestra decisión empezó por el PORQUÉ, al igual que la oferta de Apple.

¿Cuántos somos los que podemos decir con certeza que efectivamente un iPod es en realidad mejor que el Zen de Creative? Los iPod, por ejemplo, siguen asediados por los problemas con la vida de las baterías y su sustitución. Estas tienden a extinguirse. Puede que el Zen sea mejor; la realidad es que ni siquiera nos importa si lo es. La gente no compra lo QUE haces, pero compra POR QUÉ lo haces. Y es la claridad del PORQUÉ de Apple lo que le confiere una capacidad extraordinaria para innovar, compitiendo a menudo contra empresas aparentemente más cualificadas que ella, y para triunfar en industrias ajenas a su actividad principal.

No se puede decir lo mismo de las empresas con un sentido confuso del PORQUÉ. Cuando una organización se define por lo QUE hace, jamás podrá hacer otra cosa. Los competidores de Apple, al haberse definido por sus productos o servicios, independientemente de su «propuesta de valor diferenciador», no gozan de la misma libertad. Gateway, por ejemplo, empezó a vender televisores de pantalla plana en 2003. Tras años de fabricar monitores de pantalla plana, estaban igual de capacitados para fabricar y vender televisores. Pero la empresa no consiguió hacerse un nombre creíble entre los consumidores de marcas de electrónica, y al cabo de dos años renunció al negocio para centrarse en su «actividad principal». Dell apareció en 2002 con las agendas electrónicas, y con los reproductores de mp3 en 2003, pero duró solo unos pocos años en cada uno de los mercados. Dell fabrica productos de buena calidad y está plenamente capacitada para producir esas otras tecnologías. El problema radicó en que se había definido por lo QUE hacía; hacía ordenadores, y para nosotros carecía sencillamente de lógica comprarle una agenda electrónica o un reproductor mp3. No parecía acertado. ¿Cuántas personas crees que aguantarían seis horas haciendo cola para comprar un nuevo teléfono móvil de Dell, como hicieron con el lanzamiento del iPhone de Apple? La gente no podía ver a Dell más que como una empresa de ordenadores. Simplemente, carecía de lógica. Las pobres ventas acabaron rápidamente con el deseo de Dell de entrar en el mercado de los pequeños aparatos electrónicos; en su lugar optaron por «centrarse en su actividad principal». A menos que Dell, como tantas otras, pueda redescubrir su finalidad, causa o creencia fundamental y empezar con el PORQUÉ en todo lo que diga y haga, lo único que volverá a hacer es vender ordenadores. Quedará atrapada en su «actividad principal».

Apple, al contrario que sus competidores, se ha definido con el POR QUÉ hace cosas, no por lo QUE hace. No es una empresa de ordenadores, sino una que desafía el orden establecido y ofrece alternativas individuales más sencillas. Incluso cambió su razón social en 2007 de Apple Computer, Inc., a Apple Inc. para reflejar el hecho de que era algo más que una simple empresa de ordenadores.[17] Desde un punto de vista práctico, la verdad es que da lo mismo cuál sea la razón social de una empresa. Sin embargo, tener la palabra «Computer» en su denominación no limitaba lo QUE podía hacer; limitaba lo que pensaba de sí misma. No fue un cambio práctico, sino filosófico.

El PORQUÉ de Apple se estableció en el momento de su fundación a finales de 1970 y no ha cambiado hasta la fecha. Con independencia de los productos que fabrica o de los sectores a los que ha migrado, su PORQUÉ sigue siendo una constante. Y la intención de Apple de desafiar el pensamiento asumido se ha revelado profética. Como empresa de ordenadores, reorientó el rumbo del sector de los ordenadores personales; como empresa de pequeños aparatos electrónicos, ha retado al dominio tradicional de empresas como Sony y Philips; como proveedor de telefonía móvil, ha obligado a las veteranas —Motorola, Ericsson y Nokia— a replantearse su propia actividad. La capacidad de Apple para acceder e incluso dominar tantos

---

17. «Apple Debuts iPhone, TV Device, Drops "Computer" From Name», Foxnews.com, 11 de enero de 2007, http://www.foxnews.com/story/0,2933,242483,00.html.

sectores distintos incluso ha desafiado en primer lugar lo que significa ser una empresa de ordenadores. Con independencia de lo QUE haga, conocemos el PORQUÉ de que exista.

No se puede decir lo mismo de sus competidoras. Aunque todas tuvieran una idea clara del PORQUÉ en algún momento —ese fue uno de los principales factores que contribuyó a que cada una de ellas se convirtiera en una empresa multimillonaria—, con el paso del tiempo todas las competidoras de Apple perdieron su PORQUÉ. Ahora utilizan lo QUE hacen para definirse: hacemos ordenadores. Todas ellas pasaron de ser empresas con una razón a compañías que venden productos. Y cuando eso sucede, el precio, la calidad, el servicio y la funcionalidad se convierten en el principal recurso para motivar una decisión de compra. Llegada a este punto, cualquier empresa y sus productos se han convertido de manera ostensible en algo indiferenciado. Como cualquier compañía obligada a competir exclusivamente por el precio, la calidad, el servicio y la funcionalidad puede atestiguar, es muy difícil diferenciarse durante algún tiempo u obtener fidelidad basándose solo en estos factores. Además de costar dinero, es estresante levantarse cada día intentando competir solo a ese nivel. Conocer el PORQUÉ es esencial para alcanzar un éxito duradero y tener la posibilidad de evitar ser metido en un cajón de sastre con los demás.

Cualquier empresa que se enfrente a la dificultad de saber cómo diferenciarse en su mercado es en esencia un ente indiferenciado, independientemente de lo QUE haga o CÓMO lo haga. Pregunta, por ejemplo, a un productor de leche, y te dirá que en realidad hay diferencias entre las marcas de leche. El problema es que tienes que ser un experto para conocer las diferencias. Para el mundo exterior, todas las leches son básicamente iguales, así que las agrupamos y las consideramos bienes indiferenciados. Y en consecuencia, es así como actúa el sector. Esta es fundamentalmente la tendencia para casi todos los demás productos o servicios existentes actualmente en el mercado, ya sea de empresa a consumidor, ya entre empresas. Estas se centran en QUÉ hacen y CÓMO lo hacen, sin pararse a considerar POR QUÉ; los consumidores las agrupamos, y ellas actúan como bienes indiferenciados. Y cuanto más las tratemos como tales, más se centrarán en el QUÉ y en el CÓMO lo hacen. Es un círculo vicioso. Pero solo las empresas que se comportan de manera indiferenciada son las que se despiertan cada día con el reto de saber cómo diferenciarse. Por el contrario, las empresas y las organizaciones con una idea clara del PORQUÉ jamás se preocupan de eso. No se consideran a sí mismas como una más y no tienen que «convencer» a nadie de su valor. Así las cosas, no tienen necesidad de implantar complejos sistemas de palos y zanahorias; *son* diferentes, y todo el mundo lo sabe. Empiezan con el PORQUÉ en todo lo que dicen y hacen.

También los hay que siguen creyendo que la diferencia de Apple proviene de su habilidad publicitaria. Apple «vende un estilo de vida», te dirán los profesionales de la publicidad. Entonces, ¿cómo esos mismos profesionales no han repetido deliberadamente el éxito y la continuidad de Apple para otra empresa? Llamarlo «estilo de vida» es un reconocimiento de que las personas que viven de una determinada manera eligen incorporar a Apple a sus vidas. Esta no inventó el estilo de vida, ni vende un estilo de vida. Apple, simplemente, es una de las marcas por las que se sienten atraídos aquellos que llevan un determinado estilo de vida. A lo largo de sus vidas, estas personas utilizan ciertos productos o marcas en ese estilo de vida; para empezar, así es, en parte, cómo reconocemos su forma de vida. Los productos que escogen se convierten en prueba de POR QUÉ hacen las cosas que hacen. Y es solo gracias a la claridad del PORQUÉ de Apple que aquellos que creen en lo mismo que ellos se sienten atraídos por la marca. Cuando Harley-Davidson encajó en el estilo de vida de un determinado grupo de personas y los zapatos de Prada encajaron en el estilo de vida de otros, fue el estilo de vida lo primero que apareció. De la misma manera que los productos que produce la empresa son la prueba del PORQUÉ de la empresa, asimismo una marca o producto sirve de prueba del PORQUÉ de una persona.

Otros, incluso algunos que trabajan para Apple, dirán que lo que verdadera y efectivamente distingue a Apple es solo la calidad de sus productos. Por supuesto que tener unos productos de buena calidad es importante. Con independencia de lo claro que tengas tu PORQUÉ, si lo QUE vendes no funciona, todo se cae por su propio peso. Pero una empresa no necesita tener los mejores productos, estos solo tienen que ser buenos o muy buenos. Mejor u óptimo es una comparación relativa. Sin conocer primero el POR-QUÉ, la comparación en sí misma no vale nada para el responsable de tomar una decisión.

El concepto de «mejor» nos lleva a peguntarnos: ¿en virtud de qué? ¿Es un deportivo Ferrari F430 mejor coche que un monovolumen Honda Odyssey? Depende de para qué necesites el coche. Si se tiene una familia de seis miembros, el biplaza Ferrari, desde luego, no es el mejor. Sin embargo, si lo que estás buscando es impresionar a otros, un monovolumen Honda tal vez no sea el más apropiado (dependiendo de qué clase de persona quieras conocer, supongo; tampoco debería hacer suposiciones). Lo primero es considerar por qué existe el producto y por qué alguien quiere que esté a la altura de sus expectativas. Podría decir maravillas de toda la ingeniería del Honda Odyssey, que en parte tal vez sea realmente mejor que la del Ferrari. Como lo es, sin duda, su consumo de combustible. Es muy probable que yo no vaya a convencer a alguien que de verdad quiera un coche deportivo para que compre otra cosa. Que algunas personas se sientan atraídas de forma visceral por un Ferrari dice más de la persona que de la ingeniería del producto. Esta, por ejemplo, sería sencillamente uno más de los aspectos tangibles que un amante de los Ferrari podría destacar para demostrar lo que siente por el vehículo. La defensa a ultranza de la superioridad del Ferrari por parte de la persona cuya personalidad está predispuesta a preferir todas las características y las ventajas de un Ferrari no puede ser una conversación objetiva. ¿Por qué crees que la mayoría de las personas que se compran un Ferrari están dispuestas a pagar un recargo por conseguir uno de color rojo, mientras que a la mayoría de las que compran un Honda Odyssey probablemente les traiga completamente sin cuidado el color?

En cuanto a todos aquellos que intenten convencerte de que los ordenadores de Apple son, sencillamente, los mejores, no puedo discutirles ni una sola de sus reivindicaciones. Lo único que puedo alegar es que los factores por los que consideran que esos ordenadores son mejores satisfacen sus criterios de lo que debería hacer una computadora. Teniendo esto presente, en la práctica, los Macintosh solo son mejores para aquellos que creen en lo que cree Apple. Esas personas que comparten el PORQUÉ de Apple creen que sus productos son objetivamente mejores, y cualquier intento de convencerlas de lo contrario carece de sentido. Incluso con unos parámetros objetivos en la mano, los argumentos sobre cuál es mejor o cuál peor, sin establecer primero un criterio común, no genera más que discusiones. Los fieles de cada marca señalarán los diferentes rasgos y ventajas que son importantes para ellos (o que no lo son) con la intención de convencer a los demás de que están en lo cierto. Y para empezar, esa es una de las principales razones de por qué tantas empresas sienten la necesidad de diferenciarse, basándose en la errónea suposición de que solo un grupo puede tener razón. Pero ¿y si ambas partes tuvieran razón? ¿Y si un Apple fuera apropiado para algunas personas, y un PC para otras? Ya no se trata de discutir sobre lo mejor o lo peor, se trata de un debate en torno a las diferentes necesidades. Y, antes incluso de que pueda suscitarse la discusión, primero debe establecerse el PORQUÉ de cada uno.

Una simple reivindicación de superioridad, aun cuando esté respaldada por pruebas racionales, puede despertar el deseo e incluso alentar una decisión de compra, pero no genera fidelidad. Si un consumidor se siente motivado, en vez de manipulado, a comprar un producto, podrá expresar con palabras las razones por las que considera que lo que compró es lo mejor. La buena calidad y las funciones son importantes, pero no suficientes para generar la fidelidad a ultranza de la que son capaces de hacerse acreedores todos los líderes y las empresas inspiradas. Es la causa representada por la empresa, la marca, el producto o la persona lo que inspira la fidelidad.

No es la única manera, es solo una manera

Conocer tu PORQUÉ no es la única manera de tener éxito, aunque sí la única de hacer que dure y de tener una combinación mayor de innovación y flexibilidad. Cuando un PORQUÉ se vuelve confuso, se hace mucho más difícil mantener el crecimiento, la fidelidad y la motivación que ayudaron a impulsar el éxito inicial. Por difícil me refiero a que, en lugar de la motivación, la manipulación se convierte rápidamente en la estrategia elegida para alentar la conducta. Esto es eficaz a corto plazo, pero a la larga conlleva un elevado coste.

Veamos el clásico caso práctico de los ferrocarriles que se estudia en las escuelas de negocios. A finales del siglo XIX, las ferroviarias eran las empresas más grandes del país. Tras haber alcanzado un éxito tan colosal, e incluso haber cambiado el paisaje de Estados Unidos, recordar el PORQUÉ dejó de tener importancia para ellas. Por el contrario, se obsesionaron con QUÉ hacían: se dedicaban al negocio de los ferrocarriles. Este estrechamiento de la perspectiva influyó en su toma de decisiones, e invirtieron todo su dinero en vías férreas, traviesas y locomotoras. Pero a principios del siglo xx apareció una nueva tecnología: el avión. Y todas aquellas grandes empresas ferroviarias al final quebraron. ¿Y si se hubieran definido como empresas que se dedicaban al negocio del transporte colectivo? Puede que entonces su conducta hubiera sido distinta, y quizá hubieran visto oportunidades que de otra forma pasaron por alto. A lo mejor, actualmente serían las propietarias de todas las líneas aéreas.

La comparación plantea la cuestión de la capacidad de supervivencia a largo plazo de tantas otras empresas que se han definido a sí mismas y a sus sectores por QUÉ hacen. Han estado haciéndolo de la misma manera durante tanto tiempo, que su capacidad para competir con una nueva tecnología o para ver una nueva perspectiva se convierte en una labor desalentadora. La historia de las empresas ferroviarias muestra inquietantes similitudes con el caso de la industria musical que hemos abordado antes. Este es otro sector que no ha hecho un buen trabajo a la hora de adaptar su modelo de negocio, para que se adecuara a un cambio en la conducta impulsado por una nueva tecnología. Pero otros sectores cuyos modelos de negocios evolucionaron en una época diferente muestran grietas parecidas: los sectores de la prensa escrita, la publicidad y la televisión, por nombrar solo tres. Estas son las actuales empresas ferroviarias que se esfuerzan por definir su valor, mientras ven cómo sus clientes acuden a las empresas de otros sectores para que atiendan sus necesidades. Si las compañías discográficas hubieran tenido una idea más clara del PORQUÉ, tal vez hubieran visto la oportunidad para inventar el equivalente a iTunes, en lugar de dejárselo a una empresa de ordenadores rudimentarios.

En cualquier caso, volver a la finalidad, la causa o la creencia inicial ayudará a esos sectores a adaptarse. En lugar de preguntarse: «¿QUÉ deberíamos hacer para competir?», deben hacerse para comenzar la pregunta: «¿POR QUÉ empezamos haciendo lo que hacemos y QUÉ podemos hacer para revivir nuestra causa, considerando todas las tecnologías y oportunidades de mercado disponibles hoy día?» Pero no te lo creas porque lo diga yo. Ninguna de estas opiniones es de cosecha propia. Todas están sólidamente cimentadas en los principios de la biología.

4

ESTO NO ES UNA OPINIÓN, ES BIOLOGÍA

Bueno, los Sneetches de panza estrellada tenían estrellas en la barriga.

Los Sneetches de panza lisa no tenían ninguna.

Las citadas estrellas no eran muy grandes. De hecho, eran muy pequeñas.

Uno pensaría que semejante cosa no tendría la menor importancia.

Entonces, Sylvester McMonkey McBean

montó rápidamente una máquina muy rara.

Y dijo: «¿Queréis estrellas como un Sneetch de panza estrellada?

¡Amigos míos, podéis tenerlas por tres dólares por cabeza!»[18]

---

18. Dr. Seuss, *The Sneetches and Other Stories*, Random House, New York, 1961.

En su cuento de 1961 sobre los Sneetches, el Dr. Seuss nos presentaba a dos grupos de Sneetches, unos con estrellas en las panzas y otros sin ellas. Estos últimos deseaban desesperadamente conseguir estrellas para poder sentir que estaban integrados. Estaban dispuestos a esforzarse al máximo, y pagar cantidades de dinero cada vez mayores, únicamente para sentir que formaban parte de un grupo. Pero solo Sylvester McMonkey McBean, el hombre cuya maquina colocaba «estrellas allí», sacó provecho del deseo de integrarse de los Sneetches.

Como tantas otras cosas, el Dr. Seuss lo explicaba como nadie. Los Sneetches captaban a la perfección una necesidad humana muy básica: la necesidad de encajar. Nuestra necesidad de pertenencia no es racional, pero es una constante que se da entre todos los pueblos de todas las culturas. Es un sentimiento que adquirimos cuando los que nos rodean comparten nuestros valores y creencias. Cuando sentimos que formamos parte, nos sentimos conectados y a salvo. Como humanos, anhelamos ese sentimiento y lo buscamos.

A veces, nuestro sentido de pertenencia es fortuito. No tenemos amigos en nuestra ciudad natal, pero, viajando por el estado, puede que conozcamos a alguien de nuestro pueblo, y al instante sentimos que hay algo que nos relaciona con esa persona. No somos amigos de todos los que viven en nuestro estado natal, pero viajando por el país sentiremos un vínculo especial con alguien que conozcamos que sea de allí. Si viajamos al extranjero, de inmediato estableceremos lazos con otros estadounidenses que conozcamos. Recuerdo un viaje que hice a Australia. Un día iba en un autobús y oí un acento estadounidense. Me di la vuelta y entablé conversación. De inmediato me sentí conectado con aquella gente, podíamos hablar el mismo idioma y comprender los mismos modismos. Como extranjero en una ciudad extraña, durante aquel breve instante tuve el sentimiento de pertenencia y, debido a eso, confié en aquellos extraños del autobús más que en cualquier otro pasajero. De hecho, más tarde pasamos algún tiempo juntos. Vayamos donde vayamos, confiamos en aquellos en quienes podemos percibir unos valores o creencias comunes.

Nuestro deseo de sentir que pertenecemos a algo es tan poderoso que nos esforzaremos al máximo, haremos cosas irracionales y a menudo gastaremos dinero para conseguir tener ese sentimiento. Al igual que los Sneetches, queremos estar rodeados de personas y organizaciones que sean como nosotros y que compartan nuestras creencias. Cuando las empresas hablan sobre lo QUE hacen y lo avanzados que son sus productos, puede que resulten atractivas, aunque no representan necesariamente algo a lo que queramos pertenecer. Pero cuando una empresa transmite con claridad su POR-QUÉ, aquello en lo que cree, y nosotros creemos en lo que ella cree, entonces a veces nos esforzaremos de manera extraordinaria para incluir esos productos o marcas en nuestras vidas. Y esto sucede no porque sean mejores, sino porque se convierten en fabricantes o símbolos de los valores y las creencias que tenemos en gran estima. Tales productos y marcas provocan ese sentido de pertenencia y que nos sintamos emparentados con los demás que compran las mismas cosas. Los clubes de admiradores fundados por clientes se crean a menudo sin la menor ayuda de la propia empresa. Estas personas crean comunidades, presencialmente o en la red, no solo para compartir con otros su pasión por un producto, sino para estar en compañía de personas como ellos. Sus decisiones no tienen nada que ver con la empresa ni sus productos; tienen mucho que ver con las propias personas.

Nuestra necesidad natural de pertenencia también hace que se nos dé bien localizar las cosas que no encajan. Es algo que sentimos. Un pálpito, algo en lo más profundo de nosotros que no podemos traducir a palabras, nos permite sentir cómo algunas cosas encajan y otras, simplemente, no. Que Deel venda reproductores mp3 no parece adecuado porque Dell se define como una empresa de ordenadores, así que las únicas cosas que encajan son ordenadores. Apple se define como una empresa con una misión y, en consecuencia, cualquier cosa que haga que se adecue a esa definición parece que encaja. En 2004 sacó un iPod promocional en colaboración con la iconoclasta banda de rock irlandesa U2. Esto tiene lógica. Apple jamás habría sacado un iPod promocional con Celine Dion, aunque esta haya vendido infinitamente más discos que U2 y tenga más seguidores. U2 y Apple van de la mano, porque comparten los mismos valores y creencias.[19] Ambas se salen de la norma. No tendría ninguna lógica que Apple lanzara un iPod especial con Celine Dion; por grande que pueda ser la audiencia de la cantante, la colaboración, simplemente, no es armónica.

---

19. «Apple Introduces the U2 iPod», https://www.apple.com/newsroom/2004/10/26Apple-Introduces-the-U2-iPod/.

Basta con mirar los anuncios televisivos de Apple «Yo soy un Mac, y yo soy un PC»[20] para encontrar una representación perfecta de quién debe ser un usuario de Mac para sentir que encaja. En el anuncio, el usuario de Mac es un tío joven, vestido siempre con vaqueros y camiseta, siempre agradable y siempre con un sentido del humor que se burla «del sistema». El del PC, tal como lo define Apple, va trajeado, es mayor y aburrido. Para encajar con Mac, tienes que ser como Mac. Microsoft respondió a Apple con su propia campaña «Yo soy un PC», que describe a personas de todas las clases sociales que se identifican como «PC». Microsoft incluyó a muchas personas en sus anuncios: profesores, científicos, músicos y niños. Como cabría esperar de una empresa que suministra el 95 por ciento de los sistemas operativos informáticos, para pertenecer a esa multitud tienes que ser todo el mundo. Nadie es mejor ni peor; depende de dónde sientas que perteneces. ¿Eres un agitador o estás con la mayoría?

Nos sentimos atraídos por los líderes y las organizaciones a los que se les da bien expresar sus creencias. Su capacidad para hacernos sentir que formamos parte, de hacernos sentir especiales, seguros y acompañados, forma parte de lo que les confiere la capacidad para motivarnos. Aquellos a los que consideramos unos grandes líderes tienen todos la capacidad de acercarnos a ellos y de disponer de nuestra lealtad. Y nosotros nos sentimos estrechamente vinculados a aquellos que también se sienten atraídos por los mismos líderes y organizaciones. Los usuarios de Apple se sienten mutuamente vinculados. Los moteros que conducen Harley están unidos entre sí. Cualquiera que se sintiera atraído a escuchar el discurso del doctor Martin Luther King Jr. «Tengo un sueño», sin distinción de raza, religión o sexo, permanecieron juntos en aquella multitud como hermanos y hermanas, unidos por sus valores y creencias comunes. Sabían que encajaban mutuamente porque podían sentirlo visceralmente.

Las decisiones viscerales no se producen en tus tripas

Los principios del Círculo Dorado son mucho más que una jerarquización de las comunicaciones. Sus principios están profundamente arraigados en la

---

20. «Get a Mac», http://www.apple.com/getamac/ads/.

evolución de la conducta humana. La eficacia del PORQUÉ no es una opinión, es biología. Si se analiza el corte transversal de un cerebro humano de arriba abajo, se puede observar que los niveles del Círculo Dorado corresponden exactamente a los tres niveles principales del cerebro.

El área más reciente del cerebro, nuestro cerebro de *Homo sapiens*, es el neocórtex o neocorteza, que corresponde al nivel QUÉ. El neocórtex es el responsable del pensamiento analítico y racional y del lenguaje.

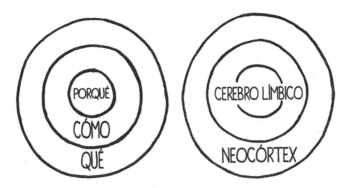

Las dos secciones intermedias abarcan el sistema límbico. Este es el responsable de todos los estados emocionales, como pueden ser la confianza y la fidelidad; asimismo, lo es de la conducta humana en todas sus manifestaciones y de todas nuestras decisiones, aunque no está capacitado para el lenguaje.

Cuando nos expresamos de afuera adentro, cuando lo primero que hacemos es comunicar QUÉ hacemos, sí, la gente puede entender una inmensa cantidad de información compleja, tales como hechos y funciones, pero eso no guía la conducta. Cuando nos expresamos de adentro afuera, estamos hablando directamente a la parte del cerebro que controla la toma de decisiones, y aquella otra encargada del lenguaje nos permite racionalizar dichas decisiones.

La parte del cerebro que controla nuestras emociones no tiene capacidad para el lenguaje. Es esta desconexión lo que hace tan difícil que podamos traducir a palabras lo que sentimos. Así, tenemos dificultades para explicar por qué nos casamos con la persona con la que lo hacemos; nos cuesta traducir a palabras las verdaderas razones de por qué la amamos, así que hablamos de ello dando rodeos o racionalizándolo. «Es divertida, es inteligente», empezamos diciendo. Pero en el mundo hay montones de personas divertidas e inteligentes, pero no las queremos a todas ni deseamos casarnos con ellas. Es evidente que intervienen algunas cosas más para que nos enamoremos, aparte de únicamente la personalidad y las aptitudes. Desde un punto de vista racional, sabemos que nuestra explicación no es la verdadera razón; lo es cómo nos hacen sentir nuestros seres queridos, pero esos sentimientos son verdaderamente difíciles de plasmar en palabras. Así que, cuando se nos presiona, empezamos a divagar. Puede incluso que digamos cosas que no tienen ningún sentido lógico. «Ella me complementa», podríamos decir, por ejemplo. ¿Qué significa eso, y cómo buscamos a alguien que haga eso para que podamos casarnos con esa persona? Ese es el problema con el amor: solo lo conocemos cuando lo encontramos porque «sentimos que es el verdadero».

Otro tanto cabe decir de las demás decisiones. Cuando una decisión parece correcta, tenemos dificultades para explicar por qué hicimos lo que hicimos. Una vez más, la parte del cerebro que controla la toma de decisiones no controla el lenguaje, así que recurrimos a la racionalización. Esto complica el valor de los sondeos y los estudios de mercado. Preguntar a la gente por qué te escogieron antes que a otros puede aportar unas pruebas maravillosas de cómo han racionalizado la decisión, pero no arroja demasiada luz sobre la verdadera motivación de la decisión. No es que las personas no sepan, sino que tienen dificultades para explicar por qué hacen lo que hacen. La toma de decisiones y la capacidad para explicarlas se dan en partes distintas del cerebro.

Es de ahí de donde provienen las «decisiones viscerales». Simplemente, sentimos que son correctas. No hay ninguna parte en nuestras tripas que controle la toma de decisiones, sino que se producen en el sistema límbico. Tampoco es una casualidad que utilicemos el verbo «sentir» para explicar esas decisiones. La razón de que las decisiones viscerales parezcan correctas se debe a que la parte del cerebro que las controla también controla nuestros sentimientos. Ya te sometas al imperio de tus tripas, ya sigas los dictados de tu corazón, no importa cuál sea la parte de tu cuerpo que consideres está guiando la decisión, la realidad es que todo está en tu sistema límbico.

Nuestro sistema límbico es poderoso, lo suficiente para guiar un comportamiento que ocasionalmente contradiga nuestra comprensión lógica y analítica de una situación. Con frecuencia nos fiamos de nuestro instinto aunque la decisión se burle de todos los hechos y cifras. Richard Restak, un conocido neurocientífico, aborda esta cuestión en su libro *The Naked Brain*.[21] Cuando se obliga a las personas a tomar decisiones únicamente con la parte racional de su cerebro, casi invariablemente acaban «dándoles demasiadas vueltas». Estas decisiones racionales suelen tardar más en tomarse, afirma Restak, y con frecuencia son de peor calidad. Por el contrario, las decisiones tomadas con el sistema límbico, esto es, las decisiones intuitivas, suelen ser más rápidas y de mejor calidad. Esta es una de las principales razones de que los docentes les digan a sus alumnos que se dejen llevar por su primera intuición cuando se enfrentan a un examen en forma de cuestionario con respuestas múltiples, que confíen en sus tripas. Cuanto más tiempo se dediquen a pensar una respuesta, mayor es el riesgo de que la escogida sea la errónea. Nuestro sistema límbico es listo y a menudo sabe lo que hay que hacer. Es nuestra incapacidad para verbalizar las razones lo que puede provocar que dudemos de nosotros mismos o que confiemos en las pruebas empíricas cuando nuestra intuición nos dice que no lo hagamos.

Analicemos la experiencia de comprar un televisor de pantalla plana en la tienda de electrónica de nuestra localidad. Nos paramos en el pasillo mientras escuchamos a un experto explicarnos la diferencia entre un televisor LCD y uno de plasma. El vendedor nos proporciona todas las diferencias y ventajas racionales, y sin embargo seguimos sin saber cuál es la mejor para nosotros. Al cabo de una hora, seguimos sin tener ni idea. Nuestro cerebro sufre una sobrecarga porque le estamos dando demasiadas vueltas a la cuestión. Al final tomamos una decisión y nos vamos de la tienda, todavía no del todo convencidos de que hayamos escogido el adecuado. Más tarde, vamos a casa de un amigo y vemos que se ha comprado «el otro». Además, no para de hacerse lenguas de su televisor y de decir lo mucho que le gusta. De pronto, sentimos envidia, aunque seguimos sin saber si su televisor es mejor que el nuestro. Entonces nos preguntamos: «¿He comprado el equivocado?»

21. Restak, Richard, MD, *The Naked Brain: How the Emerging Neurosociety Is Changing How We Live, Work and Love*, Harmony, Nueva York, 2006.

Las empresas que no transmiten un sentido del PORQUÉ nos obligan a tomar decisiones basándonos solo en las pruebas empíricas. Esta es la razón de que tales decisiones tarden más, parezcan difíciles o nos dejen sumidos en la duda. En estas condiciones, las estrategias manipuladoras que explotan nuestros deseos, temores, dudas o fantasías dan un resultado muy bueno. Se nos obliga a tomar esas decisiones no tan motivadoras por una sencilla razón: las empresas no nos ofrecen nada que no sean hechos y cifras, funciones y ventajas en las que fundamentar nuestras decisiones. Las empresas no nos dicen POR QUÉ.

La gente no compra lo QUE haces, compra POR QUÉ lo haces. La falta de transmisión del PORQUÉ no genera más que estrés y dudas. Por el contrario, muchas personas que se sienten atraídas a comprar ordenadores Macintosh o motos Harley-Davidson, por ejemplo, no necesitan hablar con nadie sobre la marca a elegir. Estas personas tienen una absoluta confianza en su decisión, y la única pregunta que se hacen es qué Mac o qué Harley comprar. En este plano, por supuesto que las características y las ventajas racionales, así como los hechos y las cifras, tienen importancia, pero no impulsan la decisión de dar dinero u otorgar fidelidad a la empresa o la marca. La decisión ya está tomada. Las características tangibles sirven únicamente para ayudar a orientar la elección del producto que mejor se adecue a nuestras necesidades. En estos casos, las decisiones se produjeron en el orden perfecto de adentro afuera. Tales decisiones empezaron con el PORQUÉ —el elemento emocional de la decisión—, y más tarde los elementos racionales permitieron al comprador verbalizar o racionalizar las razones de su decisión.

Es a esto a lo que nos referimos cuando hablamos de conquistar los corazones y las mentes. El corazón representa el sistema límbico sentimental del cerebro, y la mente es el centro racional del lenguaje. La mayoría de las empresas son bastante expertas en conquistar las mentes; lo único que se necesita para eso es una comparación entre todas las funcionalidades y las ventajas. Conquistar los corazones, sin embargo, es más laborioso. Habida cuenta del orden natural de la toma de decisiones, no puedo por menos que preguntarme si el orden de la expresión «los corazones y las mentes» se debe a una mera coincidencia. ¿Por qué nadie se dispone a conquistar «las mentes y los corazones»?

La habilidad para ganar los corazones antes que las mentes no es fácil. Se trata de un delicado equilibrio entre arte y ciencia, otra construcción gramatical fortuita. ¿Cómo se explica que las cosas no sean un equilibrio entre ciencia y arte, sino que el arte vaya siempre antes que la ciencia? Tal vez se trate de una sutil pista que nuestro sistema límbico privado de lenguaje nos esté enviando para ayudarnos a ver que el arte de liderar tiene que ver con seguir los dictados del corazón. Puede que nuestros cerebros estén tratando de decirnos que el PORQUÉ debe ser lo primero.

En ausencia de un PORQUÉ, la decisión se vuelve más difícil de adoptar. Y ante la duda, recurrimos a la ciencia y a los datos para orientar las decisiones. Las empresas nos dirán que la razón para que empiecen con el QUÉ o el CÓMO lo hacen se debe a que eso es lo que sus clientes les demandaron. Calidad, servicio, precio, funciones. Eso es lo que indicaban los datos. Si no fuera por el hecho de que la parte del cerebro que controla la toma de decisiones es diferente de la que es capaz de informar de esa decisión, sería una conclusión perfectamente válida dar a la gente lo que pide. Por desgracia, son más numerosas las pruebas que revelan que las ventas no aumentan de manera significativa y que no se crean lazos de fidelidad simplemente porque las empresas digan o hagan lo que sus clientes quieren. Henry Ford resumió esto muy bien: «Si le hubiera preguntado a las personas qué era lo que querían —decía— me habrían dicho que un caballo más veloz».

En esto consiste la genialidad de un gran liderazgo. A los grandes líderes y a las grandes organizaciones se les da bien ver lo que a la mayoría nos resulta invisible. Se les da bien darnos cosas que jamás se nos habría ocurrido pedir. Cuando la revolución de los ordenadores estaba en sus inicios, los usuarios no podrían haber pedido una interfaz gráfica de usuario. Pero eso fue lo que nos dio Apple. Ante la creciente competencia en el sector aeronáutico, a la mayoría de los viajeros no se les habría ocurrido pedir menos en lugar de más. Pero eso fue lo que hizo Southwest. Y, a la vista de los momentos difíciles y la adversidad, pocos se habrían preguntado qué es lo que puedo hacer por mi país en vez de qué es lo que mi país puede hacer por mí, la verdadera causa por la que John F. Kennedy presentó su candidatura a la presidencia. Los grandes líderes son aquellos que confían en su instinto; aquellos que comprenden el arte antes que la ciencia; los que conquistan los corazones antes que las mentes. Son, en suma, aquellos que empiezan con el PORQUÉ.

Nos pasamos el día entero tomando decisiones, y muchas de ellas están motivadas por las emociones. Rara vez examinamos cuidadosamente toda la información disponible para asegurarnos de que conocemos todos los hechos. Y ni falta que nos hace. Todo se reduce a una cuestión de grados de certeza. «Puedo tomar una decisión con el 30 por ciento de la información —afirmaba el ex secretario de Estado Colin Powell—. Algo más del 80 por ciento es excesivo.» Siempre hay un nivel en el que confiamos en nosotros mismos o en aquellos que nos rodean para guiarnos, y no siempre *sentimos* la necesidad de disponer de todos los hechos y cifras. Y a veces, simplemente es posible que todavía no confiemos en nosotros mismos para tomar una determinada decisión. Esto quizá explique por qué nos *sentimos* (ahí está otra vez esa palabra) tan incómodos cuando otros nos obligan a dar el brazo a torcer para tomar una decisión que no acaba de adecuarse a lo que sentimos en nuestras tripas. Confiamos en nuestra intuición para que nos ayude a decidir a quién votar o qué champú comprar. Habida cuenta de que nuestra biología complica nuestra aptitud para verbalizar las verdaderas razones de por qué tomamos las decisiones que tomamos, las racionalizamos basándonos en los elementos más tangibles, como el diseño, el servicio o la marca. Y este es el fundamento de la falsa suposición de que el precio o las características tengan más importancia de la que les corresponde. Tales cosas tienen importancia, ya que nos proporcionan los aspectos tangibles que podemos señalar para racionalizar nuestra toma de decisiones, pero ni fijan el rumbo ni motivan las conductas.

Lo que importa es lo que no puedes ver

«Vuelve tu ropa blanca más blanca y los colores de tu ropa más vivos», rezaba el anuncio televisivo del nuevo detergente. Esta fue durante muchos años la propuesta de valor del sector de los detergentes. Una afirmación absolutamente legítima. Era lo que los estudios de mercado revelaban acerca de los deseos de los clientes. Los datos eran verdad, pero la verdad de lo que la gente quería era otra.

Los fabricantes de detergentes preguntaban a los consumidores QUÉ era lo que querían de un detergente, y los consumidores decían que blancos más blancos y colores más vivos. Si te paras a pensar en ello, no tiene nada de notable descubrir que la gente deseara que al hacer la colada su detergente no solo le ayudara a conseguir que su ropa saliera limpia, sino muy limpia. Así que las marcas intentaron establecer la diferencia de CÓMO conseguían que los blancos salieran más blancos y la ropa de color más viva tratando de convencer a los consumidores de que un aditivo era más efectivo que otro. Proteínas, decía una marca; intensificador del color, proclamaba otra. Ninguna preguntaba a los clientes POR QUÉ querían tener su ropa limpia. Esa pequeña perla de sabiduría no se puso de manifiesto hasta muchos años después, cuando un grupo de antropólogos contratados por una empresa de productos envasados divulgó que todos esos aditivos no impulsaban, de hecho, ninguna conducta. Según observaron, cuando la gente sacaba la colada de la secadora, nadie la ponía al trasluz para ver lo blanca que estaba ni la comparaba con otras prendas mas nuevas para comprobar la intensidad de sus colores. Lo primero que hacia la gente cuando sacaba su colada de la secadora era olerla. Este sí que fue un descubrimiento asombroso. Para la gente, *sentir* la limpieza era más importante que el hecho de que estuviera limpia. Ya se presuponía que todos los detergentes limpiaban la ropa: eso es lo que se supone que hace un detergente. Pero hacer que la ropa oliera a fresco y a limpio era mucho más importante que las sutiles diferencias entre qué detergentes dejaban la ropa perceptiblemente más limpia.

Que una falsa suposición convenza a un sector entero para que vaya por el camino equivocado no es exclusivo de los detergentes. Las empresas de telefonía móvil creían que la gente quería más opciones y botones, hasta que Apple lanzó su iPhone con menos opciones y únicamente un botón. Los fabricantes de automóviles alemanes estaban convencidos de que lo único que les importaba a sus compradores estadounidenses era su ingeniería, así que se quedaron atónitos y desconcertados cuando se enteraron de que tener una ingeniería fantástica no era suficiente. Uno a uno, los fabricantes de coches de lujo alemanes añadieron de mala gana sujetavasos a sus perfectos vehículos. Esa era una característica de suma importancia para los estadounidenses acostumbrados a ir y volver del trabajo en coche, pero que rara vez era mencionada por los estudios sobre los factores que influían en las decisiones de compra. No estoy planteando, en absoluto, que los sujetavasos hagan que la gente sea fiel a BMW; lo único que planteo es que incluso para los compradores de coches con una mentalidad racional, en lo tocante a la toma de decisiones hay mucho más de lo que se ve a simple vista. Literalmente.

El poder del sistema límbico es asombroso. No solo controla nuestras decisiones viscerales, sino que puede influirnos para que hagamos cosas que se antojan ilógicas o irracionales. Dejar la seguridad del hogar para explorar lugares lejanos; atravesar océanos para ver lo que hay en la otra orilla; dejar un trabajo estable para fundar una empresa en el sótano de tu casa sin tener dinero en el banco… Muchos estudiamos estas decisiones y decimos: «Menuda estupidez, estás loco. Podrías perderlo todo. Podrías morir. ¿En qué estás pensando?» No es la lógica ni los hechos, sino las esperanzas y los sueños, nuestros corazones y nuestras tripas, los que nos impulsan a probar nuevas cosas.

Si todos fuéramos racionales, no habría pequeñas empresas ni exploraciones, apenas habría innovaciones y no existirían los grandes dirigentes que motivaran todas esas cosas. Es la creencia imperecedera en algo mayor y mejor lo que provoca esa clase de comportamientos. Pero el sistema límbico también puede controlar el comportamiento que tiene origen en otras emociones, como el odio o el miedo. ¿Por qué, si no, planearía alguien hacer daño a otro al que nunca ha visto?

Es apabullante la cantidad de estudios de mercado que ponen de manifiesto que las personas quieren hacer negocios con la empresa que les ofrece los productos de mejor calidad, con el máximo de prestaciones, el mejor servicio y todo al mejor precio. Pero piensa en las empresas que generan la mayor fidelidad: rara vez tienen todas esas cosas. Si quieres comprar una Harley-Davidson personalizada, tienes que esperar seis meses para que te la entreguen (en su honor, hay que decir que han reducido el plazo de un año). ¡Eso es un servicio pésimo! Los ordenadores de Apple son al menos un 25 por ciento más caros que un PC equivalente. Además, hay menos programas disponibles para su sistema operativo. Además, tienen menos equipos periféricos. Además, las propias máquinas son a veces más lentas que un PC similar. Si la gente tomara solo decisiones racionales, e hiciera todas las averiguaciones pertinentes antes de realizar una compra, nadie compraría jamás un Mac. Pero, por supuesto, la gente sí que compra Mac. Y algunos no solo los compran: los adoran, un sentimiento que proviene directamente del corazón. O del sistema límbico.

Todos conocemos a alguien que es un amante empedernido de Mac. Pregúntale POR QUÉ ama a su Mac, y no te dirá: «Bueno, me considero alguien al que le gusta desafiar el orden establecido, y para mí es importante rodearme de personas, productos y marcas que demuestran al mundo exterior que creo serlo». Desde un punto de vista de la biología, eso es lo que ha sucedido. Pero esa decisión fue tomada en la parte del cerebro que controla la conducta, pero no el lenguaje. Así que, en su lugar, lo que hace es ofrecer una justificación racional: «Es por el interfaz de usuario. Es por la sencillez. Es por el diseño. Es por la gran calidad. Son los mejores ordenadores. Soy una persona creativa». En realidad, su decisión de compra y su lealtad son ambas profundamente personales. En realidad, no tiene mucho que ver con Apple; tiene que ver con él mismo.

Lo mismo se puede decir incluso de la gente a la que le encanta trabajar en Apple. Ni siquiera los empleados son capaces de expresarlo en palabras. En su caso, su trabajo es uno de los QUÉ de su PORQUÉ. Esa gente también está convencida de que lo que está detrás del éxito de Apple es únicamente la calidad de los productos. Pero, en su fuero interno, a todos les encanta formar parte de algo más grande que ellos. Los empleados más leales a Apple, como la mayoría de los clientes más fieles a Apple, aman todos una buena revolución. Un gran aumento de sueldo y unos beneficios adicionales no podrían convencer a un empleado leal a Apple para que trabajara para Dell, y ninguna cantidad de incentivos en forma de reembolsos y descuentos podrían convencer a un usuario fiel a Mac de que cambiara a un PC (muchos ya están pagando el doble de precio). Esto trasciende lo racional. Es una creencia. No es casualidad que la cultura de Apple sea descrita a menudo como un culto; se trata de algo más que únicamente los productos, es una causa que apoyar. Es una cuestión de fe.

¿Te acuerdas del Honda y el Ferrari? Los productos ya no son solo símbolos de lo que la empresa cree, también sirven como símbolos de lo que creen los compradores leales. A las personas que poseen un ordenador portátil de Apple, por ejemplo, les encanta abrirlo mientras están sentados en un aeropuerto. Les gusta que todo el mundo sepa que están utilizando un

Mac; es un emblema, un símbolo de lo que son. Ese resplandeciente logotipo de Apple da testimonio de algo acerca de esas personas y de cómo ven el mundo. ¿Alguien se da cuenta cuando una persona abre la tapa de su ordenador HP o Dell? ¡No! Ni siquiera les importa a las personas que utilizan esos ordenadores. HP y Dell tienen una idea confusa del PORQUÉ, así que sus productos y sus marcas no simbolizan nada relacionado con sus usuarios. Para el poseedor de un Dell o un HP, su ordenador, con independencia de lo rápido o elegante que sea, no simboliza una finalidad, una causa o una creencia más elevada. Es solo un ordenador. De hecho, durante mucho tiempo, el logotipo de la tapa de un ordenador Dell miraba al usuario, de manera que cuando lo abriera quedaría invertido para todos los demás.

Los productos con una idea clara de POR QUÉ proporcionan a las personas una manera de decirle al mundo exterior quiénes son y qué es en lo que creen. Recuerda, la gente no compra lo QUE haces, compra POR QUÉ lo haces. Si una empresa no tiene una idea clara del PORQUÉ, entonces es imposible que el mundo exterior perciba otra cosa que lo QUE hace esa empresa. Y cuando eso pasa, las manipulaciones basadas en impulsar el precio, las prestaciones, el servicio o la calidad se convierten en el principal medio de diferenciación.

5
CLARIDAD, DISCIPLINA Y COHERENCIA

La naturaleza aborrece el vacío. Para propiciar la vida, la Madre Naturaleza intenta encontrar el equilibrio siempre que es posible. Cuando se destruye vida como consecuencia, por ejemplo, de un incendio forestal, la naturaleza introducirá una nueva vida para sustituirla. La existencia de una cadena trófica en cualquier ecosistema, en la que cada animal existe para servir de alimento a otro, es una forma de mantener el equilibrio. El Círculo Dorado, basado en los principios naturales de la biología, obedece también a la necesidad de un equilibrio. Como ya he comentado, cuando el PORQUÉ está ausente, se produce el desequilibrio y florecen las manipulaciones. Y cuando estas prosperan, la incertidumbre aumenta para los compradores, la inestabilidad se acrecienta para los vendedores y el estrés crece para todos.

Empezar con el PORQUÉ es solo el principio. Queda trabajo por hacer antes de que una persona o una organización se gane el derecho o adquiera la capacidad para motivar. Para que el Círculo Dorado funcione, cada una de las piezas debe estar en equilibrio y en el orden correcto.

Claridad en el PORQUÉ

Todo empieza con la claridad. Tienes que saber POR QUÉ haces lo que haces. Si la gente no compra lo que haces, compra el PORQUÉ de lo que haces, de donde se desprende que, si tú no sabes por qué haces lo que haces, ¿cómo lo van a saber los demás? Si el responsable de la organización no es capaz de definir con claridad el PORQUÉ de que exista la organización aparte de por sus productos o servicios, entonces ¿cómo espera que los empleados sepan por qué van a trabajar? Si un político no es capaz de exponer el PORQUÉ de que aspire a un cargo público más allá del manido «espíritu de servicio» (el mínimo razonable exigible a todo político), entonces ¿cómo sabrán los votantes a quién apoyar? Las manipulaciones pueden provocar el resultado de una elección, pero no contribuyen a escoger al verdadero líder. El liderazgo requiere un seguimiento voluntario; necesita a aquellos que creen en algo mayor que un solo problema. Motivar empieza con la claridad en el PORQUÉ.

Disciplina en el CÓMO

Una vez que sabes POR QUÉ haces lo que haces, la siguiente pregunta es: «¿CÓMO lo harás?» Los CÓMO son los valores o principios que orientan CÓMO haces realidad tu causa. El CÓMO hacemos las cosas se manifiesta en los sistemas y procesos dentro de una organización y la cultura. Entender CÓMO haces las cosas y, más importante aún, tener la disciplina para que la organización y todos sus empleados se hagan responsables de esos principios rectores, mejora la capacidad de trabajo de una organización para esforzarse en aras de sus virtudes naturales. Entender CÓMO te proporciona una mayor capacidad para, por ejemplo, contratar personal o encontrar socios que crezcan de forma natural cuando trabajen contigo.

Curiosamente, la pregunta más importante con la respuesta más esquiva —¿POR QUÉ haces lo que haces?— es en realidad bastante sencilla y racional de descubrir (y la iré desvelando en capítulos posteriores). Es la disciplina para no desviarte jamás de tu causa, para hacerte responsable de CÓMO haces las cosas; esta es la parte más difícil. Y, para hacérnosla más difícil todavía, nos recordamos nuestros valores escribiéndolos en la pared... como nombres. Integridad, sinceridad, innovación, comunicación, por ejemplo. Pero los nombres no tienen una aplicación práctica. Son cosas. No se pueden crear sistemas o establecer incentivos en torno a esas cosas. Es casi imposible responsabilizar a la gente de los nombres. «Bob, si no te importa, hoy pon un poco más de innovación.» Y si tienes que escribir «sinceridad» en la pared para acordarte de practicarla, entonces es posible que de todas maneras tengas problemas más serios.

Para que los valores o principios rectores sean realmente eficaces tienen que ser locuciones verbales. No es «integridad», es «haz siempre lo correcto». No es «innovación», es «considera el problema desde otra perspectiva». Expresar nuestros valores como locuciones verbales nos proporciona una idea clara…, tenemos una idea clara de cómo actuar en cada situación. Así podemos responsabilizar a los demás para que los evalúen o incluso establezcan incentivos en torno a ellos. Decir a la gente que tenga integridad no garantiza que sus decisiones vayan a tener presente siempre lo más conveniente para los consumidores o clientes; decirles que siempre hagan lo correcto, sí. Me pregunto qué valores había escrito Samsung en las paredes cuando creó aquel descuento que no era aplicable a las personas que vivían en edificios de viviendas.

El Círculo Dorado aporta una explicación para el éxito duradero, pero la naturaleza inherente de hacer las cosas con visión de futuro a menudo implica inversiones o costes a corto plazo. Esta es la razón de que la disciplina para mantenerse atento al PORQUÉ y permanecer fiel a tus valores tenga tanta importancia.

Coherencia en el QUÉ

Todo lo que dices y todo lo que haces tiene que ser trasunto de lo que crees. Un PORQUÉ es solo una creencia. No es más que eso. Los CÓMO son las medidas que tomas para hacer realidad esa creencia. Y los QUÉ son el resultado de esas medidas, todo lo que dices y haces: tus productos, tus servicios, tu publicidad, tus relaciones públicas, tu cultura y a quién contratas. Si la gente no compra lo QUE haces sino POR QUÉ lo haces, entonces todas esas cosas tienen que ser coherentes. Con coherencia, la gente verá y oirá, sin asomo de duda, en qué crees. Al fin y al cabo, vivimos en un mundo tangible. La única manera de que la gente sepa qué es en lo que crees es a través de las cosas que dices y haces, y si no eres coherente en las cosas que dices y haces, nadie sabrá en qué crees.

Es en el ámbito del QUÉ donde se produce la autenticidad. «Autenticidad» es ese término tan manido en los mundos empresarial y político. Todo quisque se hace lenguas de la importancia de ser auténtico. «Tienes que ser *auténtico*», dicen los expertos. «Todos los datos sobre las tendencias demuestran que las personas prefieren hacer negocios con marcas *auténticas*.» «La gente vota al candidato auténtico.» El problema es que esa enseñanza es absolutamente irrealizable.

Cómo entras en el despacho de alguien y dices: «Por favor, a partir de ahora, un poco más de autenticidad». «Por favor, esa parte de la comercialización en la que estás trabajando— podría decir un CEO— hazla un poco más auténtica.» ¿Qué hacen las empresas para lograr que su mercadeo, sus ventas o lo que sea que estén haciendo sea auténtico?

La solución habitual me resulta hilarante. Salen a la calle y realizan un estudio de consumo en el que les preguntan a los clientes: ¿Qué tendríamos que decirle para que resultáramos auténticos? Esto es algo que está totalmente fuera de lugar: uno no le puede preguntar a los demás qué es lo que tiene que hacer para ser auténtico. Serlo significa que ya lo sabes. ¿Qué dice un político cuando se le advierte que sea «más auténtico»? ¿Cómo actúa un dirigente con más «autenticidad»? Sin tener una idea clara del PORQUÉ, la enseñanza es del todo inútil.

La autenticidad significa que tu Círculo Dorado esté equilibrado, lo que a su vez implica que todo lo que digas y todo lo que hagas te lo creas *a pies juntillas*. Y esto sirve tanto para la gerencia como para la plantilla. Solo cuando eso sucede las cosas que dices y haces pueden interpretarse como auténticas. Apple creía que su primitiva computadora Apple y su Macintosh desafiaban a la plataforma dominante IBM DOS. Apple cree que sus productos iPod y iTunes desafían el orden establecido en el sector musical. Y todos comprendemos POR QUÉ Apple hace lo que hace. Y es esa mutua comprensión la causa de que consideremos que sus productos son auténticos. Dell lanzó los reproductores Mp3 y las PDA con la intención de entrar en el negocio de los pequeños dispositivos electrónicos. Pero ignoramos cuál es el PORQUÉ de Dell, no tenemos ninguna certeza acerca de cuál es su creencia ni POR QUÉ fabricó esos productos al margen del propio beneficio y del deseo de sacar partido a un nuevo segmento del mercado. Esos productos no son auténticos. No es que Dell no pudiera acceder a otros mercados —sin duda tiene el conocimiento y la capacidad para hacer buenos productos—, pero su capacidad para hacerlo sin una idea clara del PORQUÉ es lo que lo hace mucho más difícil y mucho mas caro. La mera fabricación de productos de alta calidad y su comercialización no es garantía de éxito alguno. La autenticidad no se puede conseguir sin claridad en el PORQUÉ. Y la autenticidad es importante.

Pregúntales a los mejores vendedores qué se necesita para ser un gran vendedor: siempre te dirán que es conveniente que creas realmente en el producto que estás vendiendo. ¿Y qué tiene que ver la *convicción* con el trabajo de vendedor? Sencillo: cuando los vendedores creen realmente en lo que están vendiendo, entonces las palabras que acuden a sus bocas son auténticas. Cuando la creencia entra en la ecuación, el vendedor irradia pasión. Y es esa autenticidad la que genera las relaciones en las que se basan las mejores organizaciones de ventas. Las relaciones también generan confianza. Y con la confianza llega la fidelidad. La falta de un Círculo Dorado equilibrado significa falta de autenticidad, lo que a su vez supone ausencia de cualquier relación sólida, ergo, ninguna confianza. Y te encuentras de nuevo en la casilla de salida vendiendo a base del precio, el servicio, la calidad o las funciones. Vuelves de nuevo a estar como todos los demás. Peor aun, sin esa autenticidad, las empresas recurren a la manipulación: fijación del precio, ofertas, presión social, miedo…, a tu elección. ¿Es esto efectivo? Por supuesto, aunque solo a corto plazo.

Ser auténtico no es una condición para alcanzar el éxito, pero lo es si quieres que este sea duradero. De nuevo, todo tiene que ver con el PORQUÉ. La autenticidad se da cuando dices y haces las cosas en las que crees de verdad. Pero si no sabes POR QUÉ existen la empresa o los productos a un nivel por encima de lo QUE haces, entonces es imposible que sepas si las cosas que dices o haces son coherentes con tu PORQUÉ. Sin el PORQUÉ, cualquier tentativa de autenticidad será casi siempre falsa.

El orden correcto

Después de alcanzar la claridad del PORQUÉ, de ser disciplinado y responsable de los propios valores y principios rectores y de ser coherente en todo lo que se dice y se hace, el último paso consiste en mantenerlo todo en el orden correcto. De la misma manera que en el pequeño ejemplo publicitario de Apple que he utilizado anteriormente, el simple cambio en el orden de la información, empezando con el PORQUÉ, alteró la influencia del mensaje. Los QUÉ son importantes —ya que proporcionan la prueba tangible del PORQUÉ—, pero este debe ser lo primero. El PORQUÉ proporciona el contexto para todo lo demás. Como se verá una y otra vez en todos los casos y ejemplos de este libro, ya sea en el liderazgo, la toma de decisiones o la comunicación, comenzar con el PORQUÉ ejerce un profundo y duradero efecto sobre el resultado. Empezar con el PORQUÉ es lo que motiva a las personas a actuar.

Si no sabes el PORQUÉ, no puedes saber CÓMO

Rollin King, un empresario de San Antonio, tuvo la idea de adoptar lo que Pacific Southwest estaba haciendo en California y llevarlo a Texas; esto es, fundar una aerolínea que hiciera vuelos de corta distancia entre Dallas, Houston y San Antonio.[22] Tras pasar recientemente por un largo y desagradable divorcio, recurrió al único hombre en el que confiaba para que le ayudara a hacer despegar su idea: al bebedor de *bourbon* y fumador empedernido Herb Kelleher, el abogado que le había llevado el divorcio.

En casi todos los aspectos, King y Kelleher eran polos opuestos.[23] King, un hombre de números, era notablemente gruñón y complicado, mientras que Kelleher era sociable y simpático. Al principio, al abogado la idea de King le pareció una estupidez, pero al final de la noche este había conseguido motivarlo con su clarividencia, así que Kelleher aceptó considerar la posibilidad de subir a bordo. Sin embargo, pasarían cuatro años antes de que Southwest Airlines hiciera su primer vuelo desde el aeropuerto Love de Dallas hasta Houston.

---

22. «PSA: Catch Our Smile; The Story of Pacific Southwest Airlines», http://catchoursmile.com/.

23. Malone, Matt, «In for a Landing», Portfolio.com, agosto de 2008, http://www.portfolio.com/executives/features/2008/07/16/Q-and-A-with-Southwest CEO-Kelleher; Guinto, Joseph, «Rollin on», *Southwest Airlines Spirit*, junio de 2006, http://macy.ba.ttu.edu/Fall%2006/SWA%20Rollin%20On.pdf; Brooker, Katrina, «The Chairman of the Board Looks Back», *FORTUNE*, 28 de mayo de 2001, http://money.cnn.com/magazines/fortune/fortune_archive/2001/05/28/303852/index.htm; «We weren't Just Airborne Yesterday», https://www.southwest.com/html/about-southwest/index.html.

Southwest no inventó el concepto de línea aérea barata. Pacific Southwest Airlines fue la pionera del sector; Southwest hasta le copió el nombre. Southwest no tenía ninguna de las ventajas del pionero: Braniff International Airways, Texas International Airlines y Continental Airlines ya estaban prestando servicio en el mercado tejano, y ninguna estaba dispuesta a ceder un palmo de terreno. Pero Southwest no se creó para ser una línea aérea, se creó para defender una causa; dio la casualidad de que utilizaron una línea aérea para hacerlo.

Al comienzo de la década de 1970, solo el 15 por ciento de la población que viajaba lo hacía por aire.[24] Con ese porcentaje, el mercado era lo bastante pequeño como para ahuyentar a la mayoría de los potenciales competidores de las grandes compañías aéreas. Pero Southwest no estaba interesada en competir contra todos los demás por el 15 por ciento de la población viajera. Lo que le importaba era el otro 85 por ciento. En aquellos tiempos, si le hubieras preguntado a Southwest quiénes eran sus competidores, te habrían dicho: «Competimos con el coche y el autobús». Aunque lo que querían decir era: «Somos los defensores del hombre de la calle». Ese era el PORQUÉ de que fundaran la aerolínea. Esa era su causa, su finalidad, su razón para existir. El CÓMO acometieron la creación de su empresa no fue una estrategia ideada por una consultoría de gestión de altos vuelos, ni fue una recopilación de las buenas prácticas observadas en otras compañías; sus principios rectores y valores derivaban directamente de su PORQUÉ, y tenían más de sentido común que de otra cosa.

En la década de 1970, los viajes aéreos eran caros, y si Southwest iba a ser la defensora del ciudadano de a pie, tenía que ser barata. Era una exigencia. Y en una época en que viajar en avión era cosa de la élite —por entonces la gente llevaba corbata en los aviones—, como defensora del hombre corriente que era, Southwest tenía que ser divertida. Era una exigencia. En una época en que viajar en avión era complicado, con precios diferentes dependiendo de cuándo se hiciera la reserva, Southwest tenía que ser sencilla. Si iba a ser accesible al restante 85 por ciento, entonces la sencillez era una

---

24. Correspondencia personal con Brian Lusk, director de comunicaciones con los clientes de Southwest Airlines, febrero de 2009.

exigencia. A la sazón, Southwest tenía dos categorías de precios: nocturnos / fines de semana y diurnos. Ahí se acababa la cosa.

Barata, divertida y sencilla. Así fue CÓMO lo hizo. Así es cómo defendía la causa del hombre corriente. El resultado de sus actos se hacía tangible en las cosas que decía y hacía: su producto, el personal que contrataba, su cultura y su publicidad. «Ahora es libre de moverse por el país», decía en sus anuncios. Eso es mucho más que un eslogan; es una causa. Y es una causa en busca de seguidores. Aquellos que podían identificarse con Southwest, aquellos que se consideraban ciudadanos medios, tenían ya una alternativa a las grandes aerolíneas. Y aquellos que creían en lo que Southwest creía se convirtieron en fieles desaforados de la compañía. Les parecía que Southwest era una empresa que les hablaba directamente a ellos y que hablaba directamente para ellos. Y lo que era aún más importante, les parecía que volar en Southwest expresaba algo acerca de lo que eran como personas. La fidelidad que la empresa generó en sus clientes no tenía nada que ver con el precio: este era, simplemente, una de las maneras de la compañía de dar vida a su causa.

A Howard Putnam, uno de los primeros presidentes de Southwest, le gusta contar la historia de un alto directivo de una gran empresa que se le acercó en una reunión.[25] El ejecutivo le dijo que él siempre volaba en una de las grandes aerolíneas cuando viajaba por negocios. No le quedaba más remedio, era una imposición de la empresa. Y aunque había acumulado muchas millas de viajero frecuente de la otra aerolínea y el dinero no era problema, cuando volaba por su cuenta o con su familia siempre lo hacía en Southwest. «Le encanta Southwest», dice Putnam con una sonrisa cuando cuenta la anécdota. El mero hecho de ser barata no significa que Southwest solo atraiga a aquellos que tienen menos dinero. Ser barata es solo una de las cosas que hace Southwest y que contribuye a que comprendamos aquello en lo que cree.

Lo que esta aerolínea ha logrado es la esencia de la tradición empresarial. De resultas de POR QUÉ hacen lo que hacen y, dado que son sumamente disciplinados en CÓMO lo hacen, son la compañía aérea más rentable de la historia. No ha habido un solo año en que no hayan obtenido beneficios,

---

25. Entrevista personal con Howard Putnam, octubre de 2008.

incluso después del 11 de Septiembre y durante las crisis del petróleo de la década de 1970 y de los primeros años de la de 2000. Todo lo que Southwest dice y hace es auténtico. Todo lo relacionado con la compañía refleja la causa original que King y Kelleher se propusieron defender decenios atrás. Y jamás se ha desviado un ápice.

Avancemos rápidamente unos treinta años. United Airlines y Delta Airlines estudiaron el éxito de Southwest y decidieron que necesitaban un producto de bajo coste que compitiera y compartiera el éxito de Southwest. «Tenemos que conseguirnos una de esas», pensaron. En abril de 2003, Delta creó su alternativa de bajo coste, Song. No pasaría un año antes de que United presentara a Ted. En uno y otro caso, copiaron el CÓMO lo hacía Southwest; hicieron que Ted y Song fueran baratas, divertidas y sencillas. Y, para cualquiera que volara alguna vez en Ted o Song, ambas fueron baratas, fueron divertidas y fueron sencillas. Pero las dos fracasaron.

Tanto United como Delta eran unas veteranas del sector del transporte aéreo y estaban todo lo cualificadas que había que estar para incorporar cualquier producto que quisieran, a fin de adaptarse a las condiciones de mercado o de aprovechar las oportunidades. El problema no radicaba en QUÉ hicieron; el problema era que nadie conocía el PORQUÉ de la existencia de Song o de Ted. Puede incluso que hayan sido mejores que Southwest. Pero eso no importa. Claro que la gente volaba con ellas, pero siempre hay razones para que la gente haga negocios contigo sin que eso tenga algo que ver contigo. La cuestión no es que la gente pueda sentirse motivada a utilizar tu producto; el problema fue que muy poca mostró alguna fidelidad hacia ambas marcas. Carentes de un sentido del PORQUÉ, Song y Ted no eran más que otras dos líneas aéreas; sin una idea clara del PORQUÉ, todas aquellas personas tenían que juzgarlas por el precio o la conveniencia. Las dos eran bienes indiferenciados que tenían que confiar en las manipulaciones para fomentar sus actividades, en definitiva, una propuesta onerosa. United desistió de su participación en el sector de las aerolíneas de bajo coste solo cuatro años después de empezar, y la Song de Delta también emprendió su último vuelo solo cuatro años después de su presentación.

Que la diferenciación se produce en el QUÉ y en el CÓMO lo haces es una suposición falsa. El mero hecho de ofrecer un producto de alta calidad con más funcionalidades o un servicio mejor o un precio más bajo no crea la diferencia. Hacer eso no garantiza el éxito. La diferenciación se produce en el PORQUÉ y en el CÓMO lo haces. Southwest no es la mejor aerolínea del mundo, ni siempre es la más barata. Ofrece menos trayectos que muchas de sus competidoras, y ni siquiera vuela fuera de los Estados Unidos continental. Lo QUE hace no es siempre notablemente mejor; pero POR QUÉ lo hace es de una claridad meridiana, y todo lo que hace lo refleja. Hay muchas maneras de incitar a la gente a que haga cosas, pero la fidelidad se deriva de la capacidad para motivarla. Solo cuando el PORQUÉ está claro y cuando la gente cree en lo que tú crees puede generarse una verdadera relación de lealtad.

La manipulación y la motivación son parecidas, pero no son lo mismo

La manipulación y la motivación estimulan por igual el sistema límbico. Los mensajes relacionados con las aspiraciones, el miedo o la presión social nos empujan a todos para que nos decidamos por un camino u otro apelando a nuestros deseos irracionales o tocando nuestros miedos. Pero cuando ese sentimiento es más profundo que la inseguridad, la incertidumbre o los sueños, entonces la reacción emocional se armoniza con la percepción que tenemos de nosotros mismos, y es en ese momento cuando la conducta pasa de ser fruto de la incitación a serlo de la motivación. Cuando nos sentimos motivados, las decisiones que tomamos están en una mayor sintonía con lo que somos y no tanto con lo que son las empresas o productos que estamos comprando.

Cuando *sentimos* que nuestras decisiones son correctas, estamos dispuestos a pagar un precio mayor o a padecer inconvenientes para conseguir esos productos o servicios. Tal cosa no tiene nada que ver con el precio o la calidad. El precio, la calidad, la funcionalidad y el servicio son importantes, pero en la actualidad son el coste para entrar en el negocio. Son los sentimientos límbicos viscerales los que generan la fidelidad. Y es esa lealtad la que otorga una ventaja tan descomunal a Apple o a Harley-Davidson, a Southwest Airlines o a Martin Luther King o a cualquier otro gran líder que se haga acreedor a tener unos seguidores. Sin una sólida cartera de seguidores fieles, aumenta la presión para manipular, para competir o «diferenciarse» basándose en el precio, la calidad, el servicio o las funciones. La fidelidad, un verdadero valor emocional, surge en la mente del comprador, no del vendedor.

Es difícil convencer a los demás de que tus productos o servicios son importantes para sus vidas basándote en factores racionales externos que *has* definido como valiosos (recuerda al Ferrari frente al Honda). Sin embargo, si tus PORQUÉ y su PORQUÉ coinciden, entonces percibirán tus productos y servicios como unas maneras tangibles de demostrar en lo que ellos *creen*. Cuando POR QUÉ, CÓMO Y QUÉ están en equilibrio, se consigue la autenticidad, y el comprador se siente satisfecho. Cuando los tres niveles están desequilibrados, surgen el estrés y la incertidumbre, y cuando esto sucede, las decisiones que tomemos también estarán desequilibradas. Sin el PORQUÉ, el comprador se siente fácilmente incitado por sus aspiraciones o el miedo. En ese momento, es el comprador quien corre el mayor riesgo de acabar siendo inauténtico. Si compra algo que claramente no encarna su propia idea del PORQUÉ, entonces los que lo rodean tendrán pocas pruebas para hacerse una idea de quién es.

El ser humano es un animal social. Se nos da muy bien captar las sutilezas de la conducta y juzgar a las personas en consecuencia. Recibimos buenas impresiones y malas impresiones de las empresas, igual que recibimos buenas y malas impresiones de las personas. Hay personas que nos inspiran confianza sin más, y otras que no. Estas impresiones también se evidencian cuando las empresas tratan de cortejarnos. Nuestra capacidad para tener una opinión u otra de una persona funciona igualmente con una organización. Lo que cambia es quién nos está hablando, pero el que escucha es siempre una única persona. Incluso cuando una empresa emite su mensaje por televisión, por ejemplo, da igual la cantidad de personas que vean el anuncio, que siempre será solo una persona individual la que puede recibir el mensaje. Este es el valor del Círculo Dorado: proporciona una manera de transmitir que es coherente con la forma en que los individuos reciben la información. Es por esta razón por lo que una organización ha de ser clara sobre su finalidad, causa o creencia y asegurarse de que todo lo que diga y haga sea auténtico y coherente con esa creencia. Si los niveles del Círculo Dorado están equilibrados, todos aquellos que compartan la visión del mundo de la empresa se sentirán atraídos hacia ella y sus productos como una polilla por una bombilla.

Hacer negocios es como tener una cita

Me gustaría presentarte a nuestro amigo imaginario Brad. Esta noche Brad va a acudir a una cita. Es la primera, y está bastante nervioso. Cree que la mujer que está a punto de conocer es verdaderamente guapa y que hay muchas posibilidades de que la cosa prospere. Brad se sienta para cenar y empieza a hablar.

«Soy inmensamente rico.»
«Tengo una casa fantástica y un coche precioso.»
«Conozco a muchas personas famosas.»
«Salgo en la tele a todas horas, y eso está bien porque soy bien parecido.»
«Creo que me ha ido realmente bien.»

La pregunta es: ¿Conseguirá Brad una segunda cita?

La manera de expresarnos y la forma de comportarnos es todo una cuestión biológica. Esto significa que podemos hacer ciertas comparaciones entre las cosas que hacemos en nuestras vidas sociales y las que hacemos en nuestras vidas profesionales. Después de todo, la gente es la gente. Para aprender a aplicar el PORQUÉ a una situación profesional, no hay que ir mucho más allá de ver cómo actuamos en una cita. Porque, en realidad, no hay ninguna diferencia entre las ventas y las citas. En ambos casos, te sientas a una mesa enfrente de alguien y confías en decir las suficientes cosas acertadas para cerrar el acuerdo. Como es natural, siempre puedes optar por una o dos manipulaciones: una cena especial, dar a entender que tienes algunas entradas o insinuar que conoces a alguien. Dependiendo de hasta qué punto quieras cerrar el trato en falso, hasta podrías decirles algo que quisieran oír. Promételes la luna, y hay muchas probabilidades de que cierres el acuerdo. Una vez. Puede que dos. Con el tiempo, sin embargo, mantener esa relación te costará cada vez más. Independientemente de las manipulaciones que escojas, esa no es la forma de establecer una relación de confianza.

En el caso de Brad, es evidente que la cita no salió bien. No hay muchas probabilidades de que consiga una segunda cita y, sin duda, no ha hecho un buen trabajo a la hora de poner los cimientos para establecer una relación. Curiosamente, es posible que el interés inicial de la mujer se haya generado sobre la base de esos elementos. La mujer aceptó acudir a la cita porque sus amigos le dijeron que Brad era guapo, que tenía un buen trabajo y que conocía a muchas personas famosas. Y aunque todas esas cosas puedan ser ciertas, los QUÉ no impulsan la toma de decisiones, sino que deben utilizarse como prueba del PORQUÉ, así que la cita fue un rotundo fracaso.

Enviemos de nuevo a Brad, pero en esta ocasión va a empezar con el PORQUÉ.

«¿Sabes lo que me gusta de mi vida? —empieza esta vez—. Que todos los días me levanto para hacer algo que me encanta. Consigo motivar a las personas para que hagan cosas que las motiven. Eso es lo más maravilloso del mundo. De hecho, la mejor parte consiste en tratar de descubrir todas las maneras distintas de poder hacerlo. De verdad que es genial. Y, lo creas o no, lo cierto es que he ganado mucho dinero con eso. Me compré una gran casa y un coche bonito. Llego a conocer a montones de personas famosas y salgo en la televisión a todas horas, lo cual es divertido, porque soy bien parecido. Soy muy afortunado por hacer algo que me encanta, y lo cierto es que me ha ido bastante bien gracias a ello.»

Esta vez, las probabilidades de que Brad consiguiera una segunda cita, suponiendo que quienquiera que estuviera sentado frente a él creyera en lo mismo que él, aumentaron geométricamente. Y lo que es más importante, también sentó una buena base para una relación, fundamentada en los valores y las creencias. Dijo las mismas cosas que en la primera cita; la única diferencia ahora es que empezó con el PORQUÉ, y todos los QUÉ, esto es, todas las ventajas tangibles, sirvieron de prueba de ese PORQUÉ.

Analicemos ahora la forma de hacer negocios de la mayoría de las empresas. Alguien está sentado a una mesa frente a ti y ha oído que eres un buen partido, así que empieza a hablar.

«Nuestra empresa está cosechando grandes éxitos.»

«Tenemos unas oficinas preciosas, deberías pasarte algún día y echarles un vistazo.»

«Trabajamos con las compañías y marcas más importantes.»

«Estoy seguro de que has visto nuestra publicidad.»

«Nos está yendo realmente bien.»

En los negocios, al igual que en una mala cita, muchas empresas se esfuerzan demasiado en demostrar su valor sin explicar en primer lugar POR QUÉ existen. Sin embargo, tienes que hacer algo más que mostrar tu currículo antes de que alguien te encuentre interesante. Pero eso es exactamente lo que hacen las empresas. Te ofrecen una extensa relación de su experiencia —QUÉ es lo que han hecho, a quiénes conocen—, y todo con la idea de que te resultarán tan apetecibles que tendrás que dejarlo todo para hacer negocios con ellas.

Pero las personas son personas, y la biología de la toma de decisiones es la misma independientemente de que se trate de una decisión personal o de una comercial. Es evidente que en la hipótesis amorosa la cita salió mal, así que ¿por qué habríamos de esperar que pasara algo distinto en la situación empresarial?

Al igual que en una cita, es sumamente difícil empezar a construir una relación de confianza con un posible consumidor o cliente, tratando de convencerlo de todas las funcionalidades y las ventajas racionales. Esas cosas son importantes, pero solo sirven para otorgar credibilidad a un argumento de venta y permitir que los compradores racionalicen su decisión de compra. Como sucede con todas las decisiones, la gente no compra lo QUE haces, compra POR QUÉ lo haces, y lo QUE haces sirve de prueba tangible del PORQUÉ lo haces. Pero a menos que empieces con el PORQUÉ, lo único que la gente tiene para seguir son las ventajas racionales. Y lo más probable es que no consigas una segunda cita.

Esta es la alternativa:

«¿Sabes lo que me encanta de nuestra empresa? El que cada uno de nosotros acude al trabajo cada día para hacer algo que le encanta. Conseguimos motivar a la gente para que haga cosas que la motive. Es lo más maravilloso del mundo. De hecho, lo divertido es tratar de descubrir todas las maneras distintas que tenemos de hacer eso. Es verdaderamente impresionante. Y lo mejor de todo es que también es bueno para la empresa. Nos va realmente bien. Tenemos unas oficinas preciosas, deberías pasarte algún día a verlas.

Trabajamos con algunas de las mejores compañías. Estoy seguro de que has visto nuestra publicidad. La verdad es que nos va muy bien.»

Bueno, ¿qué certeza tienes de que el segundo argumento era mejor que el primero?

Tres grados de certeza

Cuando solo podemos proporcionar un fundamento racional para tomar una decisión, cuando únicamente somos capaces de señalar los elementos tangibles o las valoraciones racionales, el grado más alto de certeza que podemos dar es: «*Creo* que esta es la decisión correcta». Eso sería biológicamente acertado porque estamos activando la neocorteza, la parte «pensante» de nuestro cerebro. En un plano neocortical podemos verbalizar nuestros pensamientos. Eso es lo que sucede cuando dedicamos todo ese tiempo escudriñando los pros y los contras, escuchando todas las diferencias entre el televisor de plasma o de LCD, entre Dell y HP.

Cuando tomamos decisiones intuitivas, el grado más elevado de certidumbre que podemos ofrecer es: «*Tengo la sensación* de que es la decisión correcta», por más que esta contradiga todos los datos y cifras. De nuevo, esto es biológicamente acertado, porque las decisiones viscerales se producen en la parte del cerebro que controla nuestras emociones, no el lenguaje. Pregúntale a la mayoría de los emprendedores y líderes de éxito cuál es su secreto, e invariablemente todos responderán lo mismo: «Confío en mi intuición». Y cuando las cosas salgan mal, te dirán: «Hice caso de lo que me decían los demás aunque no me parecía correcto. Debería haber confiado en mi instinto». Esa es una buena estrategia, salvo que no es susceptible de ampliación. La decisión intuitiva solo la puede tomar una única persona. Es una estrategia absolutamente correcta para una persona individual o una pequeña organización, pero ¿qué sucede cuando el éxito necesita que más personas puedan tomar decisiones que *sientan* correctas?

Es entonces cuando el poder del PORQUÉ se puede concretar plenamente. La capacidad para expresar en palabras un PORQUÉ brinda el contexto emocional para las decisiones, y ofrece una seguridad mayor que el «creo que es correcta». Y puede extenderse más que el «tengo la sensación de que es correcta». Cuando conoces tu PORQUÉ, el mayor grado de certidumbre que puedes ofrecer es: «*Sé* que es correcta». Cuando sabes que la decisión lo es, no solo la sientes correcta, sino que también puedes racionalizarla y traducirla fácilmente a palabras. La decisión está totalmente equilibrada. Los QUÉ racionales aportan la prueba del sentimiento del PORQUÉ. Si puedes expresar con palabras el sentimiento que impulsó la decisión intuitiva, si puedes manifestar con claridad tu PORQUÉ, proporcionarás un contexto claro para que los que te rodean comprendan la razón de que se tomara la decisión. Si la decisión es coherente con los datos y las cifras, entonces unos y otras sirven para reforzar la decisión: esto se llama equilibrio. Y si la decisión contradice todos los datos y las cifras, entonces pondrá de relieve los demás elementos que tienen que tenerse en cuenta. Esto puede convertir la discusión sobre una decisión controvertida en una reflexión.

Mi antiguo socio comercial, por ejemplo, se enfadaba cada vez que yo rechazaba un negocio. En esos casos le decía que «tenía la sensación» de que un posible cliente no era adecuado. Eso lo frustraba hasta la exasperación porque «el dinero de este cliente es tan bueno como el de cualquier otro», me decía. Era incapaz de comprender la razón de mi decisión y, lo que era aun peor, yo no era capaz de explicarla. Era solo un pálpito. Por el contrario, en la actualidad soy capaz de explicar el PORQUÉ de que esté en el negocio: para motivar a las personas para que hagan cosas que las motiven. Si ahora tomara la misma decisión por la misma razón visceral, no habría nada que discutir porque todo el mundo tiene claro POR QUÉ se tomó la decisión. Rechazamos negocios porque esos posibles clientes no creen en lo que creemos nosotros y no les interesa nada que tenga que ver con motivar a las personas. Con una idea clara del PORQUÉ, una discusión sobre la aceptación de un cliente inadecuado se convierte en una reflexión sobre si el desequilibrio que conlleva compensa la ganancia a corto plazo que puede proporcionarnos.

El objetivo de un negocio no debería ser el de hacer tratos con cualquiera que simplemente quiera lo que tienes. Antes bien, debería centrarse en las personas que creen en lo que tú crees. Cuando somos selectivos a la hora de hacer negocios solo con aquellos que creen en nuestro PORQUÉ, surge la confianza.

TERCERA PARTE

LOS DIRIGENTES NECESITAN QUE LOS SIGAN

6

EL SURGIMIENTO DE LA CONFIANZA

Decir que la mayoría de los empleados de la empresa acudían al trabajo amargados sería un eufemismo. No era ningún secreto que los empleados se sentían maltratados. Y si una empresa maltrata a su gente, no tienes más que ver cómo los empleados tratan a sus clientes. El lodo desciende por la ladera de una colina, y si eres el que está parado en la base recibirás el impacto de todo su peso. En una empresa, ese suele ser el cliente. A lo largo de la década de 1980, esa fue la vida de Continental Airlines, la peor aerolínea del sector.[26]

«Me di cuenta del principal problema de Continental en cuanto entré por la puerta en febrero de 1994 —escribía Gordon Bethune en *From Worst to First*, el relato de primera mano del presidente ejecutivo sobre la transformación de Continental—. Era un lugar horrible para trabajar.» Los empleados eran «ariscos con los clientes, eran ariscos entre sí y se avergonzaban de su empresa. Y no puedes tener un buen producto si no dispones de unas personas a las que les guste ir a trabajar. Sencillamente, es imposible», relata Bethune.

Herb Kelleher, el jefe de Southwest durante veinte años, fue tratado de hereje por postular la idea de que la primera responsabilidad de una empresa es cuidar a sus empleados. Unos empleados felices son garantía de unos clientes felices, afirmaba.[27] Y unos clientes felices lo son de unos accionistas

26. Bethune, Gordon, *From Worst to First: Behind the Scenes of Continental's Remarkable Comeback*, John Wiley and Sons, Nueva York, 1999.

27. Freiberg, Kevin y Jackie Freiberg, *Nuts! Southwest Airlines' Crazy Recipe for Business and Personal Success*, Broadway, Nueva York, 1998.

felices, y por ese orden. Por suerte, Bethune era partidario de esta herética creencia.

Habría quien sostendría que la razón de que la cultura de Continental fuera tan perniciosa era que la empresa estaba en dificultades. También dirían que los directivos tienen problemas para centrarse en otra cosa que no sea la supervivencia cuando una empresa atraviesa una época difícil. «En cuanto volvamos a obtener beneficios —seguiría este razonamiento—, entonces revisaremos todo lo demás». Y no cabe duda de que a lo largo de la década de 1980 y principios de la de 1990, Continental estuvo en apuros. La compañía solicitó acogerse a la protección de la Ley de quiebras por dos veces en ocho años —una en 1983, y de nuevo en 1991— y consiguió acabar con diez directores generales en un decenio. En 1994, el año en que Bethune se hizo cargo como último CEO, la empresa había perdido 600 millones de dólares y ocupaba el último puesto en todos los tipos de rendimiento cuantificables.

Pero todo eso no duró mucho tras la llegada de Bethune. Al año siguiente, Continental ganó 250 millones de dólares y no tardó en situarse entre las mejores empresas de Estados Unidos para trabajar. Y aunque el nuevo director general realizó cambios importantes para mejorar la actividad, los principales avances se produjeron en una clase de rendimiento que resulta casi imposible de cuantificar: la confianza.

La confianza no surge sin más porque un vendedor argumente racionalmente los motivos por los que el cliente debería comprar un producto o servicio, ni porque un directivo prometa un cambio. La confianza no es un cuestionario de control. Cumplir con todas tus responsabilidades no crea la confianza, pues esta es un sentimiento, no una experiencia racional. Confiamos en las personas y en las empresas incluso cuando las cosas van mal, y no confiamos en otras aunque todo pueda haber salido exactamente como debería. El cumplimiento de una lista de control no garantiza la confianza. Esta empieza a surgir cuando tenemos la sensación de que otra persona u organización se guía por otras cosas además de su propio beneficio.

La confianza conlleva un sentido del valor, de un valor verdadero, no solo del valor equiparado al dinero. El valor, por definición, es la transferencia de la confianza. No puedes convencer a alguien de que tienes unos valores, del mismo modo que no puedes convencer a alguien de que confíe en ti.

Uno tiene que ganarse la confianza transmitiendo y demostrando que comparte los mismos valores y creencias. Tiene que hablar de su PORQUÉ y demostrarlo con lo QUE hace. Repito, un PORQUÉ es solo una creencia, los CÓMO son las medidas que adoptamos para hacer realidad esa creencia, y los QUÉ son el resultado de tales medidas. Cuando los tres niveles están equilibrados, la confianza se asienta y los valores son percibidos. Esto es lo que Bethune fue capaz de lograr.

Hay muchos ejecutivos con talento capaces de gestionar las operaciones, pero un gran liderazgo no se basa únicamente en una gran capacidad operativa. Liderar no es lo mismo que ser el jefe. Ser el jefe significa que ostentas la máxima autoridad, ya porque te lo has ganado, ya por suerte o ya por desenvolverte bien en las intrigas internas. Liderar, sin embargo, significa que los demás te siguen de buena gana, no porque tengan que hacerlo ni porque se les pague por ello, sino porque quieren hacerlo. Frank Lorenzo, el CEO anterior a Bethune, puede que haya sido el jefe de Continental, pero Gordon Bethune supo cómo liderar la empresa. Los que lideran pueden hacerlo porque los que los siguen confían en que las decisiones adoptadas en la cúspide llevan en su esencia lo más conveniente para el grupo. A cambio, los que confían se esfuerzan porque sienten que están trabajando para algo más importante que ellos mismos.

Antes de la llegada de Bethune, la vigésima planta de la sede central de la empresa, la planta de los ejecutivos, estaba vetada a la mayoría del personal. Las salas de los ejecutivos estaban cerradas con llave. Solo los que ostentaban el rango de vicepresidente ejecutivo para arriba tenían permitido visitarlas. Era necesario disponer de tarjetas de acceso para entrar en la planta, había cámaras de seguridad por doquier y unos vigilantes armados patrullaban por la planta para disipar cualquier duda acerca de que la seguridad fuera una broma. A todas luces la empresa padecía serios problemas de confianza. De esa época proviene la anécdota de que Frank Lorenzo ni siquiera se tomaba un refresco en un avión de Continental si no abría personalmente la lata. No confiaba en nadie, así que no es ninguna proeza de la lógica colegir que nadie confiaba en él. Es difícil liderar cuando aquellos a los que se supone que estás dirigiendo no se sienten predispuestos a seguirte.

Bethune era una persona muy diferente. Para él, aparte de la estructura y los sistemas, una empresa no es más que un grupo de personas. «Uno no le miente a su médico —dice—, y no puede mentir a sus empleados.»[28] Bethune se propuso cambiar la cultura dándoles a todos algo en lo que pudieran creer. ¿Y en qué, concretamente, les hizo creer para poder convertir a la peor aerolínea del sector en la mejor compañía aérea del sector exactamente con las mismas personas y el mismo equipamiento?

En la universidad tuve a un compañero de habitación que se llamaba Howard Jeruchimowitz y que actualmente ejerce la abogacía en Chicago. Howard se familiarizó desde una edad muy temprana con un deseo humano muy simple. Criado en las afueras de la ciudad de Nueva York, jugaba en la posición de jardinero en el peor equipo de las ligas infantiles de béisbol. Perdían casi todos los partidos, y además no lo hacían por unas diferencias pequeñas; por lo regular, eran reducidos a la nada. Su entrenador, una buena persona, quería inculcar una actitud positiva en los pequeños deportistas. Después de una de sus derrotas más vergonzosas, el entrenador reunió a todo el equipo y les recordó: «Lo importante no es perder o ganar, lo importante es que hayáis competido». Fue entonces cuando el pequeño Howard levanto la mano y pregunto: «Entonces, ¿por qué tenemos un marcador?»

Howard comprendió desde una edad muy temprana ese deseo tan humano que es el de ganar. A nadie le gusta perder, y la mayor parte de las personas sanas viven para ganar. La única diferencia es el marcador que utilicemos. Para algunos es el dinero, para otros la fama o los premios. Para algunos más es el poder, el amor, la familia o la plenitud espiritual. El parámetro es relativo, pero el deseo es el mismo. Un multimillonario no necesita trabajar; entonces el dinero se convierte en una manera de tener un marcador, un cálculo relativo de cómo van las cosas. Incluso un multimillonario que pierda millones por unas malas decisiones puede deprimirse. Aunque quizá el dinero no afecte para nada a su estilo de vida, a nadie le gusta perder.

El impulso de ganar no es, *per se*, algo malo. Pero los problemas aparecen cuando el sistema de valoración se convierte en la única medida del éxito, cuando lo que se consigue ya no está ligado al PORQUÉ que se estableció desde el principio para alcanzarlo.

Bethune se propuso demostrar a todos los integrantes de Continental que, si querían ganar, podrían hacerlo. Y la mayoría de los empleados de la

---

28. Entrevista personal con Gordon Bethune, enero de 2009.

empresa permanecieron en ella para averiguar si él estaba en lo cierto. Hubo unas pocas excepciones. A un directivo que en cierta ocasión retrasó un avión porque llegaba tarde se le pidió que se marchara, al igual que a treinta y nueve más de los sesenta altos directivos porque no creían en la meta trazada. Con independencia de la experiencia que hubieran acumulado o de su aportación a la empresa, se les pidió que se marcharan si no iban a trabajar en equipo ni a ser capaces de adaptarse a la nueva cultura que Bethune estaba tratando de forjar. No había sitio para los que no creyeran en la nueva Continental.

Bethune sabía que crear un equipo que saliera a ganar suponía algo más que unos pocos discursos entusiastas y algunas bonificaciones para los altos directivos si cumplían con determinados objetivos de ingresos. Tenía claro que, si quería lograr un éxito real y duradero, la gente tenía que ganar no por él, ni por los accionistas, y ni siquiera por los clientes. Para que el éxito durase, los empleados de Continental tenían que desear ganar por ellos mismos.

Todo lo que decía hacía referencia a lo beneficioso que sería para los empleados. En lugar de decirles que mantuvieran limpios los aviones para los clientes, subrayaba algo más evidente. Los empleados iban todos los días a un avión a trabajar. Los pasajeros se marchaban al llegar a destino, pero la mayoría de los auxiliares de vuelo tenían que permanecer en la aeronave durante al menos un viaje más. Es mucho más agradable ir a trabajar cuando el entorno está más limpio.

Bethune también se deshizo de todas las medidas de seguridad de la vigésima planta; instituyó una política de puertas abiertas, y él mismo se puso a disposición de todo el mundo de una manera increíble. Era frecuente verlo aparecer por el aeropuerto y ayudar a algunos de los encargados del equipaje a lanzar las maletas. De ahí en adelante, aquello sería una familia, y todos tenían que cooperar.

Bethune se centró en aquello que sabía era importante, y para una aerolínea lo más importante es que los aviones sean puntuales. A principios de la década de 1990, antes de su llegada, Continental tenía la calificación más baja en puntualidad de las diez compañías aéreas más grandes del país. Así que Bethune les dijo a los empleados que, cada mes que Continental se situara entre las cinco primeras compañías en porcentaje de puntualidad, cada uno recibiría un cheque de 65 dólares. Si consideramos que en 1995 Continental tenía 40.000 empleados, cada mes de puntualidad le costaba a la empresa la friolera de 2,5 millones de dólares. Pero Bethune sabía que le salía rentable: llegar con retraso de manera crónica le estaba costando 5 millones de dólares mensuales en gastos como la pérdida de enlaces y el hospedaje a los pasajeros durante la noche. Pero lo más importante para él fue lo que el programa de bonificaciones hizo por la compañía: consiguió que, por primera vez en años, docenas de miles de empleados, incluidos los directivos, remaran todos en la misma dirección.

Atrás habían quedado los días en que solo los altos directivos disfrutaban de las ventajas del éxito. Todos recibían sus 65 dólares cuando la compañía lo hacía bien, y nadie los recibía cuando la aerolínea no cumplía sus objetivos. Bethune insistió incluso en que el pago se realizara mediante un talón independiente. Aquello no era simplemente un plus asimilado al salario. Era algo distinto; era el símbolo de una victoria. Y con cada cheque un mensaje recordaba a los empleados POR QUÉ iban al trabajo: «Gracias por contribuir a convertir a Continental en una de las mejores».

«Evaluamos las cosas que los empleados podían controlar de verdad —declaró Bethune—. Apostamos por algo que los empleados ganarían o perderían juntos, no cada uno por su lado.»

Todo lo que hizo la empresa fue que los empleados sintieran que estaban juntos en eso. Y lo estaban.

La única diferencia entre tú y un cavernícola es el coche que conduces

La razón de que la raza humana haya prosperado tanto no es que seamos los animales más fuertes, todo lo contrario. El tamaño y la fuerza por sí solos podrían no garantizar el éxito. Hemos prosperado como especie gracias a nuestra capacidad para crear culturas. Las culturas son grupos de personas que se congregan en torno a una serie de valores y creencias comunes. Cuando compartimos valores y creencias con los demás, generamos confianza. La confianza de los demás nos permite recurrir a ellos para que nos ayuden a proteger a nuestros hijos y garanticen nuestra supervivencia personal.

La posibilidad de abandonar la guarida para salir a cazar o explorar, con la seguridad de que la comunidad protegerá a tu familia y tus enseres hasta que regreses, es uno de los elementos más importantes de la supervivencia de un individuo y del avance de nuestra especie.

Que confiamos en las personas que tienen valores y creencias comunes no es, en sí mismo, un gran descubrimiento. Hay una razón para que no seamos amigos de toda la gente que conocemos. Lo somos de la gente que ve el mundo de la misma manera que nosotros, que comparte nuestras opiniones y creencias. Independientemente de lo buena pareja que alguien parezca en teoría, eso no garantiza una amistad. Y esto también ocurre a gran escala. El mundo está lleno de culturas diferentes. Ser estadounidense no es mejor que ser francés; solo son culturas diferentes, ni peores ni mejores, solo diferentes. La cultura estadounidense valora decididamente los ideales del emprendimiento, la independencia y la confianza en uno mismo. Podemos decir que es nuestro PORQUÉ, el sueño americano. La cultura francesa, por su parte, valora enérgicamente los ideales de la identidad unificada, la confianza en el grupo y la *joie de vivre*. (Observa que utilizamos la expresión francesa para definir el estilo de vida de la alegría de vivir. ¿Casualidad? Tal vez.) Algunas personas se adaptan bien a la cultura francesa y otras encajan bien en la cultura estadounidense. No es una cuestión de que sean mejores o peores, solo diferentes.

Por razones evidentes, la mayoría de las personas que han nacido y se han criado en una cultura acabarán encajando razonablemente bien en esa cultura, aunque no siempre es así. Hay personas que se criaron en Francia y que nunca consiguieron sentir que encajaban; eran unos inadaptados en su propia cultura. Así que, pongamos por caso, se trasladaron a Estados Unidos. Arrastrados por los sentimientos que tenían hacia el PORQUÉ de Estados Unidos, siguieron el Sueño Americano y emigraron.

Siempre se dice que Estados Unidos se alimenta en buena medida de los emigrantes. Pero es absolutamente falso que todos los inmigrantes sean miembros productivos de una sociedad. No es cierto que todos los inmigrantes tengan espíritu emprendedor; solo lo tienen aquellos que se sienten atraídos de forma visceral por Estados Unidos. Eso es lo que hace un PORQUÉ. Cuando se entiende con claridad, atrae a las personas que creen en lo mismo. Y, dando por sentado que encajen bien en lo que creen los estadounidenses y en su forma de hacer las cosas, tales inmigrantes dirán del país: «Me encanta estar aquí» o «Amo a este país». Esta reacción visceral no tiene tanto que ver con Estados Unidos como con ellos; se trata de lo que sienten sobre su propia oportunidad y su capacidad para medrar en una cultura en la que sienten que encajan en vez de en aquella de la que vinieron.

Y, dentro del gran PORQUÉ que es Estados Unidos, esto se descompone aún más. Algunas personas se adaptan mejor a Nueva York, mientras que otras están más a gusto en Minneapolis. Una cultura no es peor ni mejor que la otra, solo diferente. Muchas personas sueñan, por ejemplo, con trasladarse a Nueva York atraídas por su encanto o por las expectativas de encontrar oportunidades. Llegan con aspiraciones de hacer algo grande, pero antes de trasladarse no se paran a pensar si encajarán en la cultura. Algunos lo consiguen, pero son muchos los que fracasan. He visto una y otra vez a personas que llegan a Nueva York con grandes esperanzas y sueños, pero o bien no pudieron encontrar el trabajo que querían o, si lo hicieron, no pudieron soportar la presión. No es que sean torpes, trabajen mal o no rindan; sencillamente, no encajan. Entonces, o siguen en Nueva York y se esfuerzan más de lo necesario, detestando sus trabajos y sus vidas, o se marchan. Si se trasladan a una ciudad en la que encajen mejor —Chicago o San Francisco o cualquier otra— a menudo acaban siendo mucho más felices y teniendo más éxito. Nueva York no es racionalmente mejor que otras ciudades; sencillamente, no es adecuada para todo el mundo. Al igual que todas las urbes, solo lo es para aquellos que se adaptan bien a ella.

Lo mismo se puede decir de cualquier otro lugar que tenga una cultura sólida o una personalidad reconocible. Nos va mejor en aquellas culturas en las que encajamos bien, nos va mejor en lugares que reflejen nuestros valores y creencias. De la misma manera que el objetivo no es hacer negocios con cualquiera que, simplemente, quiera lo que tienes, sino hacer negocios con las personas que crean lo mismo que tú, también es conveniente vivir y trabajar en un lugar donde prosperarás de forma natural porque tus valores y creencias están en consonancia con los valores y creencias de esa cultura.

Ahora reflexiona sobre lo que es una empresa. Una empresa es una cultura, un grupo de personas reunidas en torno a una serie de valores y creencias comunes. No son los productos o los servicios los que cohesionan una empresa; no es el tamaño ni el poder lo que hace fuerte a una empresa; es la cultura, el profundo sentido de unas creencias y unos valores que todos, desde el CEO al recepcionista, comparten en su totalidad. Así que, siguiendo este razonamiento, el objetivo no consiste en contratar a personas que se limiten a tener la serie de aptitudes que necesites; la lógica consiste en contratar a personas que crean en lo mismo que tú.

Encontrar a las personas que crean lo mismo que tú

En los albores del siglo xx, el aventurero inglés Ernest Shackleton se propuso explorar la Antártida. Roald Amundsen, un noruego, acababa de convertirse en el primer explorador en llegar únicamente al Polo Sur, dejando pendiente una conquista: cruzar el continente a través del punto más meridional de la Tierra.

La parte terrestre de la expedición empezaría en el gélido mar de Weddell, por debajo de Sudamérica, y viajaría 2.735 kilómetros a través del Polo hasta el mar de Ross, más abajo de Nueva Zelanda. El coste estimado en la época por Shackleton rondaría los 250.000 dólares. «La travesía por el continente del Polo Sur será el mayor viaje polar que jamás se haya intentado —le dijo el explorador inglés a un periodista del *New York Times* el 29 de diciembre de 1913—. Los territorios desconocidos del mundo que siguen sin conquistar se están reduciendo, pero todavía queda pendiente esta gran labor.»[29]

El 5 de diciembre de 1914, Shackleton y una tripulación de veintisiete hombres partieron hacia el mar de Weddell en el *Endurance*, un barco de 350 toneladas que se había construido gracias a las contribuciones de donantes particulares, el Estado británico y la Royal Geographical Society. En ese momento, la Primera Guerra Mundial estaba asolando Europa, y el dinero era cada vez más escaso. El donativo realizado por unos escolares ingleses sufragó los equipos de perros.[30]

Pero la tripulación del *Endurance* jamás llegaría al continente de la Antártida.

---

29. «Shackleton Plans Record Polar Trip», *New York Times*, 30 de diciembre de 1913.

30. «Ernest H. Shackleton, 1874-1922», South-Pole.com, www.south-pole.com/p0000097.htm.

A solo pocos días de navegación de la isla de Georgia del Sur en el Atlántico Sur, el barco se encontró con un banco de hielo de kilómetros de extensión y no tardó en verse atrapado a causa de la temprana llegada de un invierno inclemente.[31] El hielo cercó el barco «como si fuera una almendra dentro de un trozo de caramelo», escribió un miembro de la tripulación.[32] Shackleton y su tripulación se quedaron atrapados en la Antártida durante diez meses mientras el *Endurance* se desviaba lentamente hacia el norte, hasta que finalmente la presión del hielo aplastó el barco. El 21 de noviembre de 1915, la tripulación asistió al hundimiento de la nave en las gélidas aguas del mar de Weddell.

Aislada en el hielo, la tripulación del Endurance se embarcó en sus tres botes salvavidas y desembarcó en la diminuta isla Elefante. Una vez allí, Shackleton dejó atrás a todos salvo a cinco de sus hombres y se embarcó en un peligroso viaje a través de 1.290 kilómetros de un mar tempestuoso para buscar ayuda. Algo que, finalmente, lograron.

Pero lo que hace tan excepcional la historia del *Endurance* no es la expedición en sí, sino que durante toda esa terrible experiencia no murió nadie. No hubo historias de canibalismo ni de amotinamientos.

No fue una cuestión de suerte. Todo se debió a la buena tripulación que eligió Shackleton. Este encontró a los hombres adecuados para la misión. Cuando llenas una organización con gente que encaja bien, con aquellos que creen en lo que crees tú, el éxito llega sin más. ¿Y cómo encontró Shackleton aquella fantástica tripulación? Con un sencillo anuncio en el *Times* londinense.

Comparemos esto con la forma que tenemos ahora de contratar a la gente. Al igual que Shackleton, ponemos anuncios en los periódicos, o en los medios modernos equivalentes, como Craiglist o Monster.com. A veces contratamos a un responsable para que nos encuentre a alguien, pero el proceso es en buena medida el mismo. Proporcionamos una lista de requisitos para el puesto y esperamos que el mejor candidato sea uno de los que cumplan con tales exigencias.

---

31. http://www.pbs.org/wgbh/nova/shackleton/1914/timeline.html.

32. Ward, Paul, «Shackleton, Sir Ernest (1874-1922)», Cool Antarctica, https://www.coolantarctica.com/Antarctica%20fact%20file/History/biography/shackleton_ernest.htm.

El problema está en cómo escribimos esos anuncios. Todos versarán sobre el QUÉ y no sobre el PORQUÉ. Así las cosas, un anuncio podría decir, por ejemplo: «Se precisa ejecutivo de cuentas, mínimo cinco años de experiencia, imprescindible tener conocimientos prácticos del sector. Trabajará para una empresa fantástica en rápida expansión con un salario fantástico y grandes beneficios». El anuncio puede generar montañas de solicitantes, pero ¿cómo sabremos cuál es la persona adecuada?

El anuncio que insertó Shackleton para buscar los integrantes de la tripulación fue de un tenor distinto. En ningún momento dijo QUÉ era lo que buscaba. Su anuncio no decía:

«Se necesitan hombres para una expedición. Experiencia mínima de cinco años. Imprescindible saber cómo izar una vela mayor. Trabajarán con un capitán estupendo».

En vez de eso, Shackleton buscaba a aquellos que tuvieran algo más; buscaba una tripulación que encajara en semejante expedición. Su verdadero anuncio rezaba así:

«Se buscan hombres para un viaje peligroso. Salario escaso, frío, largos meses de completa oscuridad, peligro permanente, regreso a salvo incierto. Honor y reconocimiento en caso de éxito».[33]

Los únicos que solicitaron el trabajo fueron aquellos que leyeron el anuncio y les pareció fantástico. Les encantaban los grandes desafíos. Las únicas personas que solicitaron el puesto eran supervivientes. Shackleton contrató solo a personas que creían en lo mismo que él. La capacidad para sobrevivir de aquellos hombres estaba garantizada. Cuando los empleados encajan, garantizarán tu éxito. Y no se esforzarán y buscarán soluciones innovadoras por ti, lo harán por ellos mismos.

Lo que todos los grandes líderes tienen en común es la habilidad para encontrar a las personas adecuadas para que se incorporen a sus organizaciones, aquellos que creen en lo que ellos creen. Southwest Airlines es un ejemplo fantástico de una empresa con el don de contratar a las personas idóneas. Su habilidad para encontrar a las personas que encarnen su causa hace que les sea mucho más fácil proporcionar un gran servicio. Herb Kelleher lo expresó a las mil maravillas: «No contratas aptitudes, contratas

---

33. Nova Online, http://www.pbs.org/wgbh/nova/shackleton/1914/timeline.html.

actitud. Las aptitudes siempre puedes enseñarlas». Esto está muy bien; la pregunta es: ¿Qué actitud? ¿Y si la actitud de esas personas no es la que encaja en tu cultura?

Me encanta preguntarles a las empresas a quiénes les gusta contratar, y una de las respuestas más habituales que obtengo es: «Solo contratamos a personas apasionadas». Pero ¿cómo sabes si alguien es un apasionado en las entrevistas, pero no tanto en el trabajo? Lo cierto es que casi todas las personas del planeta son apasionadas, solo que no todos somos apasionados de lo mismo. Empezar con el PORQUÉ cuando se contrata aumenta espectacularmente tu capacidad para atraer a aquellos que sientan pasión por lo que crees. Contratar sin más a personas con un buen currículo o una gran ética laboral no garantiza el éxito. El mejor ingeniero de Apple, por ejemplo, se sentiría desdichado si trabajara en Microsoft. De igual manera, el mejor ingeniero de Microsoft probablemente no prosperaría en Apple. Tanto uno como otro tienen mucha experiencia y son buenos trabajadores, y puede que ambos lleguen con grandes recomendaciones. Sin embargo, cada uno de los ingenieros no encaja en la cultura de la empresa del otro. El objetivo es contratar a aquellas personas que sean apasionadas de tu PORQUÉ, de tu propósito, causa o creencia, y que tengan la actitud que encaje en tu cultura. Una vez determinado esto, solo entonces, debería evaluarse el conjunto de sus aptitudes y su experiencia. Shackleton podría haber tenido a la tripulación más experimentada que el dinero pudiera comprar, pero, si aquellos hombres no hubieran sido capaces de conectar en un plano mucho más profundo que el de sus aptitudes, su supervivencia no habría sido una conclusión previsible.

Southwest estuvo años sin tener un departamento de reclamaciones; no lo necesitaba. Aunque Kelleher hablaba acertadamente de contratar actitud, la aerolínea se merece de hecho mayor reconocimiento por contratar a las personas idóneas responsables de proporcionar un gran servicio. Kelleher no era el único que decidía a quién contratar, y pedirle a todo el mundo que se fíe sencillamente de su intuición es demasiado arriesgado. Su genialidad provenía del hecho de descubrir por qué algunas personas eran tan idóneas y a partir de ahí crear unos sistemas que encontraran más de esas mismas personas.

En la década de 1970, Southwest Airlines decidió vestir a sus asistentes de vuelo con pantalones cortos y botas altas como parte de su uniforme (eh, que eso pasó en la década de 1970).[34] No fue idea de la aerolínea; Pacific Southwest, la compañía aérea radicada en California que Southwest tomó como modelo, lo hizo primero, y Southwest se limitó a copiarla. Pero, al contrario que aquella, la empresa de Kelleher descubrió algo que se reveló de un valor inestimable: se dio cuenta de que, cuando incorporaba asistentes de vuelo, las únicas personas que solicitaban el puesto eran animadoras y *majorettes*. La razón había que encontrarla en que eran las únicas a las que no les importaba llevar los nuevos uniformes. Sin embargo, tanto unas como otras encajaban a la perfección en Southwest. Tampoco es que tuvieran una gran actitud, toda su predisposición consistía en animar a la gente, en propagar optimismo y en llevar a la masa a creer que «podemos ganar». Eran las empleadas perfectas para una empresa que era la defensora del hombre corriente. Tras percatarse del hecho, Southwest empezó a incorporar únicamente a animadoras y *majorettes*.

Las grandes empresas no contratan a personas cualificadas y las animan; contratan a personas que ya están animadas y las motivan. Las personas están animadas o no. Pero a menos que les des a las que están animadas algo en lo que creer, algo mayor que su labor para que trabajen en pro de la empresa, se animarán a sí mismas a encontrar un nuevo empleo y tú te quedarás con los restos.

Dales una catedral

Reflexionemos sobre la historia de los dos canteros. Te acercas al primero y le preguntas: «¿Le gusta su trabajo?» El hombre levanta la vista y responde: «Llevo trabajando en este muro más tiempo del que soy capaz de recordar. Es un trabajo monótono. Trabajo bajo un sol abrasador todo el día. Las piedras pesan mucho, y levantarlas un día tras otro puede ser agotador. Ni siquiera estoy seguro de que esta obra vaya a terminarse en lo que me queda de vida. Pero es un trabajo. Y me paga las facturas». Le das las gracias por su tiempo y sigues caminando.

---

34. Entrevista personal con Howard Putnam, octubre de 2008.

A unos nueve metros de distancia, te paras junto al segundo cantero. Le haces la misma pregunta: «¿Le gusta su trabajo?» Levanta la vista y responde: «Me encanta mi trabajo. Estoy construyendo una catedral. Por supuesto, llevo trabajando en este muro más tiempo del que soy capaz de recordar, y sí, a veces el trabajo resulta monótono. Trabajo bajo un sol abrasador todo el día. Las piedras pesan mucho, y levantarlas un día tras otro puede ser agotador. Ni siquiera estoy seguro de que esta obra vaya a terminarse en lo que me queda de vida. Pero estoy construyendo una catedral».

Lo QUE estos dos canteros están haciendo es exactamente lo mismo; la diferencia está en que uno siente que tiene una finalidad. Siente que encaja. Va a trabajar para formar parte de algo más grande que la labor que realiza. El mero hecho de tener un sentido del PORQUÉ le cambia por completo la perspectiva de su trabajo. Esto lo convierte en un trabajador más productivo y, sin duda, más leal. Mientras que es muy probable que el primer cantero aceptase otro empleo a cambio de un sueldo mejor, el cantero motivado trabaja más horas y probablemente rechazaría un trabajo más fácil y mejor pagado para quedarse y formar parte de una causa más elevada. El segundo cantero no se considera ni más ni menos importante que el sujeto que hace los vitrales o ni siquiera que el arquitecto. Todos trabajan unidos para construir la catedral. Este es el vínculo que genera camaradería. Y esa camaradería y confianza es lo que lleva al éxito. Las personas que trabajan unidas por una causa común.

Las empresas que poseen un gran sentido del PORQUÉ son capaces de motivar a sus empleados. Empleados que son más productivos e innovadores, y el sentido que aportan al trabajo atrae a otras personas que también anhelan trabajar ahí. No tiene nada de raro que veamos por qué las empresas con las que nos encanta hacer negocios tienen también los mejores empleados. Cuando las personas de dentro de la empresa saben POR QUÉ acuden al trabajo, es muchísimo más probable que las personas de fuera entiendan POR QUÉ la empresa es especial. En tales organizaciones, desde la dirección hacia abajo, nadie se considera ni más ni menos que cualquier otro. Todos se necesitan mutuamente.

Cuando estás motivado por el PORQUÉ, el éxito llega sin más

Fue una versión finisecular del auge de las punto com. La promesa de una nueva tecnología revolucionaria estaba cambiando la forma de imaginar el futuro de la gente. Y dio comienzo una carrera por ver quién podría conseguirlo antes. Fue a finales del siglo xix y la nueva tecnología era el avión. Uno de los hombres más famosos en la materia era Samuel Pierpont Langley. Al igual que muchos otros inventores de su época, su intención era construir la primera máquina voladora más pesada que el aire del mundo. El objetivo era ser el primero en lograr el vuelo a motor tripulado y controlado. La buena noticia era que Langley disponía de todos los ingredientes adecuados para la descomunal labor; tenía lo que la mayoría definiría como la receta para el éxito.

Langley había alcanzado cierto renombre en la comunidad académica como astrónomo, lo que le había hecho merecedor de unos prestigiosos cargos de responsabilidad. Era secretario del Instituto Smithsoniano, y había sido colaborador del Observatorio de la Universidad de Harvard y profesor de matemáticas de la Academia Naval de Estados Unidos. Era un hombre muy bien relacionado. Entre sus amigos se contaban algunos de los hombres más poderosos de la Administración y del mundo empresarial, como Andrew Carnegie y Alexander Graham Bell. También disponía de una financiación sumamente saneada. El Departamento de Guerra, el precursor del actual Departamento de Defensa, le había concedido 50.000 dólares para llevar adelante su proyecto, lo que a la sazón era una cantidad enorme de dinero. El dinero no era ningún problema.

Langley reunió a algunas de las mejores y más brillantes mentes del momento.[35] Entre los miembros de su equipo de ensueño estaba el piloto de pruebas Charles Manly, un brillante ingeniero mecánico formado en Cornell, y Stephan Balzer, el diseñador del primer coche de Nueva York. Langley y su equipo utilizaban los mejores materiales. Las condiciones de mercado eran perfectas, y su publicidad, fantástica. El *New York Times* le seguía a todas partes; todo el mundo conocía a Langley y apostaba por su éxito.

---

35. Tobin, James, *To Conquer the Air: The Wright Brothers and the Great Race for Flight*, Free Press, Nueva York, 2004.

Pero había un problema.

Langley se había impuesto una meta audaz, pero no tenía una idea clara del PORQUÉ. Su objetivo de querer construir el avión estaba definido en función de lo QUE estaba haciendo y de lo QUE podía lograr. Era un apasionado de la aeronáutica desde su más tierna infancia, pero carecía de una causa que defender. Por encima de cualquier otra cosa, Langley quería ser el primero. Quería ser rico y quería ser famoso. Eso era lo que impulsaba su motivación.

Aunque ya gozaba de un considerable reconocimiento en su campo, ansiaba la clase de fama que tenían Thomas Edison o Alexander Graham Bell, esa que solo acompaña a la invención de algo grande. Langley consideraba el aeroplano como su pasaporte a la fama y a la riqueza.[36] Era un hombre listo y tenía un incentivo. Tenía lo que aún hoy suponemos es la receta para el éxito: dinero de sobra, el mejor equipo y unas condiciones de mercado ideales. Pero somos pocos los que hemos oído hablar alguna vez de Samuel Pierpont Langley.

A unos cuantos cientos de kilómetros de allí, en Dayton, Ohio, Orville y Wilbur Wright también estaban fabricando una máquina voladora. Al contrario que Langley, los hermanos Wright no tenían la receta para el éxito; peor aún, parecían tenerla para el fracaso. Carecían de financiación para su iniciativa, de subvenciones oficiales, de contactos al más alto nivel. Los hermanos Wright financiaron su sueño con los beneficios que obtenían de su tienda de bicicletas. Ni uno solo de los miembros de su equipo, incluidos Orville y Wilbur, tenían formación universitaria; algunos ni siquiera habían terminado el instituto. Lo que los hermanos Wright estaban haciendo no se diferenciaba en nada de lo que hacían Langley o todos los demás que andaban tratando de construir una máquina voladora. Pero los hermanos sí que tenían algo muy especial: tenían un sueño. Estaban convencidos de que, si podían descubrir esa máquina voladora, esta cambiaría el mundo. Pensaban en las ventajas para todos los demás si tenían éxito.

«Wilbur y Orville eran unos verdaderos científicos a los que les preocupaba profunda y verdaderamente el problema físico que trataban de resolver: el problema del equilibrio y el vuelo», me dijo James Tobin, biógrafo de

---

36. Entrevista personal con Tobin, febrero de 2009.

los hermanos.[37] A Langley, por su parte, le consumían las ansias de lograr el grado de prestigio del que gozaban sus colaboradores, como Alexander Graham Bell; renombre que él sabía que solo llegaría de la mano de un descubrimiento científico de primer orden. Langley, me explicó Tobin, «no sentía la pasión de los Wright por volar, sino más bien la de alcanzar el éxito».

Orville y Wilbur predicaban aquello en lo que creían, consiguiendo motivar a otras personas de su comunidad para que se sumaran a su causa. La prueba del compromiso de aquella gente era evidente. Yendo de fracaso en fracaso como iban, la mayoría de las personas habría renunciado, pero no así el equipo de los hermanos Wright. El equipo estaba tan motivado que, sin importar cuántos reveses sufrieran, acudía todos los días al trabajo. Cuentan las crónicas que cada vez que los hermanos Wright salían a realizar una prueba de vuelo llevaban con ellos cinco juegos de secciones, porque sabían el número de veces que probablemente fracasarían antes de decidir volver a casa por ese día.

Y entonces, sucedió. El 17 de diciembre de 1903, en un prado de Kitty Hawk, Carolina del Norte, los hermanos Wright despegaron hacia el cielo. Un vuelo de cincuenta y nueve segundos, a una altitud de 36 metros y a la velocidad de una persona trotando, bastó para marcar el comienzo de una nueva tecnología que cambiaría el mundo.

Pese a lo excepcional del descubrimiento, este pasó relativamente desapercibido. El *New York Times* no estaba allí para cubrir la noticia. Impulsados por algo más grande que la fama y la gloria, los hermanos Wright se conformaron con esperar para informar al mundo, conscientes del verdadero significado que lo logrado tenía para la humanidad.

Lo que Langley y los hermanos Wright estaban intentando crear era exactamente lo mismo; tanto unos como otro estaban creando el mismo producto; así, los hermanos Wright como Langley estaba sumamente motivados; tanto los unos como el otro tenían una sólida ética de trabajo; los tres tenían unas agudas mentes científicas. Lo que el equipo de los hermanos Wright tenía y le faltaba a Langley no era suerte; era la motivación. Uno estaba motivado por la perspectiva de la fama y la riqueza; los otros, por una creencia. Los hermanos Wright exaltaron el alma humana de los que los

---

37. Entrevista personal con Tobin, febrero de 2009.

rodeaban. Langley pagó al talento para que lo ayudara a hacerse rico y famoso. Los hermanos Wright empezaron con el PORQUÉ. Una prueba más de que lo que motivaba a Langley era el QUÉ fue que a los pocos días de que Orville y Wilbur levantaran el vuelo abandonó y dejó el negocio. Podría haber dicho: «Esto es maravilloso, y ahora voy a mejorar su tecnología». Pero no lo hizo. La derrota le resultó humillante; su prueba de vuelo había aterrizado en el río Potomac, y toda la prensa se burló de él.[38] Tanto le importaba lo que los demás pensaran de él que solo le preocupaba hacerse famoso. No fue el primero, así que abandonó sin más.

La innovación se produce en los límites

Los equipos ideales no son tan maravillosos. Cuando se reúne a un equipo de expertos estos suelen trabajar para sí mismos y no en aras del bien común. Esto es lo que sucede cuando las empresas sienten la necesidad de pagar grandes salarios para «conseguir a las personas más cualificadas». Estas personas no necesariamente aparecen porque crean en tu PORQUÉ, sino por el dinero. Una manipulación clásica. Pagarle a alguien mucho dinero y pedirle luego que tenga grandes ideas apenas es garantía de algo. Sin embargo, reunir un equipo de personas con ideas afines y ofrecerles la finalidad de una causa garantiza que se dé un mayor sentimiento de colaboración y camaradería. Langley reunió a un equipo ideal y les prometió riqueza. Los hermanos Wright motivaron a un grupo de personas para que se unieran en la consecución de algo mayor que cada uno de los miembros. Las empresas normales proporcionan a su gente algo en lo que trabajar; por el contrario, las organizaciones más innovadoras les proporcionan una meta.

La labor de un líder no consiste en tener todas las grandes ideas. El papel de un líder es el de crear un entorno en el que puedan producirse las grandes ideas. Son las personas que están dentro de la empresa, aquellas que están en primera línea, las más cualificadas para encontrar nuevas maneras de hacer las cosas. La gente que atiende a los teléfonos y habla con los clientes, por ejemplo, nos puede decir más sobre la clase de preguntas que les hacen que

---

38. Tobin, *To Conquer the Air*.

cualquiera que esté sentado en un despacho de ejecutivo a kilómetros de distancia. Si al personal de una empresa se le dice que acuda al trabajo y se limite a cumplir con su cometido, eso será todo cuanto haga. Pero si a los empleados se les recuerda sin parar POR QUÉ se fundó la empresa y se les dice que busquen siempre las maneras de dar vida a esa causa mientras realizan su labor, entonces harán algo más que su trabajo.

Por ejemplo, a Steve Jobs no se le ocurrieron personalmente el iPod, iTunes o el iPhone. Fueron idea de otras personas dentro de la empresa. Jobs proporcionó a la gente un filtro, un contexto, un fin más elevado en torno al cual crear la innovación: encuentra los sectores del *statu quo* existentes, aquellos en los que las empresas luchan por proteger sus modelos empresariales chapados a la antigua, y desafíalos. Ese es el PORQUÉ de que se fundara Apple, eso es lo que Jobs y Wozniak hicieron cuando fundaron la empresa, y es lo que la gente y los productos de Apple no han parado de hacer desde entonces. Es un patrón que se repite. Los empleados de Apple se limitan a buscar las maneras de dar vida a su causa en tantos lugares como puedan. Y funciona.

No sucede lo mismo en muchas otras empresas. Las que se definen por lo QUÉ hacen en lugar del PORQUÉ lo hacen instruyen a su gente para que innoven en torno a un producto o servicio. «Hacedlo mejor», les ordenan. Aquellos que trabajan para los competidores de Apple, empresas que se han definido a sí mismas como «fabricantes de ordenadores», acuden al trabajo para crear ordenadores «más innovadores». Lo mejor que pueden hacer es añadir más memoria, incorporar una función o dos o, como ha hecho un fabricante de ordenadores personales, dar a los clientes la opción de personalizar el color de la carcasa de su ordenador. Esto apenas puede calificarse de idea con potencial para cambiar el rumbo de un sector industrial. Un elemento agradable, sin duda, pero no una innovación. Por si sientes curiosidad por cómo Colgate se encuentra actualmente con treinta y dos tipos distintos de dentífricos, diré que se debe a que cada día su personal acude al trabajo para crear una pasta de dientes mejor y no, por ejemplo, para encontrar las maneras de ayudar a que la gente se sienta más satisfecha de sí misma.

Apple no tiene el monopolio de las buenas ideas; pensadores listos e innovadores hay en la mayoría de las empresas. Pero las grandes empresas dan a su gente una finalidad o le plantean un desafío en torno al cual desarrollar las ideas, en lugar de limitarse a ordenarle que hagan una trampa para ratones mejor. Las empresas que estudian a sus competidores con la esperanza de incorporar funciones y ventajas que hagan «mejores» sus productos solo están trabajando para consolidar a la compañía en lo QUE hace. Las empresas con una idea clara del PORQUÉ tienden a ignorar a su competencia, mientras las que tienen una idea confusa del PORQUÉ están obsesionadas con lo que las demás están haciendo.

La capacidad innovadora de una empresa no solo es útil para crear nuevas ideas, sino que tiene un valor incalculable para desenvolverse en las dificultades. Cuando la gente acude al trabajo con una idea superior de la finalidad, les resulta más fácil capear los momentos difíciles o incluso encontrar oportunidades en ellos. Las personas que van a trabajar con una idea clara del PORQUÉ son menos propensas a rendirse después de unos pocos fracasos, porque comprenden la causa mayor. Thomas Edison, que sin duda fue un hombre al que guiaba una causa superior, decía: «No encontré la manera de hacer una bombilla incandescente, encontré miles de maneras de cómo no hacerla».

Southwest Airlines es famosa por ser la pionera en la rotación de diez minutos: la capacidad para desembarcar, arreglar y embarcar un avión en diez minutos.[39] Esta aptitud ayuda a una aerolínea a ganar dinero, porque cuantos más aviones estén en el cielo, mejores resultados está obteniendo. En lo que pocos reparan es en que esta innovación fue fruto de las dificultades. En 1971, Southwest se estaba quedando sin liquidez y tuvo que vender uno de sus aviones para seguir en la brecha. Esto la dejó con tres aviones para cumplir con unos horarios que requerían cuatro. Así las cosas, tenía dos opciones: o reducía su actividad, o podían resolver cómo embarcar y desembarcar sus aviones en diez minutos. Y así nació la rotación de diez minutos.

Mientras que los empleados de la mayoría del resto de aerolíneas habrían dicho simplemente que eso no se podía hacer, el personal de Southwest se movilizó para resolver cómo realizar una tarea sin precedentes y aparentemente imposible. En la actualidad, su innovación sigue reportando

---

39. Burnham Finney, Paul, «Loading an Airliner is Rocket Science», *New York Times*, 14 de noviembre de 2006, http://www.nytimes.com/2006/11/14/business/14boarding.html.

beneficios. Habida cuenta de la creciente saturación de los aeropuertos, el mayor tamaño de los aviones y el mayor volumen de carga, Southwest tarda ahora alrededor de veinticinco minutos en desembarcar y volver a embarcar sus aviones. Pero si intentaran mantener el mismo horario pero añadieran solo cinco minutos al tiempo de rotación, necesitarían dieciocho aviones más en su flota, con un coste de casi mil millones de dólares.

La extraordinaria capacidad de Southwest para resolver problemas, el increíble don de Apple para la innovación y la habilidad de los hermanos Wright para crear una tecnología valiéndose del equipo que tenían han sido posibles todas ellas por la misma razón: creían que podían y confiaron en su gente para hacerlo.

La definición de confianza

Fundado por sir Francis Baring en 1762, el Banco Barings era el banco comercial más antiguo de Inglaterra. El banco, que sobrevivió a las Guerras Napoleónicas, a la Primera Guerra Mundial y a la Segunda Guerra Mundial, fue incapaz de hacerlo a la predilección por el riesgo de un sedicente empresario, por lo demás, corrupto. Nick Leeson hundió sin ayuda de nadie el Banco Barings en 1995 realizando unas operaciones tan ilegales como sumamente arriesgadas. Si los consabidos vientos hubieran seguido soplando en la dirección adecuada, Leeson se habría hecho a sí mismo y al banco sumamente ricos y habría sido considerado un héroe.

Pero tal es la naturaleza de las cosas impredecibles como el viento y los mercados financieros. Pocos discuten que lo que Leeson hiciera fuera algo más que jugar a un juego de azar. Y los juegos de azar son algo muy distinto al riesgo calculado. El riesgo calculado acepta que pueda haber grandes pérdidas, pero se toman las debidas medidas, bien para protegerse, bien para hacer frente a un resultado que no por improbable deja de ser posible. Aunque un amerizaje de emergencia es «improbable», como nos dicen las aerolíneas, aun así nos proveen de salvavidas. Y aunque solo sea por nuestra tranquilidad de espíritu, nos alegra que lo hagan. Hacer lo contrario es una apuesta que pocas aerolíneas estarían dispuestas a realizar, por más que las tablas actuariales se inclinen considerablemente de su lado.

Por extraño que resulte, Leeson ocupaba dos cargos en Barings, actuando de manera ostensible así de intermediario financiero como de su propio supervisor, aunque el hecho carece de interés, habida cuenta del asunto. Que un hombre tuviera una tolerancia tal por el riesgo que pudiera ocasionar semejante daño tampoco es muy interesante. Tanto lo uno como lo otro son factores coyunturales. Ambos habrían desaparecido si Leeson hubiera abandonado la empresa o cambiado de oficio o si Barings hubiera nombrado a un nuevo supervisor que fiscalizara sus operaciones. Para empezar, lo más interesante es la cultura del banco que pudo permitir que se dieran esas circunstancias. Pero Barings había perdido su PORQUÉ.

La cultura de Barings ya no era una en la que las personas fueran al trabajo motivadas. Incentivadas, sí, pero no motivadas. Manipuladas por la promesa de unas enormes bonificaciones por cumplimiento de objetivos, sin duda, pero no motivadas para trabajar en aras del bien común. Como Leeson informó en su propio relato de cómo se las arregló para sacar adelante una conducta tan arriesgada durante tanto tiempo, no fue porque los demás no fueran conscientes de que lo que estaba haciendo era potencialmente peligroso. Fue algo peor que eso: existía el prejuicio de hablar de ello. «La flor y nata de los empleados londinenses de Barings —explicó Leeson— eran todos tan sabihondos que nadie se atrevía a hacer una pregunta idiota, no fuera a ser que quedara como un tonto ante todos los demás».[40] La ausencia de un conjunto claro de valores y creencias, unida a la deficiente cultura resultante, creó las condiciones para un entorno donde el sálvese quien pueda era la tónica, cuyos efectos a largo plazo apenas podían llevar a otra parte que no fuera al desastre. Esto es ser un cavernícola. Si la gente no vela por la comunidad, entonces los beneficios de esta se debilitan. Muchas empresas tienen empleados destacados y vendedores destacados, etcétera, pero pocas poseen una cultura que genere grandes personas como norma y no como excepción.

La confianza es algo extraordinario. La confianza permite que recurramos a los demás. Recurrimos a aquellos en los que confiamos en busca de un consejo que nos ayude a tomar decisiones. La confianza es el fundamento para el progreso de nuestras vidas, nuestras familias, nuestras empresas,

40. Leeson, Nick y Edward Whitley, *Rogue Trader: How I Brought Down Barings Bank and Shook the Financial World*, Little, Brown and Company, Nueva York, 1996.

nuestras sociedades y nuestra especie. Confiamos en los integrantes de nuestra comunidad para que cuiden de nuestros hijos cuando salimos a cenar. Puestos a elegir entre dos canguros, somos más proclives a confiar en una de nuestro barrio con apenas experiencia que en otra de fuera con mucha experiencia. No confiamos en alguien de fuera porque no sabemos nada de esa persona, decimos. Lo cierto es que tampoco sabemos nada de la canguro del barrio, aparte del hecho de que es nuestra vecina. En este caso, confiamos antes en la familiaridad que en la experiencia en algo bastante importante: la seguridad de nuestros hijos. Confiamos en que alguien que vive en nuestra comunidad y que tiene más probabilidades de compartir nuestros valores y creencias esté más cualificado para cuidar lo más valioso de nuestras vidas que alguien con un extenso currículo pero que proviene de un lugar desconocido. Esto es bastante impresionante. Y es motivo para que nos detengamos cuando consideramos qué debemos tener en cuenta al contratar a las personas: ¿qué es más importante, su currículo y experiencia o si encajará en nuestra comunidad? Es muy posible que nuestros hijos sean más importantes que el puesto que queramos cubrir en la empresa, aunque parece que utilizamos un rasero muy diferente. ¿Interviene en esto una falsa suposición en cuanto a quién es el mejor empleado?

Históricamente, la confianza ha desempeñado una función más importante en el progreso de las empresas y las sociedades que las meras aptitudes. Al igual que la pareja que deja a sus hijos mientras salen de noche para acudir a una cita, los grupos de una sociedad se marcharían confiados, sabiendo que sus hogares y familias estarían a salvo hasta su regreso. Si no existiera la confianza, entonces nadie asumiría riesgos. Y la no asunción de riesgos implicaría la no existencia de exploraciones ni de experimentación ni de avances de la sociedad en su conjunto. Este es un concepto importante: únicamente cuando las personas pueden confiar en la cultura o la organización asumirán riesgos personales para hacer avanzar esa cultura u organización en su conjunto. Y por la sola razón de que, a la postre, es bueno para su propia salud y supervivencia personal.

Sea cual sea su experiencia y con independencia de su habilidad, ningún trapecista intentará un salto mortal totalmente nuevo sin probar a hacerlo primero con una red debajo. Y, dependiendo del riesgo mortal que entrañe el ejercicio, puede que el artista insista en tener siempre una red cuando lo realice.

Aparte de la evidente ventaja de que te recoja en caso de que falles, la red también proporciona un beneficio psicológico. Saber que está ahí da al trapecista la confianza para intentar algo que no se ha hecho antes o para hacerlo una y otra vez. Quitemos la red y solo hará los ejercicios seguros, los que sabe que puede lograr. Y cuanto más confíe en la calidad de la red, más riesgos personales asumirá para mejorar su actuación. La confianza que la dirección del circo le da proporcionándole una red es posible que se les otorgue también a otros artistas. No pasará mucho tiempo antes de que todos los artistas sientan la seguridad para intentar nuevas cosas y esforzarse. Ese conjunto de confianza personal y riesgo personal se traduce en que todo el circo monte un espectáculo mucho mejor. Y un espectáculo global mejor significa más clientes. Y el sistema progresa. Pero no sin la confianza. En cuanto a los integrantes de una comunidad, o de una organización, deben confiar en que sus jefes les proporcionen una red, ya sea práctica, ya emocional. Y con esa sensación de estar respaldados, los integrantes de la organización son más propensos a realizar un esfuerzo añadido que en última instancia beneficia al grupo en su conjunto.

Admitiré que siempre están aquellos que asumirán el riesgo, por primera vez o de forma reiterada, sin contar con la red. Siempre estarán aquellos que explorarán con independencia de quién esté en casa defendiendo el fuerte. A veces estas personas conseguirán el lugar que se merecen como innovadores, como aquellos que se esforzaron, como aquellos que hicieron las cosas que nadie más haría. Algunos pueden hacer progresar a una empresa o incluso a una sociedad. Y algunos otros acaban muertos antes de lograr algo.

Existe una gran diferencia entre saltar de un avión con un paracaídas puesto y hacerlo desprovisto de él. Tanto lo uno como lo otro son unas experiencias extraordinarias, pero solo una aumenta las probabilidades de poder intentarlo de nuevo. Un trapecista con una personalidad predispuesta a asumir riesgos extraordinarios sin una red debajo puede ser la atracción estelar en un espectáculo, por lo demás, mediocre. Pero si se mata o se marcha a otro circo, entonces, ¿qué? Este es el paradigma de la persona que está motivada por el beneficio personal sea cuales fueren las consecuencias o los beneficios para la organización para la que trabaja. En un caso así, el empeño puede ser bueno para el individuo y puede serlo para el grupo, pero los beneficios, especialmente para el grupo, van acompañados de un límite temporal. Con el tiempo, el sistema fallará, a menudo en detrimento de la organización.

Establecer la confianza para animar a las personas a que no se sientan inclinadas hacia el riesgo, como fue el caso de Nick Leeson, es una estrategia a largo plazo que da mejores resultados.

Las grandes empresas alcanzan su grandeza porque las personas que las integran se sienten protegidas. Una idea firme de la cultura genera el sentimiento de pertenencia y hace las veces de red. Las personas acuden al trabajo sabiendo que sus jefes, sus colegas y la organización en general velarán por ellas. Esto se traduce en una conducta recíproca. Esto es, en decisiones, esfuerzos y conductas individuales que respaldan, favorecen y protegen los intereses a largo plazo de la organización en su conjunto.

Southwest Airlines, una empresa famosa por su atención a los clientes, no cree, como política, que el cliente siempre tenga razón. Southwest no permitirá que los clientes maltraten a su personal;[41] antes prefiere que los clientes que así se comporten vuelen en otra compañía. Es una sutil ironía que una de las empresas con mejor servicio al cliente de los Estados Unidos se centre en sus empleados antes que en sus clientes. La confianza entre la dirección y el personal, carente de dogmatismos, es lo que genera un fantástico servicio al cliente. Así pues, requisito previo para que alguien confíe en la cultura en la que trabaja es que comparta los valores y las creencias de esa cultura. Sin dicho requisito, ese empleado, por ejemplo, no pasa de ser una elección inadecuada y lo más probable es que trabaje solo en su propio beneficio, sin tomar en consideración el bien mayor. Pero si los integrantes de la empresa son las personas adecuadas, las oportunidades para «hacer un esfuerzo adicional», para explorar, para inventar, para innovar, para avanzar y, lo más importante, para volverlo a hacer una y otra vez aumentan espectacularmente. Una empresa solo puede hacerse grande con la confianza mutua.

La verdadera confianza es fruto de las cosas que no se pueden ver

«Rambo 2 —dijo la voz por la radio del general de brigada Jumper, llamándolo por su nombre en clave—. Su grupo 180, a 25 millas, acercándose rápidamente.»

---

41. Freiberg y Freiberg, *Nuts!*

«Contacto de radar con Corral», respondió Rambo 2, informando de que había captado al grupo enemigo en su radar. El general de una estrella John Jumper era un experimentado piloto de F-15, con miles de horas de vuelo y más de mil horas de combate.[42] Desde cualquier punto de vista, era uno de los mejores. Nacido en Paris, Texas, había tenido una trayectoria distinguida. Había pilotado todos los aparatos que tenían las Fuerzas Aéreas de su país, desde aviones de carga hasta aviones de combate. Condecorado por servicios distinguidos, jefe de su propia ala de combate, era la encarnación de lo que significa ser piloto de combate: inteligente y seguro de sí mismo.

Pero ese día, la reacción de Jumper no encajaba con la situación a la que se enfrentaba. A 25 millas de distancia, se habría esperado que disparase sus armas o adoptara algún otro movimiento ofensivo. Temiendo que Jumper estuviera localizando el contacto equivocado en su radar, la capitana Lori Robinson repitió con tranquilidad lo que podía ver a kilómetros de distancia: «Rambo 2 confirme contacto de radar, SU grupo 190 ahora a 20 millas».

Como controladora de armamento que estaba viendo la acción en la pantalla de su radar desde un centro de control y mando cercano, era labor de Lori Robinson dirigir al piloto hacia la aviación enemiga, de manera que aquel pudiera utilizar su armamento para interceptarla y destruirla. Al contrario que un controlador de tráfico aéreo, cuya labor consiste en mantener alejados a los aviones, el controlador de armamento tiene que acercarlos. Desde la posición de ventaja de la pantalla del radar, solo el controlador de armamento tiene el panorama completo, porque el sistema de navegación de a bordo solo muestra al piloto lo que tiene directamente delante del avión.

Pero la capitana Robinson consideraba que su labor consistía en algo más que limitarse a mirar fijamente el radar, algo más profundo que ser los ojos y los oídos de los pilotos que se precipitaban hacia el peligro a 1.500 millas por hora. La capitán Robinson sabía POR QUÉ su trabajo era importante. Se consideraba responsable de despejar el camino a los pilotos que tenía a su cargo, para que pudieran hacer lo que tenían que hacer y de esta manera también se exigieran más a sí mismos y a sus aeronaves con más confianza. Y esta era la razón de que ella fuera insólitamente buena en su trabajo. Robinson no podía cometer errores. Si lo hacía, perdería la confianza

---

42. Entrevista personal con la general Lori Robinson, octubre de 2008.

de sus pilotos y, lo que era peor, ellos perderían la confianza en sí mismos. Ya ves, es la confianza lo que hace que los pilotos de combate sean tan buenos en lo que hacen.

Y entonces ocurrió. La capitana Robinson pudo darse cuenta por la tranquilidad en la voz de Jumper a través de la radio de que el piloto no era consciente de la amenaza que se cernía sobre él. En un día despejado, a 20.000 pies sobre el desierto, la alarma aulló en el caza de última generación de 25 millones de dólares de Rambo 2. El piloto levantó la vista de la pantalla de su radar y vio al enemigo que entablaba combate con él. «¡VIRAJE A LA DERECHA!, ¡VIRAJE A LA DERECHA!», gritó por la radio. El 9 de octubre de 1988, el general de brigada John P. Jumper perdió la vida.

La capitana Robinson esperó. Sobrevino una calma escalofriante. No transcurrió mucho tiempo antes de que Jumper irrumpiera en la sala de informes de la base de las Fuerzas Aéreas de Nellis. «¡Me has matado!», vociferó, dirigiéndose a la capitana Robinson. Situada en el desierto de Nevada, Nellis es la sede de la Escuela de Armas de Combate de las Fuerzas Aéreas, y ese día, el general John Jumper recibió el impacto directo de un misil simulado lanzado por otro reactor de las Fuerzas Aéreas de Estados Unidos que hacía el papel de un combatiente enemigo.

«Señor, no ha sido culpa mía —respondió la capitana Robinson con calma—. Examine el vídeo. Y lo verá.» El general Jumper, a la sazón jefe del Ala 57, graduado de la Escuela de Armas de Combate de la USAF y antiguo instructor en Nellis, evaluaba rutinariamente todos los detalles de cada misión de entrenamiento en la que participaba. Los pilotos solían confiar en el vídeo para aprender de sus ejercicios. El vídeo no mentía. Y ese día tampoco lo hizo. De hecho, puso de manifiesto que el error no había sido de la capitán Robinson. Fue la clásica metedura de pata. El general había olvidado que formaba parte de un equipo, había olvidado que lo que lo hacía ser tan bueno en su trabajo no era solo su destreza. Jumper era uno de los mejores porque había otros que cuidaban de él. Una descomunal infraestructura de personas a las que él no podía ver.

Sin ningún género de dudas, al general se le había concedido el mejor equipamiento, la mejor tecnología y el mejor entrenamiento que pudiera comprar el dinero. Pero eran los mecánicos, los profesores, sus compañeros de vuelo, la cultura de las Fuerzas Aéreas y la capitana Robinson quienes garantizaban que él pudiera confiar en sí mismo para hacer el trabajo. El general Jumper había olvidado POR QUÉ era tan bueno, y en cuestión de segundos tomó una decisión que le había costado la vida. Pero para eso están los entrenamientos, para aprender esas lecciones.

Unos dieciséis años después de su lección sobre el desierto de Nevada, el general Jumper siguió haciendo cosas importantes. En la actualidad general de cuatro estrellas retirado, desempeñó el cargo de jefe de estado mayor de las Fuerzas Aéreas estadounidenses desde 2001 hasta 2005,[43] el puesto de más alto rango de todas las Fuerzas Aéreas, responsable de la organización, el entrenamiento y el equipamiento de unas fuerzas de casi 700.000 almas entre personal en activo, de vigilancia, reservistas y funcionarios civiles que prestan servicio en Estados Unidos y en el extranjero. Como miembro de la Junta de Jefes del Estado Mayor, junto con los demás jefes de Estado Mayor, asesoró al secretario de Defensa, al Consejo de Seguridad Nacional y al presidente.

Pero esta historia no trata del general Jumper. Trata de Lori Robinson. Ella misma general de brigada de las Fuerzas Aéreas en la actualidad, ya no tiene que enfrentarse a un monitor.[44] En su vida ya no hay fantasmas ni bandoleros, los apodos de las Fuerzas Aéreas para los buenos y los malos. Aunque su cometido ha cambiado, la general Robinson sigue empezando todos los días recordándose POR QUÉ acude al trabajo.

Por más que extrañe a «sus chicos», como llamaba a aquellos que servían bajo su mando, la general Robinson sigue buscando las maneras de poder despejar el camino a los demás para que puedan exigirse más a sí mismos y a la organización. «El momento de pensar en ti mismo se ha acabado, no se trata de ti, se trata de los tenientes que tienes detrás —recordaba a sus alumnos cuando era instructora de la Escuela de Armamentos de Combate—. Si los que hacemos esto somos suficientes —prosigue, refiriéndose al PORQUÉ de que haga lo que hace—, entonces dejamos a estas fuerzas armadas y a este país en mejores condiciones que los encontramos. ¿Y acaso no es ese el objetivo?» Y es ese sentido de la finalidad, la idea clara de

---

43. http://www.af.mil/bios/bio.asp?bioID=5986.

44. http://www.af.mil/bios/bio.asp?bioID=10439.

POR QUÉ va a trabajar, lo que ha fundamentado el éxito de la general Robinson. Que, dicho sea de paso, ha sido extraordinario.

Esforzarse en despejar el camino a los demás para que sigan adelante y hagan con confianza cosas mejores y más importantes ha motivado a su vez a los demás para despejar el camino a la general Robinson para que haga exactamente lo mismo. Como mujer en el mundo sumamente masculino del ejército, es todo un ejemplo de cómo hay que liderar. Un gran liderazgo no tiene nada que ver con hacer alardes ni con la intimidación; los grandes líderes, como demuestra la general Robinson, lideran con el PORQUÉ. Ellos encarnan el sentido de la finalidad que motiva a los que los rodean.

La general Robinson inspiraba tanta confianza como controladora de armamento que no era infrecuente que los pilotos en formación pidieran que se la asignaran. «El mayor cumplido que me han hecho jamás eran cuando la gente decía: "Cuando vaya a la guerra, quiero a Lori en la radio"», comenta. Robinson fue la primera mujer de la historia de las Fuerzas Aéreas en mandar el Ala de Control Aéreo 552 de la base de Tinker, una de las mayores alas del Mando de Combate Aéreo (el ala que dispone de la flota de aviones de control aerotransportado, unos Boeing 707 con un enorme plato de radar rotatorio en lo alto). Es el primer jefe de un ala de combate que no ha ascendido procedente de la escala de pilotos. Asimismo, fue la primera mujer instructor de la Escuela de Armamentos en enseñar en la Escuela de Armamentos de Combate de las Fuerzas Aéreas, donde se adiestra a los mejores pilotos de combate de Estados Unidos. En dicha institución llegó a ser la profesora más festejada entre la tropa, siendo elegida mejor docente durante siete años seguidos. También es la primera mujer en haber sido nombrada directora de la Secretaría de las Fuerzas Aéreas y jefa del Estado Mayor del Grupo de Acción Ejecutiva de las Fuerzas Aéreas. En 2000, el jefe del Estado Mayor Conjunto dijo de la general Robinson, a la sazón todavía capitán, que con sus ideas había influido de manera especial en la fuerza aérea. Y la lista continúa.

Se mire por donde se mire, la general Lori Robinson es una líder extraordinaria. Algunas personas que ocupan puestos de dirección actúan como si estuvieran en un árbol de monos: se aseguran de que todo el que está en lo más alto del árbol solo vea sonrisas cuando mire hacia abajo. Pero las más de las veces, los que están en la parte inferior solo ven culos cuando levantan la vista. Los grandes líderes como la general Robinson son igual de respetados por los que están arriba que por los que se sitúan por debajo. Los que están bajo sus órdenes confían en ella incondicionalmente porque saben que está comprometida con cuidarlos. «No hay nada que puedan hacer que yo no pueda arreglar», se le oía decir a menudo a los alumnos de la Escuela de Armas de Combate. Y aquellos ante los que tiene que responder muestran un extraordinario respeto por ella. «No sé cómo es capaz de hacer la mitad de las cosas que hace», dicen quienes la conocen. Y lo que es más importante, lo dicen con respeto y una sonrisa. La general Robinson no adquirió las dotes de mando que posee porque sea la más inteligente ni la mejor. Es una gran líder porque comprende que ganarse la confianza de una organización no se consigue proponiéndose impresionar a todo el mundo, sino poniéndose como meta servir a aquellos que la sirven. Es la confianza invisible lo que da a un líder los seguidores que necesita para hacer las cosas. Y en el caso de Lori Robinson, las cosas se hacen.

Si utilizo al ejército es porque es un entorno donde se acentúa la cuestión. La confianza es importante. Esta es consecuencia de formar parte de una cultura u organización con un conjunto de valores y creencias comunes. La confianza se mantiene cuando dichos valores y creencias son organizados de manera activa. Si las empresas no se esfuerzan activamente en mantener equilibrado su Círculo Dorado —claridad, disciplina y coherencia—, entonces la confianza empieza a resquebrajarse. Una empresa, de hecho cualquier organización, debe trabajar de manera activa para recordar a todo el mundo el PORQUÉ de que exista. El PORQUÉ fue lo primero que se estableció. Es aquello en lo que la empresa cree. Así las cosas, esta tiene que hacer responsables a todos los que la integran de los valores y los principios rectores. No basta con escribirlos en la pared; esa es una actitud pasiva. Las bonificaciones y los incentivos deben girar en torno a ellos, y la empresa debe servir a aquellos que desea que la sirvan.

Con el equilibrio, todas las personas adecuadas pueden confiar en que todos están a bordo por las mismas razones. Esta es asimismo la única manera de que cada persona dentro del sistema pueda confiar en que los demás están actuando para «dejar a la empresa en mejor estado del que la encontraron», por citar de nuevo a la general Robinson. Esta es la raíz de la pasión. La pasión es fruto del sentimiento de que formas parte de algo en lo que crees, de algo que es más grande que tú. Si la gente no confía en que una empresa está organizada para promover el PORQUÉ, entonces la pasión se diluye. Sin controlar la pasión, los empleados acudirán a hacer su trabajo y ante todo se preocuparán de sí mismos. Esto está en el origen de las intrigas de oficina, una situación en la que las personas actúan dentro del sistema en beneficio propio, a menudo a expensas de los demás, incluso de la propia empresa. Si una compañía no gestiona la confianza, entonces los que trabajan para ella no confiarán en la empresa, y el beneficio propio se convierte en un estímulo irresistible. Tal cosa puede ser beneficioso a corto plazo, pero con el transcurso del tiempo la organización se irá debilitando cada vez más.

Herb Kelleher, el visionario que estaba detrás de Southwest Airlines, comprendió esto mejor de lo que lo hace la mayoría. Se dio cuenta de que para sacar lo mejor de su empleados tenía que crear un entorno en el que sintieran que la empresa se preocupaba por ellos. Kelleher sabía que sus empleados se superarían de forma natural si sentían que el trabajo que realizaban cambiaba algo. Cuando un periodista le preguntó qué era lo primero para él, si sus accionistas o sus empleados, su respuesta resultó herética para la época (y en buena medida lo sigue siendo). «Bueno, es fácil —respondió—, primero están los empleados, y si a estos se les trata bien, ellos tratan bien al mundo exterior, el mundo exterior vuelve a utilizar el producto de la compañía una vez más y esto hace felices a los accionistas. Realmente, es así como funciona la cosa, y no tiene nada de misterioso.»

La influencia de los demás

¿En quién confías más, en alguien que conoces o en alguien que no? ¿En qué confías más, en la afirmación hecha por un anuncio o en la recomendación de un amigo? ¿En quién confías más, en el camarero que te dice: «Todo lo que hay en la carta está buenísimo», o en el camarero que te dice que no pidas el pollo a la cazuela? ¿Son estas unas preguntas demasiado fáciles? Entonces, a ver qué tal esta: ¿Por qué alguien debería confiar en ti?

Las recomendaciones personales ayudan mucho. Confiamos en el juicio de los demás; es algo que forma parte del tejido de las culturas arraigadas. Pero no confiamos en el juicio de cualquiera sin más. Nos sentimos más inclinados a confiar en aquellos que comparten nuestros valores y creencias. Cuando creemos que alguien está pensando en lo que más nos conviene porque hacerlo le beneficia, el grupo entero se beneficia. Los avances de las sociedades se han basado en gran parte en la confianza existente entre aquellos que comparten un conjunto de valores y creencias.

El sentimiento de confianza se aloja directamente en el mismo lugar que el PORQUÉ —el sistema límbico— y suele ser lo bastante poderoso para vencer a las investigaciones empíricas, o al menos para sembrar dudas. Esta es la razón de que tantas manipulaciones surtan efecto; para bien o para mal, creemos que los demás saben más que nosotros. Y está claro, cuatro de cada cinco dentistas saben más que nosotros cuando se trata de escoger un chicle (pero ¿qué pasa con el opositor..., qué sabe que los otros ignoran?). Como es natural, confiamos en el respaldo de los famosos. Esas celebridades son ricas, y pueden utilizar el producto que les venga en gana. Así que si están poniendo su reputación en entredicho para promocionarlo es que debe de ser bueno, ¿no?

Es probable que ya hayas respondido a esa pregunta mentalmente. Es evidente que respaldan el producto porque les pagan por ello. Pero si las promociones de los famosos no funcionaran, las empresas no las utilizarían. O puede que sea el temor a que «pudieran» funcionar lo que alimenta el guiño y la sonrisa de un millón de dólares que nos animan a decidirnos por un coche y no por otro o por un pintalabios en lugar de otro. La cuestión es que ninguno de nosotros está vacunado contra el efecto de que alguien que conocemos o en quien nos *parece* que confiamos influya en nuestras decisiones.

El espaldarazo de los famosos se utiliza teniendo presente esta idea. Al utilizar una cara o un nombre reconocibles, dice la suposición, la gente se sentirá más predispuesta a confiar en las afirmaciones que se hacen. El error de esta suposición es que la sola condición de famoso puede surtir efecto para influir en la conducta, pero en ese plano no pasa de ser una mera presión social. Para que funcione, la celebridad tiene que representar alguna causa o creencia clara. Un atleta famoso por su ética de trabajo puede que tenga algún valor para una empresa con la misma creencia, por ejemplo. O un actor del que se conocen sus obras sociales sería la persona adecuada para otra compañía famosa por hacer el bien. En estos casos, está claro que tanto la empresa como el famoso colaboran para fomentar la misma causa.

Hace poco vi un anuncio de TD Ameritrade en los que aparecían los presentadores de sendos programas matinales de televisión Regis Philbin y Kelly Ripa, y todavía sigo tratando de dilucidar cuál es la causa que representan esos dos presentadores de programas de entrevistas y qué importancia tiene cuando se trata de decidirse por un banco y no por otro. Cuando una empresa dice que un famoso representa «la clase de virtudes que queremos que nuestros clientes asocien con nosotros», se está equivocando. El famoso es otro QUÉ para el PORQUÉ de la empresa. El famoso debe encarnar las virtudes que ya existen en la empresa. Sin tener antes claridad en el PORQUÉ, cualquier beneficio equivaldrá, simplemente, a mejorar la identificación.

Muchas decisiones (y, de hecho, muchas negociaciones contractuales) se basan en un parámetro del sector publicitario llamado puntuación Q, un índice de lo reconocida que es una celebridad o, por así decirlo, de lo famosa que es. Cuanto mayor es la puntuación, mayor es la identificación espontánea del famoso. Pero esta información, por sí sola, no es suficiente. Cuanto más clara sea la comprensión del propio PORQUÉ del portavoz, mejor embajador puede ser para una marca o empresa con ideas afines. Pero por el momento no se dispone de una valoración del PORQUÉ del famoso, así que el resultado es evidente. El valor del respaldo de demasiadas celebridades consiste únicamente en el atractivo de estas. A menos que la audiencia a la que estás intentando atraer se haga una idea de qué es en lo que cree ese portavoz, a menos que el portavoz sea «uno de los nuestros», la presión tal vez impulse la identificación, incluso puede impulsar las ventas a corto plazo, pero no conseguirá generar confianza.

Una recomendación fiable es lo bastante poderosa para vencer a las cifras y los datos e incluso a los presupuestos de publicidad multimillonarios. Piensa en el joven padre que quiere hacer todo lo conveniente para su hijo recién nacido. Así, decide que se va a comprar un coche nuevo, algo seguro, que proteja a su hijo. Dedica toda una semana a leer todas las revistas y los reportajes, se ve todos los anuncios y decide que el sábado se va a comprar un Volvo. Los datos se ajustan, y la decisión está tomada. El viernes por la noche, él y su esposa acuden a una fiesta. Junto a la ponchera está su amigo, el fanático de los coches del barrio. Nuestro flamante e intrépido padre se acerca a su amigo y le anuncia lleno de orgullo que, dada su recién estrenada paternidad, ha decidido comprarse un Volvo. Sin pensárselo ni un segundo, su amigo le responde: «¿Por qué vas a hacer eso? El Mercedes es el coche más seguro en carretera. Si te importa tu hijo, comprarás un Mercedes».

Andando a vueltas con sus deseos de ser un buen padre, pero confiando también en la opinión de su amigo, sucederá una de estas tres cosas. Nuestro joven padre cambiará de idea y se comprará un Mercedes; seguirá adelante con su decisión inicial, pero no sin alguna duda sobre si realmente está haciendo lo adecuado; o volverá al principio para repetir todas sus investigaciones a fin de tranquilizarse sobre su decisión. Con independencia de cuánta sea la información que tenga al alcance de la mano, a menos que sienta que la decisión también es correcta, su estrés aumentará y su confianza disminuirá. Lo mires por donde lo mires, las opiniones de los demás importan. Y las que más, las de aquellos en los que confiamos.

La cuestión no estriba en qué deberían decir las empresas automovilísticas al padre que compró el coche; ni siquiera en cómo se ganan al amigo sumamente influyente, el tío de los coches. Los conceptos de comprador y de personas influyentes no son nuevos. La cuestión es: ¿cómo puedes conseguir las suficientes personas influyentes que hablen de ti para que puedas desnivelar el sistema?

7
CÓMO DESNIVELA UN PUNTO DE INFLEXIÓN

Si te dijera que conozco una empresa que ha inventado una nueva y asombrosa tecnología que cambia la manera en que consumimos la televisión, ¿despertaría eso tu interés? Puede que estuvieras interesado en comprar su producto o en invertir en la empresa. Falta lo mejor: tienen el mejor producto disponible. Su calidad está por las nubes, muy superior a cualquier otro del mercado. Y sus iniciativas publicitarias han sido tan extraordinarias que incluso se han convertido en una marca muy conocida. ¿Te interesa?

Ese es el caso de TiVo, una empresa que parecía tenerlo todo a su favor pero que resultó ser un fracaso comercial y financiero. Puesto que parecían tener la receta del éxito, el fiasco de TiVo desafió a la opinión establecida. Sin embargo, sus dificultades son fáciles de comprender si se considera que creyeron que lo QUE hacían era más importante que el PORQUÉ. También ignoraron la Ley de la Difusión de las Innovaciones.

En el año 2000, Malcolm Gladwell provocó su propio punto de inflexión cuando nos contó cómo se producen los puntos de inflexión en los negocios y en la sociedad.[45] En su libro acertadamente titulado *The Tipping Point*, Gladwell identifica los grupos de poblaciones necesarias que denomina conectores e influyentes. No hay duda de que las ideas de Gladwell son certeras. Aun así, esto suscita la pregunta de por qué un influyente habría de hablarle a alguien de ti. Los profesionales de la mercadotecnia tratan de influir en los influyentes, pero en realidad pocos son los que saben cómo hacerlo. No podemos discutir que los puntos de inflexión ocurren y

---

45. Gladwell, Malcolm, *The Tipping Point: How Little Things Can Make a Big Difference*, Back Bay Books, Nueva York, 2002

que las situaciones que formula Gladwell sean correctas, pero ¿puede ocurrir un punto de inflexión de manera intencionada? No puede ser solo un fenómeno accidental. Si existen, entonces deberíamos poder diseñar uno, y si podemos diseñar uno, deberíamos poder diseñar uno que se prolongase más allá de la primera pista. Es la diferencia que existe entre una moda pasajera y una idea lo que cambia un sector o una sociedad para siempre.

En su libro publicado en 1962 *Diffusion of Innovations*, Everett M. Rogers fue el primero en describir formalmente de qué manera se difunden las innovaciones por la sociedad.[46] Treinta años más tarde, en su libro *Crossing the Chasm*, Geoffrey Moore amplió las ideas de Rogers para aplicar el principio a la comercialización de los productos de alta tecnología.[47] Pero la Ley de la Difusión de las Innovaciones va mucho más allá en la explicación de la propagación de la innovación y la tecnología: explica la difusión de las ideas.

Aunque no conozcas esta ley, es probable que ya te resulte familiar parte de su terminología. Nuestra población se divide en cinco segmentos que se distribuyen a través de una curva de Gauss: los innovadores, los adoptantes iniciales, la mayoría inicial, la mayoría tardía y los rezagados.

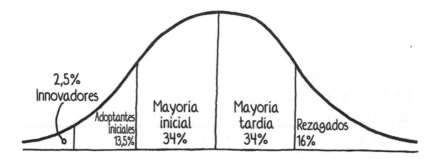

Como esta ley establece, el primer 2,5% por ciento de la población son los innovadores, y el siguiente 13,5%, los adoptantes iniciales. Los innovadores, dice Moore, buscan decididamente los nuevos productos e ideas y se sienten intrigados por cualquier avance fundamental; ser los primeros es una parte esencial de sus vidas. Como su nombre sugiere, los innovadores

46. Rogers, Everett M., *Difusion of Innovations*, Free Press, Nueva York, 2003.

47. Moore, Geoffrey A., *Crossing the Chasm*, Collins, Nueva York, 2002.

constituyen el pequeño porcentaje de la población que nos desafía al resto para que veamos y consideremos el mundo de forma un poco diferente.

Los adoptantes iniciales se parecen a los innovadores en que valoran las ventajas generadas por las nuevas ideas o tecnologías. Estas personas reconocen precozmente el valor de las nuevas ideas y están bastante dispuestos a tolerar la imperfección gracias a que ven el potencial. Aunque rápidos en apreciar el potencial y dispuestos a asumir el riesgo de probar las nuevas tecnologías o ideas, los adoptantes iniciales no generan ideas como los innovadores. Pero ambos grupos se parecen, como dice Moore, en que confían considerablemente en su intuición. Confían en sus tripas.

Los adoptantes iniciales, al igual que los innovadores pero en un grado menor, están dispuestos a pagar un recargo o a padecer cierto grado de inconvenientes para poseer un producto o abrazar una idea que les parezca adecuada. Los situados en la parte izquierda de la campana de la difusión son los que hicieron cola durante seis horas para estar entre los primeros en comprar el iPhone, la entrada de Apple en el mercado de la telefonía móvil, aunque podrían haber ido a la tienda una semana más tarde y comprarlo sin tener que esperar. Su predisposición a padecer un inconveniente o pagar un precio mayor tenía menos que ver con lo fantástico que era el producto que con la idea que tenían de sí mismos. Querían ser los primeros.

Esta es también la clase de personalidad que compró el televisor de pantalla plana cuando salió por primera vez, aunque su coste superaba los 40.000 dólares y la tecnología seguía estando lejos de ser perfecta. Mi amigo Nathan encaja en este perfil. En una ocasión me pasé por su casa y conté no menos de doce auriculares de Bluetooth para su móvil esparcidos por toda la casa. Le pregunté por qué tenía tantos. «¿Es que están todos estropeados?», pregunté. «No —respondió—, es que vienen con cada uno nuevo». (También había cinco ordenadores portátiles, varios modelos de teléfonos inteligentes de BlackBerry y cajas de otros dispositivos que nunca habían funcionado muy bien tiradas por todas partes.) Nathan es un adoptante inicial.

El siguiente 34 por ciento de la población es la mayoría inicial, seguida de la mayoría tardía, y en el extremo derecho del espectro se sitúan los rezagados. Estos son aquellos que compran teléfonos de marcación por tonos solo porque los teléfonos de disco ya no se fabrican. La mayoría inicial y la tardía son gente más pragmática, para quienes los factores racionales tienen más importancia. La mayoría inicial se siente ligeramente más cómoda con las nuevas ideas o tecnologías, mientras que la tardía, no.

Cuanto más a la derecha de la curva estés situado, más clientes encontrarás que tal vez necesiten lo que tienes, aunque no necesariamente crean en lo que tú crees. Como clientes, son aquellos para los que, independientemente de lo mucho que te esfuerces, nunca será suficiente. Por lo general, para estas personas todo se reduce al precio, y rara vez son fieles. Asimismo, pocas veces recomiendan algo, y es posible que a veces te preguntes en voz alta por qué sigues haciendo negocios con ellos. «Sencillamente, no lo comprenden», nos dice nuestro instinto. La importancia de identificar a este grupo estriba en que así puedes evitar hacer negocios con ellos. ¿Para qué invertir un buen dinero y energía para perseguir a una gente que, en resumidas cuentas, hará negocios contigo igualmente siempre que satisfagas sus exigencias prácticas, aunque jamás te serán fieles si no lo haces? No resulta demasiado difícil darse cuenta de dónde está situada la gente en el espectro una vez que entablas relaciones con ella: la oportunidad está en averiguar quién es quién antes de decidir con quién trabajas.

Todos ocupamos diferentes lugares en ese espectro en función del producto o la idea. La mayoría somos encarnizadamente leales a ciertos productos e ideas en distintas épocas y evidenciamos una conducta del lado izquierdo de la curva. Y en cuanto a otros productos o ideas mostramos un comportamiento que cae en el lado derecho de la curva. Cuando ocupamos un lado del espectro, a menudo tenemos problemas para comprender a los que ocupan el otro lado, dado que su conducta carece de lógica para nosotros. Mi hermana es una adoptante inicial en lo tocante a las tendencias de la moda, mientras que yo me sitúo decididamente en la mayoría tardía. Solo recientemente me dejé llevar y me compré unos carísimos vaqueros de marca. Admito que sientan muy bien, aunque sigo pensando que no valen el dinero que pagué por ellos, y me resulta incomprensible que mi hermana crea que sí.

Por el contrario, soy un adoptante inicial de algunas tecnologías. Me compré un reproductor de DVD Blu-ray antes de que se hubiera perfeccionado la tecnología. Pagué unas cuatro o cinco veces más en comparación con un reproductor normal. Mi hermana no entiende por qué malgasto mi dinero en todas esas «cosas inútiles», como las llama. Jamás nos pondremos de acuerdo en esa cuestión.

Cada uno de nosotros asigna valores distintos a cosas distintas, y nuestras conductas están en consonancia. Esta es una las principales razones de que sea casi imposible «convencer» a alguien del valor de tus productos o ideas basándose en argumentos racionales y ventajas tangibles. De nuevo, el viejo debate entre el Ferrari y el Honda Odyssey. Las empresas de vaqueros de marca (o mi hermana) ya pueden hacerse lenguas hasta quedarse sin aire de la importancia de la calidad de la tela, el diseño y la confección, que me entra por un oído y me sale por el otro. De igual manera, se pueden demostrar sin el menor asomo de duda las ventajas racionales de escoger un reproductor de DVD de 500 dólares en lugar de uno de 100 dólares; mi hermana no oirá ni una palabra. Y así surge el juego de la manipulación. Pero repito, aunque siempre eficaces, las manipulaciones no engendran fidelidad y aumentan los costes y el estrés para todas las partes involucradas.

La mayoría de las personas y de las organizaciones que tienen algo que vender, sea un producto, servicio o idea, esperan lograr cierto grado de éxito o de aceptación en el mercado de consumo masivo. La mayoría confía en atravesar la campana de Gauss. Pero conseguir eso es más fácil de decir que de hacer. Cuando preguntas a las pequeñas empresas sobre sus objetivos, muchas te dirán que quieren ser una empresa que consiga ingresar miles de millones de dólares al cabo de equis años. Por desgracia, las probabilidades de que eso suceda no parecen muchas. De los 27 millones de empresas registradas en Estados Unidos, poco menos de 2.000 llegan alguna vez a los mil millones de dólares de ingresos anuales. Y el 99,9 por ciento de todas las empresas del país no llegan a los 500 empleados. En otras palabras, el éxito en el mercado de consumo masivo es realmente difícil de alcanzar.

Las grandes empresas pasan por parecidas dificultades para repetir su éxito entre el publico general; que lo hayan conseguido una o dos veces no significa que conozcan la manera de lograrlo siempre. El Zune, que marcó la entrada de Microsoft en el mercado del reproductor mp3 multigigabyte, por ejemplo, fue pensado para «acabar con el iPod». Cosa que no sucedió. Aunque la calidad era superior, aparte del producto y la publicidad no había nada más para alcanzar el éxito. No lo olvidemos, la superior tecnología Betamax no fue capaz de derrotar a la deficiente tecnología VHS como el formato tipo para las cintas de vídeo en la década de 1980. Los mejores no siempre ganan. Al igual que cualquier ley natural, tienes que tener en cuenta la Ley de la Difusión si para ti tiene importancia la aceptación del público general. Negarse a hacerlo costará mucho dinero y puede acabar en un éxito mediocre, cuando no en un completo fracaso.

Pero resulta que el éxito entre el público general tiene algo de irónico. Es casi imposible lograrlo si orientas tu publicidad y tus recursos al centro de la campana, si intentas atraer a aquellos que representan el centro de la curva sin primero atraer a los adoptantes iniciales. Es algo que se puede conseguir, pero a un precio descomunal. Y esto se debe a que la mayoría inicial, según Rogers, no probará nada hasta que otros lo hayan probado antes. La mayoría inicial, de hecho, toda la mayoría, necesita la recomendación de algún otro que ya haya probado el producto o servicio; necesita saber que otros lo han probado; necesita esa recomendación personal y fiable.

Según la Ley de la Difusión, el éxito en el mercado de consumo masivo solo se puede lograr después de que te introduzcas entre el 15 por ciento y el 18 por ciento del mercado. La razón de esto hay que buscarla en que la mayoría inicial no probará nada nuevo hasta que alguien más lo haya probado primero. Y por esto tenemos que bajar nuestro precio u ofrecer servicios de valor añadido. Lo que intentamos es reducir la tolerancia al riesgo de estas personas prácticas, hasta que se sientan lo bastante tranquilas para comprar. En esto consiste la manipulación. Tal vez compren, pero no serán fieles. No olvidemos que fidelidad es que las personas estén dispuestas a padecer algún inconveniente o a pagar un recargo para hacer negocios contigo; puede incluso que rechacen una oferta mejor de otro, algo que la mayoría tardía rara vez hace. La capacidad para conseguir que el sistema se desnivele marca el momento en el que el crecimiento de una empresa o la difusión de una idea empieza a moverse a un ritmo extraordinario. Es también el momento en que un producto consigue la aceptación del público general, el punto en el que una idea se convierte en un movimiento. Cuando esto sucede, el crecimiento no solo es geométrico, sino automático. Simplemente, continúa.

El objetivo de la empresa entonces no debería ser simplemente vender a cualquiera que desee lo que tienes —la mayoría—, sino más bien encontrar a las personas que crean en lo que tú crees, esto es, las situadas en el lado izquierdo de la campana de Gauss. Estas personas perciben más valor en lo que haces y pagarán gustosamente un recargo o sufrirán alguna clase de inconveniente para formar parte de tu causa. Ellas son las que, por propia voluntad, les hablarán de ti a los demás. Ese entre el 15 por ciento y el 18 por ciento no está compuesto de personas que, simplemente, estén dispuestas a comprar el producto; es el porcentaje de personas que comparten tus creencias y desean incorporar tus ideas, productos y servicios a sus vidas como los QUÉ de sus PORQUÉ. Esas personas contemplan lo QUE haces como un elemento tangible que demuestra al mundo exterior su propia finalidad, causa o creencia. Su predisposición a pagar un recargo o a sufrir inconvenientes por utilizar tu producto o servicio dice más sobre ellas que sobre ti y tus productos. Su capacidad para ver con facilidad POR QUÉ necesitan incorporar tu producto a sus vidas convierte a este grupo en los clientes más fieles. Asimismo, son los accionistas más fieles y los empleados más leales. Independientemente de donde estén situados en el espectro, estas son las personas que no solo te quieren, sino que hablan de ti. Pon de tu lado al número suficiente de personas situadas en la parte izquierda de la curva, y ellas animarán al resto a seguirte.

Me gusta preguntar a las empresas cuál es su adaptación a las nuevas actividades empresariales. Muchas responden, orgullosas: «El 10 por ciento». Aunque ignores los principios del Círculo Dorado, la ley de los promedios dice que puedes ganar alrededor de un 10 por ciento del negocio. Lanza los suficientes espaguetis contra la pared y alguno se quedará pegado. Para hacer crecer a la empresa, lo único que tienes que hacer son más prospecciones, razón por la cual es tan caro hacer crecer tu empresa teniendo como objetivo el centro de la curva. Aunque la empresa pueda crecer, el promedio seguirá siendo más o menos el mismo, y el 10 por ciento no es suficiente para desnivelar el sistema.

Del mismo modo, el 10 por ciento de tus actuales consumidores o clientes te mostrarán fidelidad de forma natural. Pero ¿por qué son tan leales? Al igual que somos incapaces de explicar por qué amamos a nuestros cónyuges, lo mejor que se nos ocurre para explicar lo que los convierte en unos clientes tan fantásticos es: «Lo entienden». Y aunque esta explicación pueda parecer correcta, es absolutamente inservible. ¿Cómo consigues más personas que «lo entiendan»? Es a esto a lo que Moore se refiere con lo del «abismo», la transición desde los adoptantes iniciales a la mayoría inicial, y es difícil de cruzar. Pero no si conoces el PORQUÉ.

Si tienes la suficiente disciplina para centrarte en los adoptantes iniciales, al final la mayoría aparecerá. Pero esto tiene que empezar con el POR-QUÉ. No basta con centrarse sin más en los llamados influyentes. El problema está en: ¿qué influyentes? Están aquellos que parecen encajar mejor que otros en el perfil del influyente, pero en realidad todos lo somos en diferentes momentos y por diferentes motivos. Tú no quieres solo a un influyente cualquiera, sino que quieres a alguien que crea en lo que crees tú. Solo entonces hablarán de ti sin necesidad de ninguna indicación o incentivo. Si de verdad creen en lo que tú crees y si se encuentran realmente en la parte izquierda de la curva, no necesitarán ser incentivados; lo harán porque quieren hacerlo. Todo acto de incentivar a un influyente es manipulador, y desacredita completamente al influyente ante su grupo. No pasará mucho tiempo antes de que el grupo averigüe que una recomendación no fue hecha pensando en lo que más le convenía al grupo, sino más bien por el interés personal de un individuo. Y, en consecuencia, la confianza se devalúa y el valor del influyente se vuelve inservible.

Negarse a tener en cuenta la Ley de la Difusión te saldrá caro

En 1977, TiVo se apresuró a entrar en el mercado con un nuevo y excepcional producto.[48] Pocos serían los que discutirían que, desde que se lanzó el producto hasta el momento actual, TiVo ha tenido el producto de mejor calidad de su categoría. La publicidad de la empresa ha sido extraordinaria; ha conseguido una identificación espontánea del producto con la que la mayoría de las marcas solo pueden soñar; se ha convertido en algo superior a un término genérico, como Kleenex, Tiritas y Q-tips. De hecho, ha sido capaz de alcanzar una condición superior a lo genérico: en inglés ya es un verbo: *to TiVo*.

---

48. Markoff, John, «Netscape Pioneer to Invest in Smart VCR», *New York Times*, 9 de noviembre de 1998, http://query.nytimes.com/gst/fullpage.html?=9F0DE0D6133EF93AA35752C1A96E958260.

La empresa estaba bien financiada con capital riesgo y tenía una tecnología que podía reinventar realmente el consumo de la televisión. El problema es que los responsables comercializaron su tecnología directamente al centro de la curva de Gauss. Viendo el atractivo del producto para el público general, ignoraron los principios de la Ley de la Difusión y se dirigieron a las masas. Para agravar aun más esa mala elección de objetivo, intentaron atraer a la mayoría escéptica explicando QUÉ era lo que hacía el producto, en lugar de empezar declarando POR QUÉ existía la empresa o el producto. Intentaron convencer con funcionalidades y ventajas.

Básicamente, esto es lo que le dijeron al público general:

Tenemos un nuevo producto.

Pone pausa a la televisión en directo.

Omite los anuncios.

Retrocede la televisión en directo.

Memoriza tus hábitos de audiencia y graba los programas por ti sin necesidad de que lo programes.

Los analistas estaban intrigados por las perspectivas de TiVo, además de su competidora, Replay, una empresa emergente bien financiada por inversores de capital riesgo. Un investigador de mercados calculó que los destinatarios de la llamada televisión personal llegarían a las 760.000 suscripciones al terminar el primer año.

Al final, TiVo empezó a expedirse en 1999.[49] Mike Ramsay y Jim Barton, dos antiguos compañeros que habían fundado TiVo, estaban seguros de que la audiencia televisiva ya estaba preparada. Y puede que lo hubiera estado si tan siquiera TiVo hubiera sabido cómo dirigirse a ella. Pero, a pesar del entusiasmo de los analistas y los tecnófilos, las ventas constituyeron una tremenda decepción. TiVo vendió alrededor de 48.000 unidades de su reproductor durante el primer año.[50] En el ínterin, Replay, entre cuyos inversores se encontraban los fundadores de Netscape, no consiguió ganar seguidores

---

49. https://business.tivo.com/company/about-us.

50. «Dont't People Want to Control their TV's?», *New York Times*, 24 de agosto de 2000, http://www.nytimes.com/2000/08/24/technology/don-t-people-want-to-control-their-tv-s.html.

y en su lugar se enzarzó en una controversia con las cadenas de televisión sobre la manera en que permitía a la audiencia omitir los anuncios. En 2000, la empresa adoptó una nueva estrategia, y a los pocos meses fue vendida a SonicBlue, que andando el tiempo se declararía en quiebra.

Los analistas estaban desconcertados sobre los motivos por los que los aparatos de TiVo no se vendieran mejor. La empresa parecía tenerlo todo a su favor para conseguirlo; después de todo, tenía la receta del éxito: un producto de una gran calidad, dinero y unas condiciones de mercado ideales. En 2002, después de que TiVo llevara en el mercado casi tres años, un titular en *Advertising Age* resumió el problema muy bien: «Las casas de Estados Unidos tienen más cobertizos que reproductores de TiVo». (A la sazón, había 671.000 hogares estadounidenses con cobertizos, frente a los entre 504.000 y 514.000 con TiVo.)[51] No solo las ventas eran malas, sino que la empresa tampoco se había comportado bien con sus accionistas. En el momento de su primera oferta pública en otoño de 1999, las acciones de TiVo cotizaron ligeramente por encima de los 40 dólares por acción; al cabo de unos pocos meses alcanzó su punto álgido en poco más de 50 dólares. La acción fue disminuyendo constantemente a lo largo del resto del año y, salvo durante tres breves períodos de tiempo, a partir de 2001 su cotización nunca ha superado los 10 dólares.

Si aplicas los principios del Círculo Dorado, la respuesta es evidente: la gente no compra lo QUE haces, compra POR QUÉ lo haces, y TiVo intentó convencer a los consumidores para que compraran hablándoles únicamente de QUÉ era lo que hacía el producto, de funcionalidades y ventajas racionales. La respuesta del público general, pragmático y tecnofóbico, era predecible. «No lo entiendo. No lo necesito. No me gusta. Me da miedo.» Hubo un reducido número de fieles de TiVo, seguramente alrededor del 10 por ciento, esto es, aquellos que justamente «lo entendían», los que no necesitaban una definición explícita del PORQUÉ. Estos fieles siguen existiendo hasta el día de hoy, pero siguen sin ser suficientes para crear el punto de inflexión que la empresa necesitaba y preveía.

---

51. Johnson, Bradley, «Analysts Mull Future Potential of PVR Ad-Zapping Technology», *Advertising Age*, 4 de noviembre de 2002, http://people.ischool.berkeley.edu/~hal/Courses/StratTech09/Lectures/Networks/Articles/tivo-losing-money.html.

Lo que TiVo debería haber hecho es hablar de lo que creía. Para empezar, debería haber hablado de POR QUÉ se había inventado el producto, y luego haberse aventurado a compartir su invento con los innovadores y los adoptantes iniciales que creyeran en lo que la empresa creía. Si hubiera empezado su argumento de ventas por el PORQUÉ de la existencia del producto desde el principio, el propio producto se habría convertido en la prueba de la causa superior: en la prueba del PORQUÉ. Si la empresa hubiera tenido su Círculo Dorado equilibrado, el resultado podría haber sido harto distinto. Comparemos la lista original de funciones y ventajas con una versión revisada que empieza con el PORQUÉ:

Si eres la clase de persona a la que le gusta tener un control absoluto sobre todos los aspectos de su vida, pues bueno, tenemos un producto para ti.

Pone en pausa a la televisión en directo.

Omite los anuncios.

Reproduce la televisión en directo.

Memoriza tus hábitos de audiencia y graba los programas por ti sin necesidad de que lo programes.

En esta versión, todas las funciones y ventajas racionales sirven desde el principio como pruebas tangibles del PORQUÉ de que exista el producto, no propiamente como razones para comprar. El PORQUÉ es la creencia que motiva la decisión, y lo QUE hace nos proporciona una manera de racionalizar el atractivo del producto.

Al confirmar su fracaso en la explotación del segmento adecuado del mercado, TiVo brindó una explicación muy racional de lo que estaba sucediendo. «Hasta que la gente le ponga las manos encima —dijo la portavoz de TiVo Rebecca Baer al *New York Times* en 2000— no comprenderá por qué necesita esto.» Si este argumento lógico fuera cierto, entonces jamás se hubiera afianzado ninguna nueva tecnología, un hecho que es manifiestamente falso. Aunque la señora Baer tenía razón en cuanto a la imposibilidad del mercado del público general en comprender el valor, fue la incapacidad de TiVo para expresarse adecuadamente y para concentrarse en el lado izquierdo de la campana de Gauss, a fin de educar y animar a la adopción, las verdaderas razones de que tan pocas personas «le pusieran las manos encima».

TiVo no empezó con el PORQUÉ. La empresa ignoró el lado izquierdo de la curva y fracasó estrepitosamente en encontrar el punto de inflexión. Y estas fueron las razones de que «la gente no le pusiera las manos encima» y el mercado de consumo masivo no lo comprara.

Avancemos rápidamente casi una década. TiVo sigue teniendo el mejor producto de grabación en vídeo del mercado, y la identificación espontánea del producto sigue estando por las nubes: casi todo el mundo sabe ya en qué consiste el producto y lo que hace. Y, sin embargo, el futuro de la empresa no está en ningún caso garantizado.

Aunque puede que millones de telespectadores digan que no paran de «*TiVar* cosas», por desgracia para TiVo no están utilizando su sistema. En su lugar, «TiVan» los programas utilizando una videograbadora digital proporcionada por la compañía de televisión por cable o por satélite. Muchos tratan de argumentar que el fracaso de TiVo se debe a la superior distribución de las empresas de televisión por cable. Pero sabemos que las personas suelen tomarse sus molestias, pagar un recargo o sufrir inconvenientes por comprar un producto que se identifica con ellos en un plano visceral. Hasta hace poco, las personas que querían una moto Harley-Davidson personalizada esperaban entre seis meses y un año para recibir su producto. Se mire como se mire, ese es un mal servicio. Los consumidores podrían haber ido sencillamente a un concesionario de Kawasaki y salir de inmediato con una moto flamante. Podrían haber encontrado un modelo parecido, con una potencia similar y puede que hasta más barato. Pero sufrieron el inconveniente gustosamente, porque no estaban interesados en buscar una moto, sino porque querían una Harley.

TiVo no es la primera en ignorar estos principios racionales, y no será la última. El escaso éxito de la tecnología de radio por satélite como Sirius o XM Radio han seguido una senda parecida. Estos servicios de radio ofrecieron, con una buena publicidad y bien financiados, una nueva tecnología con la que intentaron convencer a los usuarios prometiéndoles unas funcionalidades y unas ventajas racionales: nada de anuncios y más canales que la competencia. Lanzada con una impresionante serie de patrocinios de famosos —entre otros, la estrella del rap Snoop Dogg y el icono del rock de la década de 1970 David Bowie—, siguió sin cuajar. Cuando empiezas con el PORQUÉ, los que creen en lo que crees se sienten atraídos hacia ti por razones muy personales. Son estas personas que comparten tus valores y creencias, y no la calidad de tus productos, las que provocarán que el sistema se desnivele. Tu función en este proceso es la de ser meridianamente claro acerca de cuál es la finalidad, causa o creencia cuya defensa justifica tu existencia y la de demostrar de qué manera tus productos y servicios contribuyen a promover esa causa. Ausente el PORQUÉ, las nuevas ideas y tecnologías no tardan en encontrarse jugando al juego del precio y las funcionalidades, un claro indicio de la ausencia del PORQUÉ y de la caída en la condición de bien indiferenciado. No fue la tecnología la que fracasó, sino la manera en que las empresas intentaron venderla. La radio por satélite no ha desplazado a la radio comercial en ningún aspecto significativo. Incluso cuando Sirius y XM se fusionaron, confiando en que la unión de sus fuerzas ayudaría a cambiar la suerte de ambas, las acciones de la empresa resultante se vendieron a menos de 50 centavos cada una. Y, la última vez que lo consulté, para promover su producto XM ofrecía descuentos, promociones y envío gratuito, todo con la afirmación de ser «el primer servicio de radio por satélite de Estados Unidos con más de 170 canales».

Dale a la gente algo en lo que creer

El 28 de agosto de 1963, 250.000 personas de todos los rincones del país llegaron al Mall de Washington, D. C., para escuchar al doctor Martin Luther King Jr. pronunciar su famoso discurso «Tengo un sueño». Los organizadores no enviaron 250.000 invitaciones y no existía ninguna página web en la que consultar la fecha. ¿Cómo consiguieron que apareciera un cuarto de millón de personas el día indicado y a la hora prevista?

A principios de la década de 1960, el país estaba desgarrado por las tensiones raciales. Solo en 1963, los disturbios se sucedieron en docenas de ciudades. Estados Unidos era un país marcado por la desigualdad y la segregación racial. La manera en que el movimiento de los derechos civiles recogió la idea de que todos los hombres nacen iguales y lo convirtieron en un movimiento con la fuerza para cambiar un país se basa en los principios del Círculo Dorado y de la Ley de la Difusión.

El doctor King no era la única persona viva en ese momento que sabía QUÉ había que cambiar para propiciar los derechos civiles en Estados Unidos. Tenía muchas ideas acerca de QUÉ era lo que tenía que suceder, pero también otros. Y no todas las ideas de Martin Luther eran buenas. No era un hombre perfecto; tenía una personalidad compleja.

Pero el doctor King estaba absolutamente convencido de algo: *sabía* que tenía que producirse un cambio en Estados Unidos. Su claridad acerca del PORQUÉ, su sentido de la finalidad, le confirió la fuerza y la energía para proseguir con su lucha contra unas dificultades que a menudo se antojaban insuperables. Había más personas como él que compartían su visión de Estados Unidos, pero muchos se rindieron después de innumerables derrotas. La derrota es dolorosa. Y la capacidad para continuar dando la cara, un día tras otro, exige algo más que el mero conocimiento de las leyes que hay que promulgar. Para que los derechos civiles arraigaran realmente en el país, sus organizadores tenían que reunir a todo el mundo. Puede que fueran capaces de aprobar las leyes, pero necesitaban algo más que eso: tenían que cambiar a un país. La única manera de que cualquier cambio significativo pudiera durar es que fueran capaces de congregar a una nación para que se uniera a la causa, no porque sus ciudadanos tuvieran que hacerlo, sino porque quisieran hacerlo. Pero ninguna persona por sí sola podía lograr un cambio permanente. Serían necesarias otras personas que creyeran en lo que creía el doctor King.

Los detalles de CÓMO conseguir los derechos civiles o QUÉ era lo que había que hacer eran discutibles, y los distintos grupos probaron estrategias diferentes. Algunos emplearon la violencia, otros la pacificación. Independientemente de QUÉ y CÓMO se estuviera haciendo, había una cosa que todos tenían en común: POR QUÉ lo estaban haciendo. No fue solo la imperturbable convicción de Martin Luther King lo que fue capaz de despertar a una población, sino su capacidad para expresar con palabras su PORQUÉ. El doctor King tenía un don: hablaba de aquello en lo que creía. Y sus palabras tenían la fuerza para motivar:

«Creo.»

«Creo.»

«Creo.»

«Hay dos clases de leyes —explicaba—, las que son justas y las que son injustas. Una ley justa —aclaraba el doctor King— es un código hecho por el hombre que concuerda con la ley moral... Cualquier ley que enaltezca la personalidad humana es justa. Cualquier ley que degrade la personalidad humana es injusta. Todas las disposiciones sobre la segregación son injustas porque la segregación desnaturaliza el alma y lesiona la personalidad».[52] Su creencia era más grande que el movimiento de los derechos civiles; tenía que ver con toda la humanidad y con cómo tratarse los unos a los otros. Como es natural, la creación de su PORQUÉ fue consecuencia del tiempo y del lugar en el que nació y del color de su piel, pero el movimiento de los derechos civiles fue la plataforma ideal para que diera vida a su PORQUÉ, a saber, su creencia en la igualdad.

La gente le oía hablar de sus creencias, y sus palabras la conmovía en lo más profundo. Aquellos que creían en lo que él creía se sumaron a la causa y la hicieron suya. Y les hablaban a los demás de lo que creían. Y los que los escuchaban les hablaban a los demás de lo que creían. Y algunos se organizaron para conseguir que esa creencia fuera más eficaz.

Y en el verano de 1963, un cuarto de millón de personas comparecieron para escuchar al doctor King pronunciar su discurso «Tengo un sueño» en la escalinata del monumento a Lincoln.

Pero ¿cuántas personas comparecieron por el doctor King?

Ninguna.

Comparecieron por ellas mismas. Aquello era en lo que *creían*. Fue lo que *consideraban* una oportunidad para contribuir a que Estados Unidos se convirtiera en una versión mejor de sí misma; fue que *querían* vivir en un país que reflejara sus valores y creencias lo que les motivó a subirse a un autobús, viajar durante ocho horas y pararse bajo el sol de mediados de agosto de Washington para escuchar hablar al doctor King. Estar en Washington era, simplemente, una de las cosas que hicieron para demostrar en qué creían. Aparecer allí ese día fue uno de los QUÉ de sus PORQUÉ. Esa era una causa, y era la causa de todos ellos.

El mismo discurso del doctor King sirvió como recordatorio visceral de la creencia de todos los que estaban allí escuchando. Y ese discurso trataba

---

52. King Jr., Martin Luther, «Letter from a Birmingham Jail», http://www.thekingcenter.org/archive/document/letter-birmingham-jail.

de lo que él creía, no de cómo iban a lograrlo. Pronunció el discurso «Tengo un sueño», no el discurso «Tengo un plan». Se trataba de la declaración de un objetivo, no de un exhaustivo plan de veinte puntos para lograr la implantación de derechos civiles en Estados Unidos. El doctor King proporcionó a Estados Unidos un lugar al que dirigirse, no un plan que seguir. El plan tenía su sitio, pero ese no era la escalinata del monumento a Lincoln.

La manera del doctor King de formular su creencia fue lo bastante impactante para congregar a aquellos que compartían tal creencia, aunque las desigualdades no les afectaran personalmente. Casi una cuarta parte de las personas que acudieron a la manifestación ese día eran blancas. No se trataba de creer en unos Estados Unidos negros, sino en unos Estados Unidos de todos. El doctor King era el líder de una causa, la causa de todos aquellos que creían en lo que él creía fuera cual fuese el color de su piel.

No fueron los detalles de sus proyectos los que le hicieron ganarse el derecho al liderazgo; lo que la gente respetaba era aquello en lo que él creía y su capacidad para transmitirlo con claridad. En esencia, y al igual que todos los grandes líderes, Martin Luther King se convirtió en el símbolo de la creencia y llegó a encarnar la causa. Hasta el día de hoy seguimos levantando estatuas en su memoria para mantener viva y tangible esa creencia. Sus seguidores no lo eran por la idea que él tenía de transformar Estados Unidos; lo eran por la idea que tenían ellos de transformar Estados Unidos. La parte del cerebro que influye en nuestra conducta y nuestras decisiones no tiene capacidad para el lenguaje. Desde un punto de vista emocional, tenemos problemas para expresar con claridad la razón de que hagamos lo que hacemos y damos argumentos racionales que, aunque válidos y sinceros, no son lo bastante convincentes para motivar a los demás. Así que, al preguntársele por la razón de que compareciera ese día, la gente señalaba al doctor King y decía simplemente: «Porque creo».

Por encima de todo, lo que Martin Luther King Jr. nos aportó fue claridad, una manera de poder explicar lo que sentimos; nos proporcionó las palabras que nos motivaron; nos dio algo en lo que creer, algo que podíamos comunicar fácilmente a nuestros amigos. Todos los presentes en la Explanada Nacional ese día compartían una serie de valores y creencias. Y todos los que estuvieron allí ese día, fuera cual fuera el color de su piel, su raza o su sexo, confiaban unos en otros. Y fue esa confianza, ese vínculo común, esa creencia compartida lo que alimentó un movimiento que cambiaría un país.

Creemos.
Creemos.
Creemos.

CUARTA PARTE

CÓMO AUNAR
A LOS QUE CREEN

8

EMPIEZA CON EL PORQUÉ, PERO ENTIENDE CÓMO

La energía estimula. El carisma motiva

¡HURRA! Steve Ballmer, el hombre que sustituyó a Bill Gates como presidente ejecutivo de Microsoft, irrumpió entre un clamor en el escenario de la cumbre mundial anual de la empresa.[53] Ballmer ama a Microsoft, dice sin ninguna ambigüedad. También sabe cómo insuflar ánimos a una multitud. Su energía resulta casi folclórica. Agita los puños y recorre el escenario corriendo de una punta a la otra, mientras grita y suda la gota gorda. Es impresionante observarlo, y las multitudes lo adoran. Como Ballmer demuestra sin ninguna duda, la energía puede estimular a una multitud. Pero ¿puede motivar a un pueblo? ¿Qué sucede al día siguiente, o a la semana siguiente, cuando la energía de Ballmer ya no está allí para estimular a sus empleados? ¿Basta con la energía para mantener centrada a una empresa de unas 80.000 personas?

Por su parte, Bill Gates es tímido y vergonzoso, un inadaptado social, alguien que no encaja en el estereotipo del líder de una empresa que vale miles de millones de dólares. No es el conferenciante más dinámico, que digamos. Pero cuando Bill Gates habla, la gente escucha con la respiración contenida y se aferra a todas sus palabras. Cuando Gates habla, no infunde ánimo a una sala, la motiva. Los que lo escuchan cogen lo que dice y se llevan sus palabras con ellos durante semanas, meses o años. Gates no tiene energía, pero Bill Gates motiva.

---

53. «Steve Ballmer Going Crazy», 31 de marzo de 2006, http://www.youtube.com/watch?v=wvsboPUjrGc.

La energía entusiasma, pero el carisma motiva. Aquella es fácil de ver, fácil de medir y fácil de copiar; el carisma es difícil de definir, casi imposible de medir y demasiado esquivo para copiar. Todos los grandes líderes tienen carisma porque todos los grandes líderes tiene un PORQUÉ claro; la convicción inquebrantable en una finalidad o causa mayor que ellos mismos. Lo que nos motiva no es la pasión de Bill Gates por los ordenadores, sino su inquebrantable optimismo en que incluso los problemas más complicados se pueden resolver. Él cree que podemos encontrar la manera de eliminar los obstáculos para garantizar que todos podamos vivir y trabajar al máximo de nuestras capacidades. Es su optimismo lo que nos atrae.

Al vivir la revolución informática, vio al ordenador como la tecnología perfecta para ayudarnos a que todos nos hiciésemos más productivos y alcanzáramos el máximo de nuestras capacidades. Tal creencia motivó que su aspiración de que hubiese un ordenador personal en cada mesa cobrara vida. Lo cual es una ironía, si consideramos que Microsoft ni siquiera ha fabricado jamás un ordenador personal. No fue solo en lo QUE hacían las computadoras donde Gates vio las repercusiones de la nueva tecnología; fue en el PORQUÉ de que las necesitáramos. En la actualidad, la labor que lleva a cabo en la Fundación Bill y Melinda Gates no tiene nada que ver con el *software*, aunque sí que es otra manera que ha encontrado de dar vida a su PORQUÉ.[54] Gates busca las maneras de resolver problemas; sigue teniendo una creencia inquebrantable. Y sigue creyendo que si podemos ayudar a las personas, en esta ocasión a los menos privilegiados, eliminando algunos obstáculos aparentemente sencillos, entonces ellos también tendrán la oportunidad de ser más productivos y de mejorarse a sí mismos para alcanzar el máximo de sus capacidades. Para Gates, lo único que ha cambiado es lo QUE está haciendo para dar vida a su causa.

El carisma no tiene nada que ver con la energía; deriva de la claridad del PORQUÉ. Es fruto de un convencimiento absoluto en un ideal mayor que uno mismo. Por su lado, la energía es consecuencia de una buena noche de sueño o de montones de cafeína. La energía puede entusiasmar, pero solo el carisma puede motivar. El carisma se hace acreedor de la lealtad; la energía, no.

---

54. http://www.gatesfoundation.org/Pages/home.aspx.

Esta siempre se puede infundir en una organización para estimular a la gente a que haga cosas. Bonificaciones, ascensos, otras zanahorias e incluso algún que otro palo pueden lograr que las personas se esfuercen, eso seguro, pero las ganancias, al igual que ocurre con las manipulaciones, tienen un corto recorrido. Con el tiempo, semejantes tácticas cuestan más dinero y aumentan el estrés, tanto para el empleado como para el empleador, y al final se convierten en la principal razón para que gente acuda cada día al trabajo. Eso no es lealtad; eso es la versión empleado de un cliente frecuente. La lealtad de los empleados es cuando rechazan más dinero o beneficios para seguir trabajando en la misma empresa. La fidelidad a una empresa derrota a la remuneración y a los beneficios. Y, a menos que seas un astronauta, tampoco es el trabajo que realizamos lo que nos motiva: lo es la causa por la que acudimos a trabajar. No queremos ir a trabajar para levantar un muro, queremos ir a trabajar para edificar una catedral.

El camino elegido

Criado en Ohio, a casi cien kilómetros de Dayton, Neil Armstrong se crió engullendo una considerable ración de historias sobre los hermanos Wright.[55] Desde una edad muy temprana soñó con volar. Construía maquetas de aviones, leía revistas de aviación y miraba atentamente los cielos a través de un telescopio instalado en el tejado de su casa. Hasta se sacó su licencia de piloto antes que el carné de conducir. Con una pasión infantil que se convirtió en realidad, Armstrong estaba destinado a convertirse en astronauta. Pero para el resto de nosotros, nuestros caminos profesionales se asemejan más al de Jeff Sumpter.

Aunque Sumpter estaba en el instituto, su madre le consiguió un empleo en prácticas durante el verano en el banco en el que ella trabajaba. Cuatro años después de que terminara el instituto, Jeff llamó al banco para ver si podía tener un trabajo a tiempo parcial, y al final le ofrecieron un empleo a jornada completa. ¡Pumba!, Jeff se encontró con una carrera profesional como empleado de banca. De hecho, tras quince años en el sector, él y un

---

55. Greene, Nick, «Neil Armstrong Biography: First Man of the Moon», About.com, http://space.about.com/od/astronautbiographies/a/neilarmstrong.htm.

colega de nombre Trey Maust se fueron para fundar su propio banco, el banco Lewis & Clark de Portland, Oregón.

A Sumpter se le da muy bien lo que hace; a lo largo de su carrera, ha sido uno de los directores de préstamos con mejores resultados. También es muy apreciado y respetado entre sus colegas y clientes, aunque incluso Jeff admitirá que no siente mucha pasión por la actividad bancaria en sí. Aunque no está viviendo el sueño de su infancia, es un apasionado de algo. No es lo QUE hace lo que lo saca de la cama cada mañana; es el PORQUÉ lo hace.

Nuestras trayectorias profesionales son notablemente fortuitas. Yo jamás planeé estar haciendo lo que hago ahora. Cuando era niño quería ser ingeniero aeronáutico, pero al llegar a la universidad puse mis miras en convertirme en fiscal. Pero, aunque estuve en la facultad de Derecho, la idea de ser jurista acabó desilusionándome. No me parecía lo adecuado. Asistí a la facultad de Derecho en Inglaterra, donde la ley es una de las últimas profesiones verdaderamente «inglesas»; no llevar un traje de raya diplomática a una entrevista podría afectar a mis posibilidades de conseguir un empleo. Eso no era lo que deseaba.

Dio la casualidad de que estaba saliendo con una joven que estudiaba mercadotecnia en la Universidad de Siracusa. Ella se dio cuenta de lo que me motivaba y de mi decepción con el Derecho, y me sugirió que hiciera una intentona en su campo. Y de golpe y porrazo había iniciado una nueva trayectoria profesional en la mercadotecnia. Pero esa es solo una de las cosas que he hecho, pues ni es mi pasión ni es como definiría mi vida. Mi causa —motivar a la gente para que haga cosas que la motive— es el PORQUÉ de que me levante de la cama todos los días. La ilusión estriba en tratar de encontrar nuevos caminos, diferentes QUÉ para dar vida a mi causa, entre los cuales se cuenta este libro.

Con independencia de QUÉ es lo que hagamos en nuestras vidas, nuestro PORQUÉ —nuestra finalidad, causa o creencia motriz— no cambia jamás. Si nuestro Círculo Dorado está equilibrado, QUÉ es lo que hagamos no es más que la manera tangible que encontramos de insuflar vida a esa causa. La creación de programas informáticos fue, simplemente, una de las cosas que hizo Bill Gates para hacer realidad su causa. Una aerolínea proporcionó a Herb Kelleher la salida perfecta para difundir su fe en la libertad. Llevar a un hombre a la luna fue la meta que John F. Kennedy utilizó para aglutinar a la gente que diera vida a la causa de que servir al país —y no la de ser servido por el país— permitiría a Estados Unidos avanzar y prosperar. Apple brindó a Steve Jobs el medio para desafiar el orden establecido y hacer algo grande en el mundo. Todas las cosas que hicieron estos líderes carismáticos fueron los medios tangibles que encontraron para hacer realidad sus PORQUÉ. Pero, cuando eran pequeños, ninguno de ellos podría haber imaginado QUÉ sería lo que terminarían haciendo.

Cuando un PORQUÉ es claro, aquellos que comparten dicha creencia se sentirán atraídos hacia ella y puede que deseen contribuir a darle vida. Si esa creencia es ampliada, puede tener capacidad para aglutinar a todavía más creyentes que levanten sus manos y proclamen: «Quiero contribuir». Con un grupo de creyentes congregándose en torno a una finalidad, causa o creencia común, pueden suceder cosas extraordinarias. Pero se necesita algo más que motivación para alcanzar la grandeza. La motivación es solo el comienzo del proceso; necesitas algo más para impulsar un movimiento.

Ampliar la fuente de motivación

El Círculo Dorado no es solo una herramienta de comunicación; también nos brinda algunas ideas acerca de cómo se organizan las organizaciones. A medida que empezamos a ampliar la dimensión del concepto del Círculo Dorado, ya no resulta útil considerarlo un modelo estrictamente bidimensional. Si se quiere que preste un verdadero valor acerca de cómo crear una gran organización en nuestro mundo sumamente tridimensional, el Círculo Dorado tiene que ser tridimensional. La buena noticia es que lo es. De hecho, es la vista cenital de un cono. Ponlo de lado, y podrás ver todo su valor.

El cono representa a una empresa o a una organización, un sistema implícitamente jerárquico y organizado. Situado en la cima del sistema, representando POR QUÉ, está un jefe; en el caso de una empresa, este suele ser el CEO (o, al menos, en eso confiamos). El nivel inmediatamente inferior, el nivel CÓMO, habitualmente incluye a los altos directivos que están motivados por la visión del jefe y saben CÓMO hacerla realidad. No olvides que un PORQUÉ es solo una creencia, los CÓMO, las medidas que tomamos para realizar esa creencia, y los QUÉ, el resultado de tales medidas. Con independencia de lo carismático o motivador que sea el jefe, si en la organización no hay personas motivadas que hagan realidad esa visión, que creen una infraestructura con sistemas y procesos, entonces, en el mejor de los casos reina la ineficacia, y en el peor se produce el fracaso.

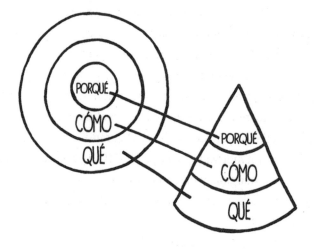

En esta representación, el nivel CÓMO corresponde a una persona o a un pequeño grupo responsable de la creación de la infraestructura que pueda hacer tangible un PORQUÉ. Esto puede suceder en la mercadotecnia, las actividades, la financiación, los recursos humanos y todos los demás departamentos de alta dirección. Debajo de esto, en el nivel QUÉ, es donde la teoría se pone a prueba. Es en este nivel donde se sitúan la mayoría de los empleados y donde realmente suceden todas las cosas tangibles.

Tengo un sueño (y él tiene el plan)

El doctor King dijo que tenía un sueño, y motivó a la gente para que lo hiciera suyo. Lo que Ralph Abernathy aportó al movimiento fue otra cosa: sabía lo que sería necesario para hacer realidad ese sueño, y enseñó a la gente CÓMO hacerlo.[56] Proporcionó la estructura del sueño. El doctor King

56. «Abernathy, Ralph David (1926-1990)», Martin Luther King, Jr., Research and Education Institute, http://kingencyclopedia.stanford.edu/encyclopedia/encyclopedia/enc_abernathy_ralph_david_1926_1990/.

hablaba de las implicaciones filosóficas del movimiento, mientras que Abernathy, otrora mentor y viejo amigo del doctor King, secretario de finanzas y tesorero de la Conferencia Sur del Liderazgo Cristiano, ayudó a la gente a comprender las medidas concretas que tenían que tomar. «Ahora —le decía Abernathy a la audiencia tras una emotiva alocución del doctor King— dejadme que os explique qué significa eso para mañana por la mañana.»

El doctor Martin Luther King Jr. era el líder, pero él solo no cambió los Estados Unidos. Aunque el doctor King era la inspiración del movimiento, mover realmente a la gente requiere organización. Como ocurre con casi todos los grandes líderes, había otros en torno al doctor King que sabían CÓMO hacer aquello mejor que él. Por cada gran líder, por cada uno del tipo POR QUÉ, hay un motivador del tipo CÓMO o grupo de tipos CÓMO que cogen la causa intangible y crean la infraestructura que puede hacerla realidad. Esa infraestructura es lo que realmente hace posible cualquier cambio o éxito cuantificable.

El líder se sitúa en la cúspide del cono —al principio, el lugar de POR-QUÉ—, mientras que los de los tipos CÓMO se sitúan por debajo y son los responsables de hacer realmente que las cosas sucedan. El líder imagina el destino, y los de los tipos CÓMO encuentran el camino para llegar allí. Un destino sin camino solo lleva al vagabundeo y la ineficacia, algo que muchos grandes de los tipos PORQUÉ padecerán si no cuentan con la ayuda de otros que los apoyen. Un camino sin destino, sin embargo, puede ser eficaz, pero ¿para qué fin? Está muy bien saber cómo guiar, pero es más satisfactorio cuando se tiene un lugar al que ir. Para el doctor King, Ralph Abernathy fue uno de aquellos a los que motivó y que sabía CÓMO hacer que la causa fuera factible y tangible. «La labor del doctor King consistía en interpretar la ideología y la teología de la no violencia —explicó Abernathy—. Mi labor era mas sencilla y terrenal. Yo le decía a la gente: "No subáis a esos autobuses".»

En todos los casos en que un líder carismático ha logrado algo de importancia, siempre había una persona o un pequeño grupo escondido en la sombra que sabía cómo coger el ideal y hacerlo realidad. El doctor King tenia un sueño. Pero, con independencia de lo motivador que pueda ser un sueño, no podrá hacerse realidad si permanece como un sueño. El doctor King soñaba con muchas de las mismas cosas que otros innumerables afroamericanos que crecieron en el Sur anterior a los derechos civiles. Él hablaba de muchos de los mismos temas; sentía la misma afrenta perpetrada por un sistema injusto. Pero fueron su optimismo imperturbable y sus palabras las que motivaron a los ciudadanos.

El doctor King no cambió él solo Estados Unidos. No era un legislador, por ejemplo, pero se crearon las leyes que otorgaron a los ciudadanos de los Estados Unidos los mismos derechos fuera cual fuese el color de su piel. El doctor King no fue quien cambió Estados Unidos; lo hizo el movimiento de millones de otras personas a quién el motivó para que cambiaran el curso de la historia. Pero ¿cómo organizas a millones de personas? Olvídate de los millones, ¿cómo organizas a cientos o a docenas de personas? La visión y el carisma de un líder bastan para atraer a los innovadores y a los adoptantes iniciales. Confiando en sus tripas y en su intuición, esas personas harán los mayores sacrificios para ayudar a que esa visión se haga realidad. Con cada éxito, con cada demostración de que la visión puede hacerse realidad de hecho, la mayoría más práctica empieza a interesarse. Lo que anteriormente no era más que un sueño no tarda en convertirse en una realidad tangible y demostrable. Y cuando eso sucede se puede alcanzar un punto de inflexión, y entonces las cosas sí que se ponen en movimiento de verdad.

Aquellos que saben POR QUÉ necesitan a aquellos que saben CÓMO

Parafraseando a Thomas Friedman, autor de *The World Is Flat*, los pesimistas suelen tener razón, aunque son los optimistas los que cambian el mundo.[57] Bill Gates imaginó un mundo en el que el ordenador pudiera ayudarnos a desarrollar al máximo nuestras capacidades. Y ocurrió. Ahora él imagina un mundo en el que la malaria no exista. Y ocurrirá. Los hermanos Wright imaginaron un mundo en el que todos subiéramos al cielo con la misma facilidad con que subimos al autobús. Y sucedió. Los de los tipos POR QUÉ tienen la capacidad de cambiar el curso de los sectores industriales o incluso del mundo... siempre y cuando sepan CÓMO.

---

57. Friedman, Thomas, *The World Is Flat: A Brief History of the 21st Century*, Farrar, Straus and Giroux, Nueva York, 2005.

Los del tipo PORQUÉ son los visionarios, los que tienen unas imaginaciones hiperactivas. Suelen ser los optimistas que creen que todo lo que imaginan se puede lograr en la realidad. Los del tipo CÓMO viven más el aquí y ahora; son los realistas, y tienen una idea más clara de todas las cosas prácticas. Los del tipo PORQUÉ están concentrados en las cosas que la mayoría de las personas no pueden ver, como el futuro; por su parte, los de los tipos CÓMO se centran en las cosas que la mayoría de las personas pueden ver, y suelen ser mejores a la hora de crear estructuras y procesos y en conseguir que las cosas se hagan. Los de un tipo no son mejores que los del otro, solo son maneras diferentes que tienen las personas de ver y experimentar el mundo de forma natural. Gates es del tipo PORQUÉ. Como lo eran los hermanos Wright. Y Steve Jobs. Y Herb Kelleher. Pero no lo hicieron solos. No hubieran podido. Necesitaron a aquellos que sabían CÓMO.

«Si no hubiera sido por mi hermano mayor, habría acabado en la cárcel varias veces por extender cheques sin fondo— confesó Walt Disney, solo medio en broma, a una audiencia de Los Ángeles en 1957—. Nunca supe lo que había en el banco. Él me llevaba por el buen camino.»[58] Walt Disney era una persona del tipo PORQUÉ, un soñador cuyo sueño se hizo realidad gracias a la ayuda de su más sensato hermano mayor Roy, uno del tipo CÓMO.

Walt Disney empezó su trayectoria dibujando viñetas para publicidad, pero enseguida pasó a hacer películas animadas. Corría el año 1923, Hollywood estaba empezando a convertirse en el centro del negocio cinematográfico y Walt quería formar parte de aquello. Roy, que era ocho años mayor, había estado trabajando en un banco y siempre le había maravillado el talento e imaginación de su hermano, aunque también sabía que Walt era propenso a correr riesgos y a descuidar los asuntos financieros. Como todas las personas del tipo PORQUÉ, Walt estaba demasiado ocupado pensando en cómo sería el futuro y con frecuencia se olvidaba de que vivía en el presente. «Walt Disney soñaba, dibujaba e imaginaba, mientras Roy permanecía en las sombras creando un imperio —escribía Bob Thomas, biógrafo de Disney—. Empresario y financiero brillante, Roy ayudó a convertir los sueños de Walt Disney en realidad, creando la empresa que lleva el nombre de su

---

58. Thomas, Bob, *Building a Company: Roy O. Disney and the Creation of an Entertainment Empire*, Disney Editions, Nueva York, 1998.

hermano.» Fue Roy quien fundó la Buena Vista Distribution Company que convirtió las películas de Disney en una parte esencial de la infancia estadounidense. Fue Roy quien creó el negocio de comercialización que transformó a los personajes de Disney en nombres familiares. Y, como casi todos los integrantes del tipo CÓMO, Roy jamás quiso ser líder, prefiriendo permanecer en segundo plano y centrarse en CÓMO desarrollar el ideal de su hermano.

La mayoría de las personas del mundo son de los tipos CÓMO; la mayor parte de la gente es bastante funcional en el mundo real y puede desarrollar su trabajo y hacerlo muy bien. Puede que algunos tengan mucho éxito y que incluso ganen millones de dólares, pero jamás crearán empresas de miles de millones de dólares ni cambiarán el mundo. Las personas del tipo CÓMO no necesitan a las del tipo PORQUÉ para que les vaya bien. Pero estas, pese a todos sus ideales e imaginación, suelen llevarse la peor parte. Sin alguien motivado por su ideal y el conocimiento para hacerlo realidad, la mayoría de los del tipo PORQUÉ acaban como visionarios muertos de hambre, personas con todas las respuestas pero que jamás logran gran cosa por sí mismas.

Aunque muchos de ellos se creen visionarios, en realidad la mayoría de los emprendedores de éxito pertenecen al tipo CÓMO. Pregúntale a uno de ellos lo que más le gusta de ser un emprendedor, y la mayoría te dirá que les encanta crear cosas. Que hablen de crear es una señal clara de que saben CÓMO hacer las cosas. Una empresa es una estructura, un conjunto de sistemas y procesos que tienen que ser ensamblados. Las personas del tipo CÓMO son las más hábiles en la creación de tales procesos y sistemas. Pero la mayoría de las empresas, da igual lo bien que estén creadas, no se convierten en negocios de miles de millones de dólares ni cambian los derroteros del sector. Para alcanzar la condición de multimillonaria, para alterar el rumbo de una industria, se necesita una escasa y muy especial colaboración entre alguien que sepa POR QUÉ y aquellos que sepan CÓMO.

En casi todos los casos en que una persona u organización ha llegado a motivar a las personas y hacer grandes cosas se da esta especial asociación entre el PORQUÉ y el CÓMO. Puede, por ejemplo, que Bill Gates haya sido el visionario que imaginó un mundo en que hubiera un ordenador personal encima de cada mesa, pero Paul Allen levantó la empresa. Herb Kelleher logró encarnar y predicar la causa de la libertad, pero fue Rollin King quien tuvo la idea de Southwest Airlines.[59] Steve Jobs es el evangelista rebelde, pero Steve Wozniak es el ingeniero que hizo el trabajo de Apple.[60] Jobs tuvo la visión, Woz, el producto. Es la asociación de una visión del futuro con el talento para hacerlo realidad lo que hace grande a una organización.

Esta relación se entabla para aclarar la diferencia entre la declaración de un ideal y la declaración de una misión en el seno de una organización. El ideal es la declaración de las intenciones del fundador, el PORQUÉ de la existencia de la empresa; literalmente, es la visión de un futuro que todavía no existe. La declaración de la misión es la descripción del camino, los principios rectores, esto es, el CÓMO mediante el cual la empresa pretende crear ese futuro. Cuando ambas cosas están expresadas con claridad, el tipo POR-QUÉ y el tipo CÓMO están igualmente seguros sobre cuáles son sus funciones en la asociación. Ambos están trabajando juntos con una finalidad clara y un plan para lograrla. Sin embargo, para que esto funcione se necesita algo más que una serie de conocimientos: es necesaria la confianza.

Como se trató ampliamente en la tercera parte, las relaciones de confianza son imprescindibles para que nos sintamos seguros. Nuestra capacidad para confiar en la gente o en las organizaciones nos permite asumir riesgos y sentirnos apoyados en nuestras iniciativas. Y tal vez la relación de mayor confianza que exista es aquella que se da entre un visionario y el creador, entre la persona del PORQUÉ y la persona del CÓMO. En las organizaciones con capacidad para motivar, los mejores presidentes ejecutivos pertenecen al tipo del PORQUÉ, aquellas personas que se despiertan cada día para liderar una causa y no solo para dirigir una empresa. En tales organizaciones, los mejores directivos financieros y directivos de explotación son personas de gran rendimiento que pertenecen al tipo del CÓMO, personas con un ego lo bastante fuerte para admitir que no son unos visionarios, sino que están motivados por la visión del líder y saben cómo crear la estructura que pueda hacerla realidad. Los mejores dentro de este tipo no suelen querer estar al frente predicando el ideal; prefieren trabajar entre bastidores para desarrollar los sistemas que pueden hacer realidad esa visión. Para lograr

---

59. Freiberg, Kevin y Jackie Freiberg, *Nuts! Southwest Airlines' Crazy Recipe for Business and Personal Success*, Broadway, Nueva York, 1998.

60. Entrevista personal con Steve Wozniak, noviembre de 2008.

que sucedan grandes cosas, se necesita la capacidad y el esfuerzo combinados de ambos tipos.

No es una casualidad que estas uniones del PORQUÉ y el CÓMO tengan su origen en los lazos familiares y en las viejas amistades. Una infancia y una experiencia vital compartidas aumentan las probabilidades de que se den una serie de valores y creencias comunes. En el caso de la familia o de los amigos de la infancia, la educación y las experiencias comunes son casi exactamente lo mismo. Esto no quiere decir que no podamos encontrar un buen socio en alguna otra parte, sino solo que crecer con alguien y compartir las experiencias vitales aumenta las probabilidades de compartir la misma visión del mundo.

Walt Disney y Roy Disney eran hermanos; Bill Gates y Paul Allen fueron al mismo instituto de Seattle;[61] Herb Kelleher fue el abogado que llevó el divorcio de su viejo amigo Rollin King; Martin Luther King Jr. y Ralph Abernathy predicaban ambos en Birmingham mucho antes de que el movimiento de los derechos civiles fuera constituido; y Steve Jobs y Steve Wozniak eran íntimos amigos en el instituto. Y la lista continúa.

Dirigir o liderar

En cuanto a todas las personas con talento del tipo CÓMO que dirigen las organizaciones actuales, es posible que consigan alcanzar un éxito que dure toda su vida, pero se pasarán toda la vida dirigiendo sus empresas. Hay muchas maneras de triunfar y de obtener ganancias. Un sinnúmero de manipulaciones, de las cuales solo he abordado unas cuantas en este libro, dan bastante buen resultado. Incluso es posible tener la capacidad para crear un punto de inflexión sin generar un cambio duradero: se llama moda. Pero las grandes organizaciones funcionan exactamente igual que cualquier movimiento social. Motivan a las personas para que hablen de un producto o idea, incluyan ese producto en el contexto de su estilo de vida, compartan la idea o incluso encuentren los medios de impulsar la prosperidad de la

---

61. Alfred, Randy, «April 4, 1975; Bill Gates, Paul Allen Form a Little Partnership», *Wired*, 4 abril de 1975, http://www.wired.com/science/discoveries/news/2008/04/dayintech_0404.

propia organización. Las grandes empresas no solo estimulan al espíritu humano, también motivan a las personas para que tomen partido en ayudar a impulsar la causa sin necesidad de pagarles o incentivarlas de alguna manera en particular. No se necesitan incentivos de devolución ni de reembolso por correo; si la gente se siente impulsada a difundir el mensaje no es porque se sienta obligada a hacerlo, sino porque desea hacerlo. Esa gente toma las armas gustosamente para transmitir el mensaje que la motiva.

Crear un megáfono que funcione

Después de un proceso de selección de tres meses, BCI finalmente se decidió por una nueva agencia de publicidad para que les ayudara a crear una campaña de lanzamiento de su nueva línea de productos. Big Company Incorporated es una marca sobradamente conocida que actúa en un espacio de mercado bastante concurrido. Como fabricante, vende sus productos a través de un equipo de ventas externo, a menudo a través de los grandes minoristas, así que no ejerce un control directo sobre el proceso de ventas. Lo más que puede hacer es tratar de influir en la venta a distancia, a través de la mercadotecnia. BCI es una buena empresa con una cultura sólida. Los empleados respetan a la gerencia y, en general, la empresa trabaja bien. Pero en el transcurso de los años la competencia ha ido adquiriendo bastante fuerza. Y aunque BCI tiene un buen producto y un precio competitivo, sigue resultando difícil mantener un crecimiento importante un año tras otro. La dirección de BCI está especialmente entusiasmada este año, porque la empresa va a lanzar un nuevo producto del que, francamente, esperan suponga el relanzamiento de la compañía. Para ayudar a promocionarlo, la agencia de BCI ha lanzado una nueva e importante campaña publicitaria.

«De la empresa líder del sector —dice el nuevo anuncio —llega el último y mas novedoso producto que jamás hayan visto.» El anuncio continua hablando de las nuevas funciones y ventajas, y hace una referencia a «la calidad que esperan de BCI», cuya inclusión en el anuncio era algo sobre lo que los directivos estaban muy convencidos. Estos directivos se han esforzado en labrar una reputación para la empresa y quieren sacarle provecho. Están muy entusiasmados con su nueva campaña, y en realidad cuentan con el éxito de su producto para ayudar a impulsar las ventas en general. Saben que hacen un buen trabajo y quieren difundir ese mensaje. Y para ello necesitan que se oiga bien. Y, con un presupuesto de millones de dólares para anunciar el nuevo producto, en ese sentido BCI tiene éxito.

Pero hay un problema.

BCI y su agencia hicieron un buen trabajo para hablarle a la gente de su nuevo producto. Fue un trabajo bastante creativo; fueron capaces de explicar lo que había de nuevo y especial en su última innovación, y los grupos focales coincidieron en que el nuevo producto era mucho mejor que los de la competencia. Los millones de dólares invertidos en la difusión garantizaron que el anuncio fuera visto por muchísimas personas y que lo vieran a menudo. El alcance y la frecuencia, los parámetros utilizados habitualmente por las agencias publicitarias para calcular el número de personas expuestas a la publicidad, eran muy buenos. No hay ninguna duda de que su mensaje había hecho mucho ruido. El problema era su falta de claridad. Eran todo QUÉ y CÓMO y ningún PORQUÉ. Aunque la gente se enteraba de lo que hacía el producto, nadie sabía en qué creía BCI. La buena noticia es que no es una pérdida absoluta; los productos se venderán mientras los anuncios estén en antena y las promociones sigan siendo competitivas. Es una estrategia eficaz, pero una manera onerosa de hacer dinero.

¿Y si Martin Luther King hubiera ofrecido un plan exhaustivo de doce puntos sobre la manera de lograr implantar los derechos civiles en Estados Unidos, un plan más exhaustivo que ningún otro que se hubiera propuesto jamás sobre los derechos civiles? Atronando por los altavoces aquel día del verano de 1963, su mensaje habría hecho ruido. Los micrófonos, al igual que la publicidad y las relaciones públicas, son fantásticos para asegurarse que un mensaje se oiga. Al igual que BCI, el mensaje de King todavía seguiría llegando a miles de personas. Pero su creencia no habría quedado clara.

El volumen es algo razonablemente fácil de lograr; todo cuanto se necesita es dinero o algunas tretas publicitarias. El dinero puede pagar el mantenimiento de un mensaje en primera línea, y las tretas publicitarias son buenas para que aparezca en las noticias. Pero ni lo uno ni las otras siembran la semilla de la fidelidad. Muchos de los que lean esto tal vez se acuerden de que Oprah Winfrey regaló un coche a cada uno de los espectadores de su estudio.[62] Sucedió hace varios años, en 2004, y la gente sigue hablando de la treta publicitaria. Pero ¿cuántos se acuerdan del modelo del coche que regaló Oprah? Ahí está el problema. Fue Pontiac quien donó unos coches por valor de 7 millones de dólares: 276 unidades de su nuevo modelo G6, para ser exactos. Y fue Pontiac quien consideró el truco publicitario como una manera de comercializar su nuevo vehículo. Sin embargo, aunque la artimaña funcionó bastante bien para reforzar el exuberante temperamento de Oprah, algo con lo que todos estamos familiarizados, son pocos los que se acuerdan de que Pontiac formaba parte del acontecimiento. Y lo que es peor, la maniobra no contribuyó en nada a reforzar alguna finalidad, causa o creencia que Pontiac represente. No tenemos ni idea de cuál era el PORQUÉ de Pontiac antes de la maniobra, así que, bueno, la treta publicitaría lo tiene difícil para ser mucho más que eso, una maniobra para hacerse algo de publicidad. Sin ningún sentido del PORQUE, no se puede lograr nada más.

Para que un mensaje sea verdaderamente influyente, para que afecte a la conducta y siembre fidelidad, tiene que ser algo más que publicidad. Tiene que divulgar alguna finalidad, causa o creencia más elevada con la que aquellos con valores y creencias parecidos se puedan relacionar. Solo entonces el mensaje puede conseguir un éxito duradero en el mercado de consumo masivo. Para que una treta publicitaria atraiga a la parte izquierda de la curva de la Ley de la Difusión, el PORQUÉ de la maniobra —más allá de su intención de generar presión— debe estar claro. Aunque puedan obtenerse beneficios a corto plazo sin que medie la claridad, el ruido no es más que un volumen excesivo. O, como se dice en la jerga empresarial: un desbarajuste. Y luego las empresas se asombran de que la diferenciación sea un desafío tan grande hoy en día. ¿Te has percatado del volumen que proviene de cada una de ellas?

Por el contrario, ¿cuál habría sido el efecto del discurso del doctor King si no hubiera tenido un micrófono y unos altavoces? Su ideal no habría sido menos claro, y sus palabras no habrían sido menos motivadoras. Él sabía en lo que creía y hablaba de esa creencia con pasión y carisma. Pero solo las pocas personas sentadas en primera fila se habrían sentido motivadas por

---

62. Oldenburg, Ann, «7M car giveaway stuns TV audience», *USA Today*, 13 de septiembre de 2004, http://www.usatoday.com/life/people/2004-09-13-oprah-cars_x.htm.

esas palabras. Un líder con una causa, ya sea una persona, ya una organización, ha de tener un megáfono a través del cual difundir su mensaje. Y, para que sea efectivo, debe ser sonoro y claro. La claridad de la finalidad, la causa o la creencia es importante, pero lo es igualmente que la gente te oiga. Para que un PORQUÉ posea la fuerza para movilizar a las personas no solo deber ser claro, sino que debe ser amplificado para que llegue al número suficiente de personas y pueda inclinar la balanza.

No es casualidad que el Círculo Dorado tridimensional sea un cono; en la práctica, es un megáfono. Una organización se convierte eficazmente en el artefacto a través del cual una persona con una finalidad, causa o creencia clara puede dirigirse al mundo exterior. Pero, para que un megáfono funcione, primero debe existir la claridad. Sin un mensaje claro, ¿qué es lo que vas a amplificar?

Dilo solo si lo crees

El doctor King utilizó su megáfono para aglutinar a multitudes de personas para que le siguieran en la búsqueda de la justicia social. Los hermanos Wright utilizaron su megáfono para aunar a sus vecinos para que los ayudaran a crear la tecnología que podía cambiar el mundo. Miles de personas oyeron la creencia en el servicio de John F. Kennedy y se unieron para llevar a un hombre a la luna en menos de un decenio. La capacidad de entusiasmar y motivar a las personas para que se esfuercen en contribuir a algo mayor que ellas mismas no es exclusiva de las causas sociales. Cualquier organización está capacitada para crear un megáfono que pueda lograr un gran impacto. De hecho, es uno de los elementos definitorios que hace grande a una organización. Las grandes empresas no solo generan ganancias, sino que lideran a las personas, y de paso cambian el curso de los sectores industriales y, a veces, de nuestras vidas.

Una idea clara del PORQUÉ fija unas expectativas. Cuando no conocemos el PORQUÉ de una empresa, no sabemos qué esperar, así que a las mercancías indiferenciadas les exigimos lo mínimo: precio, calidad, servicios, funciones… Pero cuando sí tenemos un sentido del PORQUÉ esperamos más. A los que no se encuentren cómodos manteniendo los niveles más altos, les aconsejo encarecidamente que no traten de conocer su PORQUÉ ni de mantener su Círculo Dorado equilibrado. Los niveles altos son difíciles de mantener. Es algo que ante todo exige tener la disciplina de hablar y de recordar a todas horas a todo el mundo POR QUÉ existe la empresa. Esto requiere que todos los integrantes de la organización se hagan responsables de CÓMO haces las cosas, de tus valores y tus principios rectores. Y garantizar que todo lo que digas y hagas sea coherente con tu PORQUÉ exige tiempo y esfuerzo. Pero a aquellos que están dispuestos a realizar el esfuerzo les esperan grandes ventajas.

Richard Branson empezó transformando Virgin Records en una marca discográfica multimillonaria que vendía álbumes de música al por menor. Luego, fundó un sello discográfico de gran éxito. A continuación, puso en marcha una aerolínea que en la actualidad está considerada una de las más importantes del mundo. Y más tarde fundó una marca de refrescos, una compañía de organización de bodas, una compañía de seguros y un servicio de telefonía móvil. Y la lista continúa. De manera similar, Apple nos vende ordenadores, teléfonos móviles, grabadoras de vídeo y reproductores mp3, y ha repetido su capacidad de innovación una y otra vez. La capacidad de algunas empresas no solo para triunfar, sino para repetir su éxito se debe a los fieles seguidores a los que se hacen acreedores, las multitudes de personas que apoyan su éxito. En el mundo empresarial, dicen que Apple es la marca de un estilo de vida. Subestiman su fuerza. Gucci es la marca de un estilo de vida; Apple cambia el rumbo de las industrias. Se mire como se mire, estas pocas empresas no funcionan como sociedades mercantiles. Existen como movimientos sociales.

La repetición de la grandeza

Ron Bruder no es un nombre familiar, aunque él es un líder fantástico. En 1985, se paró en un paso de peatones con sus dos hijas a esperar que el semáforo cambiara y pudieran cruzar la calle. Una oportunidad perfecta, pensó él, para enseñar a sus pequeñas una valiosa lección existencial. Apuntó con el dedo hacia la luz roja de la señal de «No cruce» [en inglés, *Don't Walk*, literalmente: «No camine»] del otro lado de la calle y les preguntó qué les parecía que quería decir aquella señal. «Quiere decir que tenemos que pararnos aquí», respondieron las niñas. «¿Estáis seguras? —les preguntó retóricamente—. ¿Cómo sabéis que no nos está diciendo que corramos?»

Hombre afable, casi siempre vestido con un terno bien cortado cuando va al trabajo, Bruder tiene el aspecto que uno imaginaría propio de un ejecutivo conservador. Pero no supongamos que sabemos cómo son las cosas basándonos exclusivamente en lo que vemos. Bruder es cualquier cosa menos un estereotipo. Aunque ha disfrutado de los placeres del éxito, este no le estimula; siempre ha sido la consecuencia involuntaria de su trabajo. A Bruder le impulsa una idea clara del PORQUÉ. Ve un mundo en el que las personas aceptan las vidas que llevan y hacen las cosas que hacen no porque tengan que hacerlas, sino porque nunca nadie les mostró una alternativa. Esta es la lección que les estaba enseñando a sus hijas aquel día en el cruce; siempre hay otra perspectiva que se puede tener en cuenta. Que Bruder siempre empiece con el PORQUÉ le ha permitido conseguir grandes cosas para sí. Pero lo más importante es que su capacidad para transmitir su PORQUÉ a través de las cosas que hace es lo que motiva a los que lo rodean a hacer grandes cosas para sí mismos.

Al igual que la mayoría de nosotros, la trayectoria profesional de Bruder ha sido fruto del azar. Pero el PORQUÉ por el cual hace las cosas nunca ha cambiado. Todo lo que Bruder ha hecho siempre lo empieza por su PORQUÉ, por su creencia inquebrantable en que si, simplemente, puedes enseñarle a alguien que hay un posible camino alternativo, eso puede abrir la posibilidad de que se pueda seguir ese camino. Aunque el trabajo que hace en la actualidad está modificando el mundo, Bruder no siempre se ha dedicado al negocio de la paz mundial. Al igual que muchos líderes motivadores, él ha cambiado el curso de un sector. Pero Ron Bruder no es persona de un solo éxito. Ha sido capaz de repetir su éxito y de cambiar el curso de múltiples sectores industriales en multitud de ocasiones.

Alto directivo de un gran consorcio alimentario que vendía verduras, productos enlatados y carnes, decidió comprar una agencia de viajes para su sobrino. Este le pidió a Bruder, a la sazón director financiero de la empresa alimentaria, que echara un vistazo a la situación económica de la agencia antes de que continuara con la compra. Viendo una oportunidad que otros no vieron, Bruder decidió incorporarse a la pequeña agencia de viajes para ayudar a dirigirla. Una vez en ella, vio cómo trabajaban el resto de las agencias de viajes y tomó un camino alternativo. Greenwell se convirtió en la primera agencia de viajes de la Costa Este de Estados Unidos en sacar partido a la nueva tecnología e informatizó completamente sus actividades. De esta manera, no solo se convirtió en una de las empresas más prósperas de la zona, sino que al cabo de solo un año su modelo de negocio se convirtió en la referencia estándar de todo el sector. Entonces, Bruder lo volvió a hacer.

Un antiguo cliente de Bruder, Sam Rosengarten, estaba metido en algunos negocios sucios: carbón, petróleo y gas…, todos ellos, sectores que creaban terrenos baldíos, tierras que habían sido contaminadas por sus actividades. Poco podría hacerse con esos terrenos abandonados. Estaban demasiado contaminados para urbanizarlos, y la carga que conllevaba su saneamiento era tan elevada que solo las primas de los seguros resultaban demasiado prohibitivas para intentarlo siquiera. Pero Bruder no ve los problemas de la misma manera que los demás. La mayoría evitaban esos terrenos porque solo eran capaces de ver el coste de sanearlos. En vez de eso, Bruder se centró en la limpieza real. Su perspectiva alternativa puso de manifiesto la solución perfecta.

Bruder ya había creado su empresa de promoción inmobiliaria, Brookhill, a la que, con dieciocho empleados, le estaba yendo bastante bien. Sabiendo lo que tenía que hacer para aprovechar la oportunidad, Bruder se puso en contacto con Dames & Moore, una de las empresas de ingeniería medioambiental más grandes del mundo, y los hizo partícipes de su nuevo enfoque. A los de Dames & Moore les entusiasmó la idea y se asociaron para llevarla adelante. Con una empresa de ingeniería de 18.000 personas en plantilla, el riesgo percibido quedaba considerablemente minimizado, y las compañías aseguradoras se mostraron encantadas de ofrecer un seguro asumible. Con una póliza de seguros asequible en vigor, Credit Suisse First Boston ofreció una financiación a Brookhill que le permitió la posibilidad de comprar, sanear, reurbanizar y vender unos terrenos antes contaminados medioambientalmente por valor de 200 millones de dólares. Brookhill —llamada así porque Bruder es de Brooklyn y, como él dice, «salir de Brooklyn es un largo camino cuesta arriba»— fue la empresa pionera de la industria de la reurbanización de los terrenos industriales abandonados, hoy en día un sector pujante. El PORQUÉ de Bruder no solo señaló un camino que fue bueno para las empresas, sino que, de paso, también ayudó a sanear el medio ambiente.

Lo QUE hace Ron Bruder carece de importancia; los sectores y los desafíos son accidentales. Lo que jamás cambia es POR QUÉ hace cosas. Bruder sabe que, independientemente de lo buena que parezca una oportunidad en la teoría y con independencia de lo listo que sea y de su trayectoria profesional, jamás sería capaz de conseguir algo a menos que hubiera otros que lo ayudaran. Sabe que el éxito es un deporte de equipo. El hombre posee una notable habilidad para atraer a aquellos que creen en lo que él cree. La gente con talento se siente atraída por él con un único deseo: «¿En qué puedo ayudar?» Tras cuestionar las ideas establecidas y revolucionar más de un sector industrial, en la actualidad Bruder ha puesto su mirada en un reto mayor: la paz mundial, para lo cual ha creado la Fundación Educación para el Empleo, el megáfono que habría de ayudarlo a conseguirlo.[63]

La Fundación EFE está realizando notables progresos en su ayuda a los niños y niñas de Oriente Medio para que alteren sustancialmente el curso de sus vidas y, sin duda, el curso de la región. De la misma manera que en el paso de peatones enseñó a sus hijas que siempre hay un camino alternativo, ahora proporciona una perspectiva alternativa a los problemas de Oriente Medio. Al igual que los éxitos pretéritos de Bruder, la Fundación EFE impulsará negocios y, de paso, hará un tremendo bien. Bruder no dirige empresas, lidera movimientos.

Todos los movimientos son personales

Todo empezó el 11 de septiembre de 2001. Como muchos de nosotros, Bruder puso su atención en Oriente Medio después de los ataques y se preguntó cómo era posible que pudiera suceder algo así. Supo que, si un acontecimiento semejante podía suceder una vez, podría darse de nuevo, y por la seguridad de las vidas de sus hijas quiso encontrar la manera de evitarlo.

Mientras trataba de decidir qué podía hacer, realizó un descubrimiento excepcional que iba mucho más allá de la protección de sus hijas o de la

---

63. http://www.efefoundation.org/homepage.html; Takeuchi Cullen, Lisa, «Gainful Employment», *Time*, 20 de septiembre de 2007, http://www.time.com/time/magazine/article/0,9171,1663851,00. html; Entrevista personal con Ron Bruder, febrero de 2009.

prevención del terrorismo en Estados Unidos. Se dio cuenta de que la inmensa mayoría de los jóvenes estadounidenses se despertaban cada mañana con la sensación de que el futuro les depararía una oportunidad. Sea cual sea su economía, la mayoría de los niños y las niñas que crecen en Estados Unidos tienen el sentimiento inmanente de optimismo de que pueden conseguir algo si se lo proponen, esto es, vivir el Sueño Americano. Un niño que crece en Gaza o una niña que vive en Yemen no se despierta cada día con el mismo sentimiento. Aunque tengan el deseo, ese mismo optimismo no existe. Es demasiado fácil señalar con el dedo y decir que se trata de otra cultura. Eso no lleva a ninguna parte. La verdadera razón es que hay una inequívoca falta de instituciones que les proporcionen un sentimiento de optimismo en cuanto a su futuro. La educación universitaria en Jordania, por ejemplo, puede ofrecer cierta posición social, pero eso no necesariamente prepara a un adulto joven para lo que le deparará el futuro. El sistema educativo, en casos como este, perpetúa un pesimismo cultural sistémico.

Bruder se percató de que los problemas a los que nos enfrentamos por el terrorismo en Occidente tienen menos que ver con lo que los niños y las niñas de Oriente Medio piensen de Estados Unidos que con lo que piensan de sí mismos y de su propia visión del futuro. A través de la Fundación EFE, Bruder está poniendo en marcha programas por todo Oriente Medio que enseñen a los jóvenes adultos los conocimientos materiales e inmateriales que los ayudarán a sentir que tienen una oportunidad en la vida. A sentir que pueden tener el control de sus propios destinos. Bruder está utilizando la Fundación EFE para transmitir su PORQUÉ a nivel mundial, para enseñar a la gente que siempre hay una alternativa al camino en el que creen que están.

La Fundación Empleo para la Educación no es una organización benéfica estadounidense que confía en hacer el bien en tierras lejanas, sino un movimiento global. Cada actividad de la EFE está dirigida de forma independiente, y la gente del lugar constituye la mayoría de los consejos locales. Los jefes locales asumen la responsabilidad personal de dar a los chicos y las chicas ese sentimiento de oportunidad proporcionándoles las aptitudes, los conocimientos y, sobre todo, la confianza para escoger un camino alternativo para sí mismos. Mayyada Abu-Jaber está dirigiendo el movimiento en Jordania; Mohammad Naja está difundiendo la causa en Gaza y Cisjordania;

y Maeen Aleryani está demostrando que una causa incluso puede cambiar una cultura en Yemen.

En este último país, lo máximo a lo que los niños pueden aspirar es a recibir nueve años de educación, lo que constituye una de las tasas más bajas del mundo. En Estados Unidos, los niños cuentan con recibir dieciséis años de enseñanza. Motivado por Bruder, Aleryani lo ve como una oportunidad excelente para que los niños y las niñas cambien su enfoque y asuman un mayor control sobre su futuro. Maeen se propuso encontrar el capital para poner en marcha su actividad EFE en Saná, capital de Yemen, y al cabo de una semana reunió 50.000 dólares. La rapidez con que recaudó tal cantidad es bastante considerable incluso para nuestros niveles filantrópicos. Pero hablamos de Yemen, y en ese país no existe ninguna cultura de la filantropía, lo que hace que su logro sea todavía mucho más extraordinario. Yemen es también uno de los países más pobres de la región. Pero cuando le cuentas a la gente POR QUÉ estás haciendo lo que haces, ocurren cosas fantásticas.

Todas las personas de la región involucradas en la iniciativa de EFE creen que pueden contribuir a enseñar a sus hermanos y hermanas, y a sus hijos e hijas, los conocimientos que los ayuden a cambiar el camino en el que *creen* que se encuentran. Están trabajando para ayudar a los menores de la región a creer que tienen un futuro luminoso y lleno de oportunidades. Y no lo hacen por Bruder, lo hacen por ellos. Esa es la razón de que EFE vaya a cambiar el mundo.

Situado en el vértice del megáfono, en la punta de POR QUÉ, la función de Bruder consiste en motivar, en poner en marcha el movimiento. Pero son aquellos que creen los que realizarán el verdadero cambio y mantendrán el movimiento en marcha. Cualquiera, viva donde viva, se dedique a lo que se dedique y sea de la nacionalidad que sea, puede participar en este movimiento. Se trata de sentir que encajamos. Si crees que existe un camino alternativo a aquel en el que estamos, y que todo lo que tenemos que hacer es señalarlo, entonces visita la página web efefoundation.org y únete al movimiento. Cambiar el mundo requiere el apoyo de todos los que creen.

9

CONOCE EL PORQUÉ.
ENTIENDE CÓMO. Y LUEGO, ¿QUÉ?

Desfilaban formando una sola fila. No decían ni una palabra. Nadie miraba a los ojos a ningún otro. Todos tenían el mismo aspecto. Las cabezas afeitadas, su indumentaria, gris y andrajosa. Las botas, polvorientas. Uno a uno, fueron llenando una enorme y tenebrosa sala que se parecía al hangar de una película de ciencia ficción. El único color era el gris. Los muros eran grises. El polvo y el humo llenaban el espacio haciendo que incluso el aire pareciera gris.

Cientos, puede incluso que miles de esos ciudadanos robotizados se sentaron en unos bancos perfectamente organizados. Una fila, y otra, y otra. Un mar de conformismo gris. Todos contemplaron la proyección de una descomunal cabeza parlante en la pantalla situada al principio de la sala y que ocupaba toda la pared. Este aparente líder recitaba dogmas y propaganda, afirmando que todos estaban absolutamente controlados. Habían conseguido la perfección. Estaban libres de plagas. O eso creían.

Por uno de los túneles que desembocaba en el tenebroso hangar apareció corriendo una solitaria mujer rubia. Llevaba unos radiantes pantalones cortos de color rojo y una camiseta blanca impecable. Como un faro, su tez y el color de su ropa parecían brillar a través del aire gris. Perseguida por los miembros de la seguridad, corría con un mazo en la mano. Aquello no acabaría bien para el orden establecido.

El 22 de enero de 1984, Apple lanzó su ordenador Macintosh con su ya famoso anuncio que describía la escena orwelliana de un régimen totalitario que ejercía el control sobre una población y en el que prometía que «1984 no será como *1984*». Pero este anuncio era mucho más que un anuncio. No trataba de las funciones y las ventajas del nuevo producto; no versaba sobre una «propuesta de valor diferenciador»; a todos los efectos, era un manifiesto. Era una poética oda al PORQUÉ de Apple, la versión cinematográfica de una rebelión individual contra el estado de las cosas que desencadenaba una revolución. Y aunque sus productos han cambiado y las modas han cambiado, este anuncio sigue siendo hoy tan relevante como lo fue hace veinticinco años cuando se emitió por primera vez. Y es así debido a que un PORQUÉ no cambia jamás. Lo QUE haces puede que cambie con los tiempos, pero no POR QUÉ lo haces.

El anuncio es una de las muchas cosas que la empresa ha hecho o dicho a lo largo de los años para mostrar o contarle al mundo exterior qué es en lo que cree. Toda la publicidad y mensajes de Apple, sus productos, sus alianzas, sus embalajes, el diseño de sus tiendas, son todos QUÉ para su PORQUÉ, las pruebas de que Apple desafía de manera decidida el orden establecido pensando en potenciar al individuo. ¿Te has fijado en que sus anuncios jamás muestran a grupos de personas disfrutando de sus productos? Siempre a personas solas. Su campaña «Piensa Diferente» describía a personas individuales que pensaban de manera diferente, nunca a grupos. Siempre personas individuales. Y cuando Apple nos dice «Piensa Diferente» no solo se está describiendo a sí misma. Los anuncios muestran fotos de Pablo Picasso, Martha Graham, Jim Henson, Alfred Hitchcock, por nombrar algunas, con la frase «Piensa Diferente» en la parte superior derecha de la página. Apple no encarna el espíritu rebelde porque se asocie a sí misma con conocidos rebeldes; la empresa escogió a conocidos rebeldes porque estos encarnan el mismo espíritu rebelde. En la publicidad, el PORQUÉ precedía a la solución creativa. Ni un solo anuncio mostraba a un grupo, lo cual no es casual. La potenciación del espíritu individual es el PORQUÉ de la existencia de Apple. Apple conoce su PORQUÉ, y nosotros también. Estemos o no de acuerdo con ellos, sabemos en qué creen porque nos lo cuentan.

Habla con claridad y serás comprendido con claridad

Una organización se representa por el cono en la visión tridimensional del Círculo Dorado. Este sistema organizado se sitúa por encima de otro sistema: el mercado.

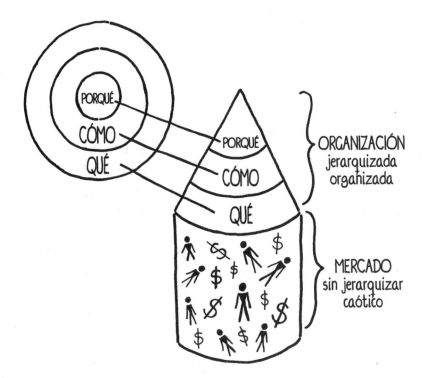

El mercado está constituido por todos los clientes y consumidores potenciales, toda la prensa, los accionistas, la competencia entera, los proveedores y todo el dinero. El sistema es inherentemente caótico y desorganizado. El único contacto que el sistema organizado tiene con el sistema desorganizado está en la base, en el nivel QUÉ. Todo lo que dice y hace una organización transmite la visión del líder al mundo exterior. Todos los productos y servicios que la empresa vende, toda la comercialización y la publicidad, todo el contacto con el mundo exterior, transmiten esto. Si los consumidores no compran lo QUE haces y compran POR QUÉ lo haces, y si todas las cosas que suceden en el nivel QUÉ no representan con claridad el PORQUÉ de la existencia de la empresa, entonces la capacidad para motivar se ve gravemente entorpecida.

Cuando la empresa es pequeña, esto no es un problema debido a que el fundador mantiene suficiente contacto directo con el mundo exterior. Tal vez ande escaso de personas del tipo CÓMO, así que el fundador opta por tomar la mayoría de las grandes decisiones. El fundador o líder sale y habla con los clientes, vende el producto y contrata a la mayoría de los empleados, cuando no a todos. Pero, a medida que crece la empresa, se añaden nuevos sistemas y procesos y se incorporan más personas. La causa encarnada por un individuo lentamente se transforma en una organización estructurada, y el cono empieza a tomar forma. A medida que va creciendo, el papel del líder cambia. Ya no será la parte más sonora del megáfono; se convertirá en el origen del mensaje que fluye por el megáfono.

Cuando una compañía es pequeña, gira en torno a la personalidad del fundador. No hay ninguna discusión acerca de que la personalidad del fundador es la de la empresa. ¿Por qué pensamos, pues, que las cosas son distintas solo porque una empresa tiene éxito? ¿Cuál es la diferencia entre Steve Jobs, el hombre, y Apple, la empresa? Ninguna. ¿Cuál es la diferencia entre la personalidad de sir Richard Branson y la personalidad de Virgin? Ninguna. A medida que la empresa crece, la labor del CEO consiste en encarnar el PORQUÉ: en irradiarlo, en hablar de ello, en difundirlo, en ser un símbolo de lo que cree la empresa. Estas personas son la finalidad, y lo QUE diga y haga la empresa es su voz. Al igual que Martin Luther King y su movimiento social, la labor del líder ya no es la de cerrar todos los acuerdos; es la de motivar.

A medida que la organización se va haciendo grande, el líder se va retirando físicamente, cada vez más alejado de lo QUE hace la empresa, y más alejado todavía del mercado exterior. Me encanta preguntar a los presidentes ejecutivos cuál es su prioridad primordial y, en función del tamaño o la estructura de su empresa, suelo obtener una de estas dos respuestas: los clientes o los accionistas. Por desgracia, ya no hay muchos presidentes ejecutivos de empresas de cierto tamaño razonable que mantenga un contacto directo con los clientes. Y los clientes y los accionistas por igual se encuentran fuera de la organización, en el caótico mundo del mercado. Como el cono demuestra, la labor del CEO, la responsabilidad del jefe, no es la de estar atento al mercado exterior, sino la de prestar atención al nivel que tiene justo debajo: CÓMO. El máximo responsable debe garantizar que haya gente en el equipo que crea en lo que él cree y sepa CÓMO desarrollarlo. Los del tipo CÓMO son responsables de comprender POR QUÉ y deben acudir al trabajo cada día para crear los sistemas y contratar a las personas que sean las responsables últimas de dar vida al PORQUÉ. Los empleados en general son los responsables de demostrar el PORQUÉ al mundo exterior en todo lo que la empresa dice y hace. La dificultad estriba en que sean capaces de hacerlo con claridad.

Acuérdate de la biología del Círculo Dorado. El PORQUÉ se encuentra en la parte del cerebro que controla los sentimientos y la toma de decisiones, pero no el lenguaje. Los QUÉ se sitúan en la parte del cerebro que controla el pensamiento racional y el lenguaje. La comparación de la biología del cerebro con la versión tridimensional del Círculo Dorado pone de manifiesto una gran deducción.

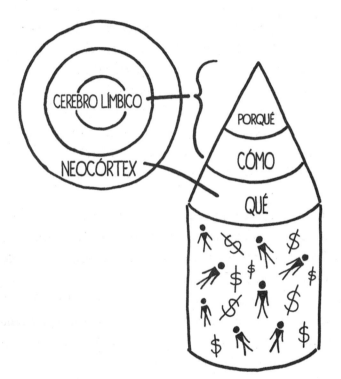

El líder que está situado en la cima de la organización es la inspiración, el símbolo de la razón de que hagamos lo que hacemos; representa el sistema límbico emocional. QUÉ dice y hace la empresa representa el pensamiento racional y el lenguaje de la neocorteza. Tan difícil como es para las personas hablar de sus sentimientos —como el caso de alguien que intente explicar por qué ama a su cónyuge—, lo es igualmente para las organizaciones explicar su PORQUÉ. La parte del cerebro que controla los sentimientos y la que controla el lenguaje no son la misma. Habida cuenta de que el cono no es más que una versión tridimensional del Círculo Dorado, que está consistentemente fundamentado en la biología de la toma de decisiones humana, la conclusión lógica es que las organizaciones, sea cual sea su tamaño, tendrán dificultades para transmitir con claridad su PORQUÉ. Traducido a términos comerciales, esto significa que intentar transmitir tu propuesta de valor diferenciador es realmente difícil.

Hablando claro, las dificultades que tienen tantas empresas para diferenciar o transmitir su verdadero valor al mundo exterior no es un problema comercial, sino una cuestión biológica. Y, de la misma manera que una persona encuentra dificultades para traducir sus emociones a palabras, para tratar de transmitir lo que sentimos recurrimos a metáforas, imágenes y analogías. Ausente el lenguaje adecuado para comunicar nuestras emociones más profundas, nuestra finalidad, causa o creencia, contamos historias; y utilizamos símbolos; y creamos cosas tangibles para aquellos que creen en lo que creemos para señalar y decir: «Esto es lo que me motiva». Si se hace adecuadamente, eso es en lo que se convierten la comercialización, la marca, los productos y los servicios; en un medio para que las organizaciones se comuniquen con el mundo exterior. Transmite con claridad y serás comprendido.

10

LA COMUNICACIÓN NO CONSISTE EN HABLAR, CONSISTE EN ESCUCHAR

Martin Luther King Jr., un hombre que acabaría convirtiéndose en símbolo de todo el movimiento de los derechos civiles, decidió pronunciar su famoso discurso «Tengo un sueño» delante de otro símbolo: el monumento a Lincoln.[64] Al igual que King, Lincoln se eleva (o, en el caso del monumento, se asienta) como símbolo del valor de la libertad para todos de Estados Unidos. Las grandes sociedades comprenden la importancia de los símbolos como medios de reforzar sus valores, de reflejar sus creencias. Los dictadores conocen demasiado bien la importancia de los símbolos. Pero, en su caso, estos suelen ser de ellos y no de una creencia más grande. Los símbolos nos ayudan a convertir en tangible lo que es intangible, y la única razón de que signifiquen algo es porque les infundimos significado. Este significado vive en nuestras mentes, no en el objeto en sí. Solo cuando la finalidad, causa o creencia es clara puede un símbolo hacerse acreedor de un gran poder.

La bandera, por ejemplo, no es más que un símbolo de los valores y creencias de nuestro país. Y seguimos a la bandera en la batalla. Eso es bastante poder. ¿Te has fijado alguna vez en el parche con la bandera estadounidense en el brazo derecho de un soldado?[65] Está puesta al revés. No hubo ningún error, está así aposta. Cuando un ejército se precipita a entrar en

---

64. «I Have a Dream —Address at March on Washington, August 28,1963. Washington, D.C.», MLK Online, http://www.mlkonline.net/dream.html.

65. Koerner, Brendan I., «Soldiers and Their Backward Flags», *Slate*, 18 de marzo de 2003, http://www.slate.com/id/2080338/.

combate, la bandera que ondea en un asta se vería al revés vista desde el lado correcto. Ponerla en el sentido contrario en el hombro derecho daría la impresión de que el soldado estuviera en retirada.

Nuestra bandera está imbuida de tanto significado que algunos han tratado de aprobar leyes prohibiendo su profanación. No es la tela de la que está hecha la bandera lo que esos patriotas intentan proteger; las leyes que proponen no tienen nada que ver con la destrucción de la propiedad. Su objetivo es el de proteger el significado representado por el símbolo: el PORQUÉ. Las leyes que redactaron intentaban proteger la serie de valores y creencias intangibles protegiendo el símbolo de dichos valores y creencias. Aunque esas leyes han sido derogadas por el Tribunal Supremo, han dado pie a polémicos debates de una gran carga emocional, donde entran en conflicto nuestro deseo de proteger la libertad de expresión con el de proteger un símbolo de esa libertad.

Ronald Reagan, el Gran Comunicador, conocía demasiado bien el poder de los símbolos. En 1982, fue el primer presidente en invitar a sentarse en el palco de la Cámara de Representantes a un «héroe» durante el discurso del Estado de la Unión, una tradición que se ha perpetuado todos los años desde entonces. Ronald Reagan, un hombre que irradiaba optimismo, conocía el valor de simbolizar los valores de Estados Unidos, en lugar de limitarse a hablar de ellos. Su invitado, que se sentó al lado de la primera dama, era Lenny Skutnik, un funcionario público que se había zambullido en el gélido río Potomac pocos días antes para salvar a una mujer que se había caído de un helicóptero que estaba intentando rescatarla, después de que un avión de Air Florida se hubiera estrellado en el río. Lo que Reagan estaba tratando de hacer era demostrar algo: que las palabras son vanas, pero que los hechos y los valores son cosas serias. Después de que relatara la historia de Skutnik, Reagan se entusiasmó: «No permitáis que nadie os diga que los mejores días de Estados Unidos han quedado atrás, que el espíritu de este país ha sido destruido. Lo hemos visto triunfar demasiado a menudo en nuestras vidas para que ahora dejemos de creer en él».[66] Skutnik se convirtió en el símbolo del valor de Reagan.

---

66. Alocución del presidente Ronald Reagan ante la Sesión Conjunta del Congreso para informar del Estado de la Unión, 26 de enero de 1982, http://www.c-span.org/executive/transcript.asp?cat=current_event&code=bush_admin&year=1982.

La mayoría de las empresas tienen logotipos, pero son pocas las que han sido capaces de convertirlos en símbolos con sentido. Dado que a la mayoría de las empresas se les da bastante mal transmitir aquello en lo que creen, cabe deducir que la mayoría de los logotipos están desprovistos de significado alguno. En el mejor de los casos, sirven como emblemas que identifican a una empresa y a sus productos. Y un símbolo no puede tener ningún significado profundo hasta que no sepamos POR QUÉ existe por lo que respecta a algo más grande que el mero hecho de identificar a la empresa. Desprovisto de claridad en el PORQUÉ, un logotipo no es más que un logotipo.

Decir que un logotipo representa calidad, servicio, innovación y cosas por el estilo solo refuerza su condición de logotipo. Estas virtudes hablan de la empresa, y no de la causa. No te olvides de los dictadores. Estos conocen el poder de los símbolos, salvo que esos símbolos suelen referirse a los mismos dictadores. De la misma manera, muchas empresas se comportan como dictadores; todo versa sobre ellas y lo que quieren. Ellas nos cuentan lo que hacen, nos dicen lo que necesitamos, alardean ante nosotros de que tienen las respuestas, pero no nos motivan y no se hacen acreedoras de nuestra fidelidad. Y, para llevar la analogía un poco más allá, la manera en que los dictadores mantienen su poder es a través del miedo, la recompensa y todas las demás manipulaciones que se les puedan ocurrir. La gente sigue a los dictadores no porque quieran, sino porque no les queda más remedio. Para que las empresas sean vistas como grandes líderes y no como dictadores, todos sus símbolos, incluidos los logotipos, tienen que representar algo en lo que todos podamos creer, algo que todos podamos respaldar. Y eso exige claridad, disciplina y coherencia.

Para que un logotipo se convierta en símbolo, hay que motivar a las personas para que lo utilicen para decir algo sobre quiénes son. Los distintivos de las marcas de alta costura son el ejemplo más evidente de lo que digo. La gente los utiliza para demostrar una posición social. Pero muchas de esas marcas son relativamente genéricas en lo que simbolizan. Pero hay un ejemplo más completo: Harley-Davidson.

Hay personas que andan por ahí con el nombre Harley-Davidson tatuado en el cuerpo. Es una locura; llevan el logotipo corporativo tatuado en la piel. ¡Y algunas ni siquiera conocen el producto! ¿Porqué unas personas racionales se tatuarían el logotipo de una empresa en el cuerpo? La razón es elemental. Después de años de que Harley haya sido meridianamente clara sobre aquello en lo que cree, después de años de ser disciplinada sobre una serie de valores y principios rectores y después de años de ser obstinadamente coherente sobre todo lo que dice y hace, su logotipo se ha convertido en un símbolo. Ya no identifica únicamente a una empresa y sus productos; identifica una creencia.

A decir verdad, la mayoría de las personas que se tatúan el logotipo de Harley-Davidson en su cuerpo no tienen ni idea de cuál es el precio de las acciones de Harley, ni saben nada de ninguna reorganización directiva acaecida la semana anterior. Ese símbolo ya no tiene que ver con Harley. El logotipo encarna toda una serie de valores: los de esas personas. El símbolo ya no habla de Harley, sino de ellos. Randy Fowler, un antiguo marine de los Estados Unidos y en la actualidad administrador general de un concesionario de Harley-Davidson en California, luce con orgullo un gran tatuaje de Harley en el brazo izquierdo: «Esto simboliza quién soy —dice—. Sobre todo, dice que soy estadounidense.»[67] Cliente y empresa son ahora una misma cosa. El significado de Harley-Davidson tiene un valor en las vidas de las personas porque, para los que creen en el PORQUÉ de Harley, eso los ayuda a expresar el significado de sus propias vidas.

Gracias a la claridad, la disciplina y la coherencia de Harley, la mayoría sabremos qué es lo que significa ese símbolo, por más que no nos adhiramos a él. Esa es la razón de que, cuando alguien entra en un bar con un gran logotipo de Harley tatuado en el brazo, retrocedamos y le concedamos un amplio espacio. En efecto, el símbolo ha llegado a adquirir tal significado que el 12 por ciento de los ingresos de Harley-Davidson proceden exclusivamente de la cesión y promoción de la marca. Es algo increíble.

Pero no solo son los logotipos los que pueden servir de símbolos. Estos son cualquier representación tangible de una serie de valores y creencias claros. Para los iraquíes, un dedo manchado de tinta simboliza un nuevo inicio. Un autobús de dos pisos londinense o un sombrero de vaquero son ambos símbolos de sendas culturas nacionales. Pero los símbolos nacionales son fáciles porque la mayoría de los países tienen una idea clara de la

---

67. Entrevista personal con Randy Fowler, administrador general de un concesionario de Harley-Davidson de California, enero de 2009.

cultura que se ha fortalecido y repetido a lo largo de generaciones. No es una empresa o una organización la que decide lo que significan los símbolos; es el grupo que se encuentra fuera del megáfono, en el caótico mercado, el que lo decide. Si, basándose en las cosas que ven y oyen, los de afuera pueden comunicar con claridad y coherencia qué es lo que cree una organización, entonces, y solo entonces, puede un símbolo empezar a adquirir significado. Esta es la prueba más fehaciente de la efectividad con que se ha creado un megáfono: cuando la claridad puede filtrarse por toda la organización y cobrar vida en todo lo que sale de ella.

Volvamos al anuncio «1984» de Apple citado al inicio del capítulo 9. Para los que lo han visto, ¿os hace pensar en Apple y sus productos o, simplemente, os gustan las emociones que transmite? O la frase «Piensa Diferente», ¿os dice algo?

Si eres cliente de Mac, probablemente te encante el anuncio; y hasta es posible que se te ponga la carne de gallina cuando lo veas, prueba inequívoca de que el PORQUÉ conecta contigo en un plano visceral o límbico. De hecho, este anuncio, después de enterarte de que era de Apple, tal vez haya fortalecido tu decisión de comprar un Mac, bien por primera vez, bien por décima. El anuncio, al igual que toda la publicidad de Apple, es una de las cosas que la empresa ha dicho o hecho que refuerzan sus creencias. Es absolutamente coherente con la clara creencia que sabemos encarna Apple. Y si el anuncio te llama la atención y no eres un amante de Apple, lo más seguro es que aun así te guste la idea de pensar de forma diferente. El mensaje de ese anuncio es una de las cosas que Apple hace para contar su historia. Es uno de los QUÉ de su PORQUÉ. Es un símbolo. Y son esas las razones que nos hacen decir de un anuncio: «Me dice algo». No es que realmente te esté hablando a ti, está hablando a los millones de personas que lo han visto. Cuando decimos que algo así «me dice algo», lo que de verdad estamos diciendo es que, a través de todo ese revoltijo y todo ese ruido, puedo oírlo. Puedo oírlo y prestaré atención. Eso es lo que significa que un mensaje que sale del megáfono tenga eco.

A una organización, todo lo que sale de la base del megáfono le sirve de medio para expresar aquello en lo que cree. Lo que una empresa dice y hace son sus medios de expresión. Hay demasiadas empresas que dan una importancia desproporcionada a sus productos o servicios, sencillamente, porque son los que ganan el dinero. Pero en la base del megáfono hay muchas más cosas que desempeñan una función similar a la hora de hablarle al mundo exterior. Aunque los productos puedan impulsar las ventas, por sí solos no pueden generar la fidelidad. De hecho, una empresa puede generarla entre la gente que ni siquiera es su cliente. Yo ya hablaba favorablemente de Apple mucho antes de comprar uno de sus productos; y hablaba despectivamente de cierta marca de ordenadores personales aunque llevaba años comprando sus productos.

La claridad, la disciplina y la coherencia de Apple —su capacidad, en suma, para crear un megáfono, y no una empresa, que sea claro y sonoro— es lo que le ha conferido la capacidad para hacerse acreedora a semejante fidelidad. A Apple se la acusa de tener unos seguidores sectarios. A los de dentro de la empresa se los suele tildar de practicar el «culto a Steve». Todos estos cumplidos o insultos son indicios de que los demás han tomado su causa y la han hecho propia. Que los expertos describan sus productos y su comercialización como un «estilo de vida» refuerza que las personas que aman los productos de la empresa estén utilizando lo QUE hace Apple para demostrar su propia identidad personal. A esto lo llamamos «comercialización de estilo de vida» porque las personas han integrado los productos comerciales en el estilo de sus vidas. Con una gran eficacia, Apple creo un megáfono absolutamente claro, aprovechó la Ley de la Difusión e invitó a los demás a colaborar en la propagación del evangelio. No por la empresa, sino por ellos mismos.

Incluso su publicidad y sus colaboraciones sirven de pruebas tangibles de qué es en lo que cree. En 2003 y 2004, Apple realizó una campaña de promoción del iTunes con Pepsi, la bebida de cola calificada como «la elección de la próxima generación».[68] Es lógico que Apple llegara a un acuerdo con Pepsi, la principal rival de Coca-Cola, a saber, el orden establecido. Todo lo que Apple hace, todo lo que dice y hace, sirve de prueba tangible de lo que cree. La razón de que utilice a esta empresa de manera tan profusa a lo largo de este libro es que Apple es tan disciplinada en el CÓMO hace las cosas y tan coherente en lo QUE hace que, la amemos o la odiemos, todos tenemos una idea de su PORQUÉ. Sabemos en qué cree.

---

68. http://www.apple208m/pr/library/2003/oct/16pepsi.html.

La mayoría no leemos libros sobre Apple; no conocemos personalmente a Steve Jobs; no hemos dedicado tiempo a deambular por los pasillos de la sede central de Apple para llegar a conocer su cultura. La claridad que tenemos en cuanto a lo que Apple cree proviene de un sitio y de solo uno: Apple. La gente no compra lo QUE haces, compra POR QUÉ lo haces, y Apple dice y hace solo las cosas en las que cree. Si lo QUE haces no pone de manifiesto lo que crees, entonces nadie sabrá cuál es tu PORQUÉ y te verás obligado a competir en el precio, el servicio, la calidad, las funcionalidades y las ventajas: las cosas de las mercancías indiferenciadas. Apple tiene un megáfono claro y sonoro y es excepcionalmente hábil en la transmisión de su historia.

La Prueba del Apio

Para mejorar el CÓMO y el QUÉ hacemos, estamos permanentemente atentos a qué es lo que están haciendo los demás. Asistimos a conferencias, leemos libros, hablamos con los amigos y los colegas para recabar sus opiniones y consejos, y a veces también somos los que hacemos de consejeros. Lo que perseguimos es comprender las buenas prácticas de los demás para que nos sirvan de guía. Pero suponer que lo que funciona para una empresa le funcionará a otra es un error. Aunque los sectores, el tamaño y las condiciones de mercado sean iguales, la idea de que «si es bueno para ellos, es bueno para nosotros», sencillamente, no es cierta.

Conozco una empresa con una cultura sorprendente. Cuando se les pregunta, los empleados dicen que están encantados con que todas las salas de conferencia alberguen una mesa de *ping-pong*. ¿Significa eso que si pusieras mesas de *ping-pong* en todas tus salas de conferencia tu cultura mejoraría? Pues claro que no. Pero este es un ejemplo de «buena práctica». La idea de que copiar QUÉ o CÓMO hacen las cosas en las organizaciones con un gran rendimiento te dará resultado por definición, simplemente, no es verdad. Al igual que el Ferrari y el Honda, lo que es bueno para una empresa no es necesariamente bueno para otra. En pocas palabras: no siempre las buenas prácticas son buenas.

El QUÉ o el CÓMO hagas las cosas no es lo único que importa; más importante es que el QUÉ y el CÓMO sean coherentes con tu PORQUÉ.

Solo entonces tus prácticas serán sin duda las buenas. No hay nada intrínsecamente erróneo en fijarse en los demás para saber qué están haciendo; el problema radica en saber qué prácticas o consejos seguir. Por suerte, existe una sencilla prueba que puedes utilizar para averiguar exactamente cuáles son el QUÉ y el CÓMO adecuados para ti. Se trata de una sencilla metáfora llamada la Prueba del Apio.

Imagina que asistes a una cena y que alguien se te acerca y te dice: «¿Sabes lo que necesitas en tu empresa? Caramelos M&M. Si no utilizas m&m en tu empresa, estás perdiendo dinero».

Otra persona se acerca a ti y dice: «¿Sabes qué es lo que necesitas? Bebida de arroz. Los datos revelan que hoy día todo el mundo compra bebida de arroz. En este país, deberías vender bebida de arroz».

Mientras estás parado junto a la ponchera, una tercera persona te obsequia con otro sabio consejo: «Galletas Oreo —dice—. Desde que adoptamos las Oreo en nuestra empresa, hemos vendido millones. Tienes que hacerlo».

Todavía una cuarta se te acerca y te dice: «Apio. Tienes que entrar en el apio».

Has recibido todos estos fabulosos consejos de todas esas personas de gran talento. Algunas están en tu mismo sector; algunas tienen más éxito que tu; algunas han dado un consejo parecido a otros con un resultado fantástico. Entonces, ¿qué haces?

Vas al supermercado y compras apio, bebida de arroz, Oreos y M&M. Te gastas un montón de dinero porque lo compras todo. Pero puede, o no, que saques algún provecho de algunos o de todos estos productos; garantías no hay. Y lo que es peor, si dispusieras de un presupuesto limitado, tendrías que volver a reducir gradualmente tus elecciones. Y entonces, ¿qué escoges?

Pero una cosa sí es segura: cuando estás en la cola del supermercado con todos esos artículos en los brazos, tu apio, tu bebida de arroz, tus Oreos y tus M&M, nadie puede ver en qué crees. Lo que haces se supone que sirve como prueba tangible de lo que crees, y lo compras todo.

Pero ¿y si conocieras tu PORQUÉ antes de ir al supermercado? ¿Y si tu PORQUÉ es hacer solo cosas saludables, hacer siempre las cosas que sean buenas para tu cuerpo? Entonces recibirás todos los mismos buenos consejos de todas las mismas personas, la única diferencia es que la siguiente vez que vayas al supermercado solo comprarás bebida de arroz y apio. Estos son los únicos productos lógicos. No es que los demás consejos no sean buenos, sino que, simplemente, no son buenos para ti. Los consejos no encajan. Al filtrar tus decisiones a través de tu PORQUÉ, pasas menos tiempo en el supermercado y gastas menos dinero, así que a este respecto también hay una ventaja de eficiencia; tienes la garantía de que sacarás provecho de todos los productos que compraste. Y ante todo, cuando estás en la cola con tus productos en los brazos, todo el mundo puede percatarse de qué es en lo crees. Viéndote solo con el apio y la bebida de arroz, a las personas que pasan por tu lado les resulta evidente qué es en lo que crees. «Veo que es un convencido del cuidado de la salud —podrían decirte—. Yo soy de la misma opinión. Quisiera hacerle una pregunta.» Felicidades. Acabas de atraer a un cliente, a un empleado, a un socio o conseguido una recomendación, simplemente, tomando las decisiones correctas. Solo asegurándote de que lo QUE haces como demostración de lo que crees facilite que los que creen en lo mismo que tú te encuentren. Has transmitido satisfactoriamente tu POR-QUÉ basándote en lo QUE haces.

Este es un concepto ideal, y en el mundo real ese nivel de disciplina no siempre es viable. Comprendo que a veces tengamos que tomar decisiones coyunturales para pagar las facturas o conseguir alguna ventaja pasajera. No pasa nada. La Prueba del Apio sigue siendo válida. Si quieres un pedazo de tarta de chocolate, adelante. La diferencia está en que, cuando empiezas con el PORQUÉ, sabes perfectamente que la tarta de chocolate es una decisión pasajera que no encaja en tus creencias. No te engañas. Sabes que solo lo estás haciendo por el subidón de azúcar inmediato y que tendrás que esforzarte un poco más para eliminarlo de tu organismo. Resulta asombrosa la cantidad de empresas que visito que ven una oportunidad como la única que a va a ponerlas en la senda de la gloria, solo para que les explote o se desinfle lentamente con el paso del tiempo. Ven la tarta de chocolate y son incapaces de resistirse. Empezar con el PORQUÉ no solo te ayuda a saber cuál es el consejo que te conviene seguir, sino también qué decisiones harán que te desequilibres. Sin duda puedes tomar esas decisiones si no te queda más remedio, pero no tomes demasiadas de ese tipo o de lo contrario, con el paso del tiempo, nadie sabrá qué es en lo que crees.

Pero esta es la mejor parte. En cuanto te dije el PORQUÉ, sabías que íbamos a comprar solo apio y bebida de arroz incluso antes de que lo leyeras.

En cuanto te di el filtro, tan pronto como dije el PORQUÉ, sabías perfectamente qué decisiones tomar antes de que yo lo dijera.

Eso se llama alcance.

Con un PORQUÉ expresado con claridad en el seno de una organización, todos los de dentro pueden tomar una decisión con la misma claridad y la misma precisión que el fundador. Un PORQUÉ proporciona el filtro claro para la toma de decisiones. Todas las decisiones —ya sobre contratación, ya sobre colaboraciones, estrategias y tácticas— deberían aprobar la Prueba del Apio.

Cuanto más apio utilices, más confianza ganas

Mark Rubin es un buen padre. Dedica mucho tiempo a estar con sus hijas, Lucy y Sophie. Un sábado por la tarde, su esposa, Claudine, llevó a Lucy a jugar a casa de una amiga, y Mark se quedó en casa para cuidar de su hija Sophie, de cinco años. Sintiéndose un poco cansado, lo que realmente deseaba era disponer de un poco de tiempo para relajarse tirado en el sofá y no tener que volver a jugar en la casita del árbol por enésima vez ese día. Para mantener ocupada a Sophie, decidió utilizar el televisor de canguro. Mark tenía dos DVD recién comprados para escoger. No había visto ninguna de las dos películas y no tenía referencias sobre ellas ni por la prensa ni por ningún amigo con hijos pequeños. Tampoco le apetecía ver él mismo los dibujos animados; el plan era dejar que Sophie disfrutara de la película en una habitación mientras él veía otra cosa en otra parte. Uno de los DVD era de una productora de la que nunca había oído hablar, y el otro, de Disney. ¿Cuál pondría en el reproductor de DVD? ¿Cuál pondrías tú en el reproductor de DVD?

La respuesta es tan evidente que la pregunta roza lo ridículo, pero consideremos los hechos solo por diversión. Los dos DVD eran de dibujos animados, los dos eran adecuados para la infancia, las dos películas tenían un par de buenas críticas en la caja. La única diferencia es que confiamos en el DVD de Disney. Disney no es una empresa perfecta: ocasionalmente ha tenido problemas de gestión y liderazgo, de vez en cuando el precio de sus acciones sufre un bajón, no para de ser demandada en los tribunales y hay quien la metería en el mismo montón que todas las demás empresas deplorables que luchan por apaciguar a Wall Street. Así que, ¿por qué habríamos de confiar en ella?

Disney actúa con una idea clara del PORQUÉ. Existe para propiciar una diversión familiar buena y sana, y desde hace lustros todo lo que dice y hace ha ido encaminado a demostrarlo. La razón de que confiemos en Disney es sencilla: sabemos en lo que cree. Supera la Prueba del Apio. Ha sido tan coherente a lo largo del tiempo en todo lo que dice y hace, que los padres confían lo suficiente en ella para exponer a sus hijos a los contenidos de la empresa sin tener que examinarlos primero. Esto no tiene nada que ver con la calidad de sus productos. No es algo racional.

Southwest Airlines supera la Prueba del Apio. La empresa ha sido tan coherente a lo largo de los años, que casi sabemos qué podemos esperar de ella. La aerolínea ofrece solo asientos sin reserva en sus vuelos, por ejemplo. Esta es una de las cosas que hace para demostrar que cree en la libertad. Tiene lógica. Una empresa que sirve al hombre corriente y que valora tanto la igualdad para todos jamás podría tener una estructura clasista. Si Delta, United o Continental trataran de hacer lo mismo, carecería de lógica; los asientos sin reserva no encajan con su estilo.

En contra del Apio

Sandalias Birkenstock, camisetas desteñidas, guirnaldas y una furgoneta Volkswagen. Todo ello simboliza los ideales *hippies* de la paz, el amor y lo relacionado con el vegetarianismo. Así que fue un poco sorprendente que en 2004 Volkswagen introdujera en su gama de vehículos un modelo de lujo de 70.000 dólares.[69] La empresa, famosa por poner un jarrón para las flores frescas en el salpicadero de su nuevo Escarabajo, lanzó el Phaeton con la intención de competir con los coches de lujo de alta gama, entre ellos el Mercedes-Benz Clase S y el BMW Serie 7. El V-8, un coche de 335 caballos,

---

69. «2006 Volkswagen Phaeton Review», Edmons.com, http://www.edmunds.com/volkswagen/phaeton/2006/review.html; «VW analyses Phaeton failure, reveals new details about next-gen model», MotorAuthority.com, 18 de febrero de 2008, https://www.motorauthority.com/news/1025163_vw-analyses-phaeton-failure-reveals-new-details-about-next-gen-model.

alardeaba de incorporar algunas de las prestaciones más avanzadas del sector, como un sistema de compresor de suspensión neumática y climatización de cuatro zonas sin corriente de aire. Hasta incluía un sistema de masaje *shiatsu* controlado electrónicamente en los asientos. El coche era un logro impresionante. Era muy cómodo, y un monstruo en la carretera, superando a otros coches de lujo de su clase más asentados. A los críticos les encantó. Aunque había un problemita. A pesar de todos los datos y las cifras, prestaciones y las ventajas, y con independencia de la mundialmente famosa ingeniería alemana, muy poca gente lo compró. Sencillamente, carecía de lógica. Lo que VW había hecho no tenía ninguna coherencia con lo que sabíamos acerca de lo que la empresa creía.

Volkswagen, cuya traducción es «coche del pueblo», llevaba generaciones fabricando coches para ti y para mí. Todos sabíamos qué representaba VW: poder para el pueblo. La empresa había dado vida a su causa en productos que tenían todos que ver con la calidad que el ciudadano medio podía permitirse. De un solo plumazo de ingenio teutón, VW se había desequilibrado a sí misma. Esto no se trata de Dell apareciendo con un reproductor mp3 ni de United lanzando la aerolínea económica Ted; en ambos casos, no teníamos ni idea de cuáles eran los PORQUÉ de sendas empresas. Ausente cualquier conocimiento o sentimiento de su PORQUÉ, no podríamos llegar a comprarles ningún producto que fuera más allá de lo QUE hacían. En este caso, VW tiene un PORQUÉ claro, pero lo QUE produjeron era absolutamente inadecuado. Suspendieron la Prueba del Apio.

Toyota y Honda tuvieron esto más claro que Volkswagen. Cuando decidieron añadir modelos de lujo a sus gamas, crearon unas marcas nuevas para hacerlo, Lexus y Acura, respectivamente. Toyota se había convertido en un símbolo de la eficiencia y la asequibilidad para el público en general. Había creado su negocio sobre una serie de coches baratos. La empresa japonesa sabía que el mercado no pagaría más por un coche de lujo con el mismo nombre o con el mismo logotipo en el capó. Aunque un coche de lujo, Lexus sigue siendo otro QUÉ para el PORQUÉ de Toyota; sigue representando la causa que los coches de marca Toyota, y los valores de la empresa son los mismos. La única diferencia estriba en QUÉ está haciendo para dar vida a esa causa.

La buena noticia es que VW no ha vuelto a cometer el mismo error, y su PORQUÉ sigue siendo claro. Pero si una empresa intenta demasiadas veces «aprovechar las oportunidades del mercado» siendo incoherente con su PORQUÉ, con el tiempo su PORQUÉ se volverá confuso y su capacidad para motivar y hacerse acreedor a la fidelidad se deteriorará.

Lo que las empresas dicen y hacen importa. Y mucho. Es en el nivel QUÉ donde la causa se hace realidad. Es en este nivel desde donde una empresa se dirige al mundo, y es entonces cuando podemos saber en qué cree dicha empresa.

QUINTA PARTE

EL MAYOR RETO
ES EL ÉXITO

11

CUANDO EL PORQUÉ SE VUELVE CONFUSO

Goliat se acobardó

«Gran parte de lo que sucede actualmente con las empresas de altos vuelos y esos directores generales sobrepagados que en realidad se dedican a saquear desde el principio y a los que no les preocupa nadie salvo ellos mismos me entristece de verdad. Es unas de las principales cosas que hoy día no funcionan en la empresa estadounidense.»[70] Esta es la opinión transmitida por el fundador de una de las empresas más vilipendiadas de la historia reciente.

Criado en una granja del centro del país, alcanzó la mayoría de edad durante la Gran Depresión. Esto probablemente explicaría su inclinación hacia la frugalidad. Con 1,75 m de altura y solo 58 kg de peso cuando jugaba al fútbol americano en el instituto, Sam Walton, el fundador de Wal-Mart, aprendió pronto el valor del esfuerzo. El esfuerzo conduce a la victoria. Y, como pasador de su equipo del instituto, fue mucho lo que ganó. De hecho, llegaron a convertirse en campeones del estado. Bien fuera por el esfuerzo, bien por la suerte o únicamente por un optimismo inquebrantable, Walton se acostumbró de tal manera a ganar siempre que era absolutamente incapaz de imaginar cómo sería perder. Sencillamente, no podía. Walton llegó a considerar que pensar siempre en ganar probablemente se había convertido para él en una profecía que acarreaba su propio cumplimiento. Incluso durante la Gran Depresión, tenía una ruta de reparto de prensa muy lucrativa que le reportaba un salario bastante decente para la época.

---

70. Walton, Sam y John Huey, *Sam Walton: Made in America; My Story*, Bantam, Nueva York, 1992.

Cuando Sam Walton murió, había convertido la pequeña tienda Wal-Mart de Bentonville, Arkansas, en una cadena minorista colosal con unas ventas anuales de 44.000 millones de dólares y una clientela de 40 millones de personas que compraban cada semana en sus tiendas. Pero se requiere algo más que una naturaleza competitiva, una sólida ética laboral y cierto optimismo para levantar una empresa lo bastante grande para igualarse a la vigésima tercera mayor economía del planeta.

Walton no fue la primera persona con grandes sueños en poner en marcha un pequeño negocio. Muchos pequeños comerciantes sueñan con hacer grande su negocio. Conozco a muchos emprendedores, y resulta asombrosa la cantidad de ellos que me dicen que su meta es crear una empresa que ingrese miles de millones de dólares. Sin embargo, las probabilidades están notablemente en su contra. En la actualidad, en Estados Unidos hay registradas 27,7 millones de empresas y solo una ínfima parte de ellas consiguen entrar en la lista de FORTUNE 1000, para lo que, en estos momentos, se exige tener unos ingresos anuales de alrededor de 1.500 millones de dólares.[71] Eso significa que menos del 0,004 por ciento de todas las empresas llegan a entrar en la ilustre lista. Para tener semejante influencia, para crear una empresa que alcance un tamaño con el que se pueda dirigir los mercados, se necesita algo más.

Sam Walton no inventó el modelo de tienda económica. El concepto de tienda barata que vende de todo lleva existiendo desde hace lustros, y Kmart y Target abrieron sus puertas en 1962, el mismo año que Wal-Mart. El sector del descuento era ya una industria de 2.000 millones de dólares cuando Walton decidió establecer su primer Wal-Mart. Aparte de Kmart y Target, había muchísimos competidores, algunos con mucha mejor financiación y mejores ubicaciones y aparentemente mejores oportunidades para el éxito que Wal-Mart. Sam Walton ni siquiera inventó una manera mejor de hacer las cosas que los demás; incluso admitió haber «tomado prestadas» muchas ideas sobre el negocio de Sol Price, el fundador de Fed-Mart, un establecimiento minorista

---

71. U. S. Small Business Administration, Office of Advocacy, http://www.sba.gov./advo/stats/ sbfaq.pdf.

de descuentos fundado en el sur de California durante la década de 1950.[72]

Wal-Mart tampoco era el único minorista capaz de ofrecer precios baratos. El precio, como ya hemos dejado sentado, es una manipulación de gran eficacia, pero por sí solo no motiva a las personas para que te apoyen, ni te proporciona la fidelidad inquebrantable necesaria para crear un punto de inflexión que permita crecer en unas proporciones descomunales. Ser barato no motiva a los empleados para que ofrezcan sangre, sudor y lágrimas por el trabajo. Wal-Mart no tenía la exclusiva de los precios baratos, y estos no son los que la hicieron tan querida y en última instancia tan próspera.

Para Sam Walton había otra cosa, una finalidad, causa o creencia más profunda que lo impulsaba.[73] Por encima de todo, Walton creía en las personas; estaba convencido de que, si cuidaba de la gente, esta cuidaría de él. Cuanto más pudiera dar Wal-Mart a los empleados, a los clientes y a la sociedad, más le devolverían esos empleados, esos clientes y esa sociedad a Wal-Mart. «Todos trabajamos unidos; ese es el secreto», decía Walton.[74]

Este era un concepto mucho mayor que el de, sencillamente, «repercutir en el ahorro». A Walton, la inspiración no le llegaba únicamente del servicio al cliente, sino de la idea del servicio en sí. Wal-Mart fue lo QUE Walton creó para servir a sus congéneres humanos. Para servir a la sociedad, para servir a los empleados y para servir a los clientes. El servicio era la causa más elevada.

El problema fue que después de su fallecimiento esta causa no se transmitió con claridad. En la era posterior a Sam, Wal-Mart empezó a confundir lentamente el PORQUÉ de su existencia —para servir a la gente— con el CÓMO hacia negocio: ofrecer precios baratos. Los responsables canjearon la causa motivadora de servir a las personas por una manipulación. Olvidaron el PORQUÉ de Walton, y su motivación motriz pasó a estar completamente relacionada con «lo barato». En flagrante contraposición a la causa fundacional que inicialmente representaba Walmart, la eficiencia y los már-

72. Ortega, Bob, *In Sam We Trust: The Untold Story of Sam Walton and How Wal-Mart Is Devouring the World*, Kogan Page, Nueva York, 1999.

73. Walton y Huey, *Sam Walton*.

74. http://walmartstores.com/CommunityGiving/8508.aspx.

genes se convirtieron en el nombre del juego. «Una computadora puede decirte al centavo lo que has vendido, pero jamás podrá decirte cuánto podrías haber vendido», decía Walton. Siempre hay que pagar un precio por el dinero que ganas y, habida cuenta del enorme tamaño de Wal-Mart, ese coste no se pagó solo en dólares y centavos. En su caso, olvidar el PORQUÉ de su fundador ha tenido un coste humano muy elevado. Toda una ironía, si se tiene en cuenta la causa fundacional de la empresa.

La empresa otrora famosa por su manera de tratar a los empleados y los clientes lleva sumida en escándalos desde hace casi diez años.[75] Casi todos han girado en torno a lo mal que trata a sus clientes y sus empleados. Desde diciembre de 2008, Wal-Mart se ha enfrentado a setenta y tres demandas colectivas relacionadas con incumplimientos salariales, y hasta la fecha ha tenido que pagar cientos de millones de dólares por juicios y acuerdos anteriores. Una empresa que creía en la relación simbiótica entre la empresa y la sociedad consiguió abrir una brecha entre ella y muchas de las poblaciones en las que desarrolla su actividad. Hubo un tiempo en el que los legisladores contribuían a promulgar leyes que permitieran la entrada de Wal-Mart en nuevas poblaciones; ahora, los legisladores se unen para mantenerla fuera. Las luchas por impedir que Wal-Mart abra nuevas tiendas han surgido por todo el país. En Nueva York, por ejemplo, los representantes de la ciudad en Brooklyn unieron sus fuerzas con los sindicatos para cerrar la tienda a causa de la mala fama de Wal-Mart por prácticas laborales abusivas.

En una de las más irónicas violaciones de las creencias fundacionales de Walton, Wal-Mart ha sido incapaz de reírse de sí misma o de aprender de sus escándalos. «Celebra tus éxitos —decía Walton—. Encuentra algo de humor en tus fracasos. No te tomes a ti mismo demasiado en serio. Relájate, y todos los que te rodean se relajarán.»[76] En lugar de admitir que las cosas ya no son como acostumbraban ser, Wal-Mart ha hecho lo contrario.

La manera de pensar, actuar y transmitir de Wal-Mart desde el fallecimiento de su inspirado líder tampoco es consecuencia de que sus competi-

---

75. «Wal-Mart Wage and Hour Settlement», *Wal-Mart Watch*, http://action.walmartwatch.com/page/-/Wal-Mart%20Wage%20and%20Hour%20Settlement.pdf.

76. Landrum, Gene N., *Entrepreneurial Genius: The Power of Passion*, Brendan Kelly Publishing Inc., Nueva York, 2004.

dores hayan sido más listos que ella. Kmart se acogió a la protección de la Ley de quiebras en 2002, y luego se fusionó con Sears tres años más tarde. Con unos 400.000 millones de ventas anuales, Wal-Mart sigue más que sextuplicando cada año las de Target.[77] De hecho, si miramos más allá del comercio minorista del descuento, Wal-Mart es ahora el mayor supermercado del mundo, y vende más DVD, bicicletas y juguetes que ninguna otra empresa de Estados Unidos. La competencia externa no es lo que ha dañado a la compañía; el mayor problema al que Wal-Mart se ha enfrentado a lo largo de los años viene de un único sitio: ella misma.

Para Wal-Mart, el QUÉ y el CÓMO no han cambiado. Y esto no tiene nada que ver con que Wal-Mart sea una «corporación»; ya lo era antes de que el amor empezara a declinar. Lo que ha cambiado es que su PORQUÉ se volvió confuso. Y todos lo sabemos. Una empresa otrora tan querida ya no lo es tanto. Los sentimientos negativos que sentimos hacia la empresa son reales, pero la parte del cerebro que puede explicar por qué sentimos tanta animadversión hacia ella tiene dificultades para explicar lo que ha cambiado. Así que racionalizamos y señalamos las cosas más tangibles que podemos ver: el tamaño y el dinero. Si nosotros, como personas ajenas a la empresa, hemos perdido claridad sobre el PORQUÉ de Wal-Mart, eso es una buena señal de que dicho PORQUÉ también se ha vuelto confuso en el seno de la empresa. Y si no está claro dentro, jamás lo estará fuera. Lo que sí está claro es que el Wal-Mart de hoy no es el Wal-Mart que Sam Walton levantó. ¿Qué pasó, entonces?

Es demasiado fácil decir que lo único que les importa a sus responsables es la cuenta de resultados. Todas las empresas se dedican a los negocios para ganar dinero, pero tener éxito no es la razón de que las cosas cambien tan drásticamente. Eso solo señala un síntoma. Si desde el primer momento no se comprende la razón de que sucediera, la pauta se repetirá en todas las demás empresas que se hagan grandes. No es el destino ni ningún ciclo empresarial místico lo que transforma a las empresas de éxito en goliaths impersonales. Son las personas.

---

77. http://walmartstores.com/FactsNews/NewsRoom/8224.aspx; http://investors.target.com/phoenix.zhtml?c=65828&p=irol-homeProfile.

Tener éxito en contraposición a sentir el éxito

Todos los años, un grupo de emprendedores de gran éxito se reúnen en la Endicott House del MIT a las afueras de Boston.[78] Esta Reunión de Titanes («Gathering of Titans»), como se llaman a sí mismos, no es la conferencia empresarial habitual: nada de despilfarros, nada de golf ni de *spa*, y nada de comidas caras. Todos los años, de cuarenta a cincuenta empresarios dedican cuatro días a escuchar, desde primeras horas de la mañana hasta bien entrada la noche. Diversos oradores son invitados a exponer su pensamiento y sus ideas, y a continuación se establecen debates dirigidos por algunos de los asistentes.

Hace pocos años tuve el honor de asistir a la Reunión de Titanes en calidad de invitado. Había supuesto que se trataría de otro grupo de empresarios que se reunían para hablar de negocios; imaginé que oiría debates y disertaciones sobre maximización de beneficios y mejoramiento de sistemas. Pero lo que presencié fue algo radicalmente distinto. En realidad, fue todo lo contrario.

El primer día, alguien preguntó al grupo cuántos de ellos habían logrado sus objetivos económicos. Se levantaron alrededor del 80 por ciento de las manos. Pensé que eso solo ya era bastante impresionante. Pero la respuesta a la siguiente pregunta fue lo que más me impresionó. Con las manos todavía levantadas, se preguntó al grupo: «¿Cuántos de vosotros sentís que habéis triunfado?» Y el 80 por ciento de las manos bajaron.

Ahí estaba una sala llena de algunos de los empresarios más brillantes de Estados Unidos, muchos de ellos multimillonarios, de los que algunos ya no necesitarían seguir trabajando si así lo desearan, y sin embargo la mayoría seguía sin sentir que hubiera triunfado. Lo cierto es que muchos confesaron que habían perdido algo desde que habían puesto en marcha sus negocios. Se acordaban de aquellos días en que no tenían ni un centavo y trabajaban en sus sótanos tratando de sacar las cosas adelante. Añoraban lo que habían sentido entonces.

Estos emprendedores asombrosos estaban en un momento de sus vidas en el que se daban cuenta de que sus empresas eran mucho más que vender

---

78. http://www.gatheringoftitans.com/.

cosas o ganar dinero. Eran conscientes de la profunda conexión personal que existía entre lo QUE hacían y POR QUÉ lo estaban haciendo. Este grupo de emprendedores se reunía para hablar de cuestiones relacionadas con el PORQUÉ, y en ocasiones con bastante intensidad.

Al contrario que los habituales empresarios con personalidad del tipo A, los titanes no estaban allí para demostrarse nada mutuamente. Reinaba entre ellos un sentimiento de inmensa confianza, no de despiadada competitividad. Y, habida cuenta de este sentimiento, todos los miembros del grupo estaban dispuestos a mostrar una vulnerabilidad que probablemente rara vez dejarían entrever el resto del año. Durante el transcurso de la reunión, cada una de las personas presentes en la sala derramó una lágrima o dos al menos una vez.

No me interesa escribir sobre la idea de que el dinero no compra la felicidad ni, como en este caso, el sentimiento de tener éxito. Esta no es una idea nueva ni profunda. Sin embargo, lo que sí me interesa es el cambio experimentado por estos emprendedores. A medida que sus empresas fueron creciendo, y que ellos tenían cada vez más éxito, ¿qué es lo que había cambiado?

Es fácil ver lo que habían ganado en el transcurso de sus trayectorias profesionales; podemos contar fácilmente el dinero, el tamaño del despacho, el número de empleados, el tamaño de sus casas, la cuota de mercado y la cantidad de recortes de prensa. Pero lo que habían perdido es mucho más difícil de identificar. A medida que su éxito tangible iba creciendo, algo más escurridizo empezaba a disiparse. Todos y cada uno de estos empresarios de éxito sabían QUÉ era lo que hacían. Y sabían CÓMO lo hacían. Pero muchos ya no sabían POR QUÉ.

Logro en contraposición a éxito

Para algunas personas, el éxito es una ironía. Muchas que alcanzan un gran éxito no siempre lo perciben, y algunas otras que alcanzan la fama hablan de la soledad que suele acompañarla. Esto se debe a que el éxito y el logro no son lo mismo, pese a lo cual a menudo los confundimos. Un logro es algo que alcanzas o cumples, como un objetivo; es algo tangible, claramente definido y evaluable. El éxito, por el contrario, es un sentimiento o un estado del ser. «Siente que tiene éxito. *Es* una triunfadora», decimos, utilizando el verbo *ser* para sugerir su estado del *ser*. Aunque podemos fijar fácilmente un camino para alcanzar una meta, trazar un camino para llegar a ese sentimiento intangible del éxito es mas difícil. En mi lenguaje, el logro llega cuando persigues y alcanzas lo QUE quieres. El éxito se produce cuando tienes claro la búsqueda de POR QUÉ lo quieres. El primero está motivado por factores tangibles, mientras que el último lo está por algo que está más profundo en el cerebro, donde carecemos de la capacidad para traducir esos sentimientos a palabras.

El éxito llega cuando nos despertamos todas las mañanas en esa búsqueda sin fin de POR QUÉ hacemos lo QUE hacemos. Nuestros logros, lo QUE hacemos, nos sirven de hitos que nos indican que vamos por el camino correcto. No se trata de lo uno o lo otro; ambas cosas son necesarias. En una ocasión, un hombre sensato me dijo: «El dinero no compra la felicidad, pero paga el yate para ponerte a su lado». Esta afirmación encierra una gran verdad. El yate representa el logro; es fácil de ver y, con el plan adecuado, absolutamente asequible. La cosa a la que nos emparejamos es ese sentimiento de difícil definición del éxito. Como es evidente, este es mucho más difícil de ver y de alcanzar. Son conceptos diferentes, y a veces van juntos y a veces, no. Y lo que es más importante, algunas personas, en su búsqueda del éxito, sencillamente, confunden lo QUE logran con el destino final. Esta es la razón de que nunca se sientan satisfechas, sea lo grande que sea su yate y con independencia de lo mucho que logren. La falsa suposición en la que a menudo incurrimos es pensar que, si logramos más cosas, el sentimiento de éxito llegará a continuación. Pero eso rara vez ocurre.

A medida que vamos consolidando una empresa o una trayectoria profesional, vamos adquiriendo más seguridad en lo QUE hacemos y nos hacemos más expertos en CÓMO lo hacemos. Con cada logro, las valoraciones tangibles del éxito y el sentimiento de progreso aumentan. La vida es buena. Sin embargo, la mayoría, en algún momento del trayecto, olvidamos POR QUÉ en un principio emprendimos el camino. En algún momento a lo largo de todos esos logros se produce una grieta inevitable, algo que es igual de aplicable tanto a las personas como a las organizaciones. Lo que los emprendedores de Endicott experimentaron como personas fue el mismo cambio que Wal-Mart y otras grandes empresas han sufrido o están padeciendo.

Habida cuenta de que Wal-Mart opera a una escala tan descomunal, el efecto en la confusión de su PORQUÉ se siente a una escala mayor. Los empleados, los clientes y la sociedad también lo sentirán.

Aquellas personas que tienen la capacidad para no perder de vista jamás el PORQUÉ, independientemente de sus pocos o muchos logros, pueden motivarnos. Aquellos con la capacidad para no perder de vista el PORQUÉ y asimismo alcanzar las metas que mantengan a todos concentrados en la dirección correcta son los grandes líderes. Para los grandes líderes, el Círculo Dorado está equilibrado. Estas personas van tras el PORQUÉ, se hacen responsable del CÓMO lo hacen, y lo QUE hacen sirve de prueba tangible de lo que creen. Pero la mayoría, por desgracia, llegamos a un lugar donde lo QUE hacemos y POR QUÉ lo estamos haciendo al final se desequilibran. Llegamos a un punto en el que el PORQUÉ y el QUÉ no coinciden. Y es la separación entre lo tangible y lo intangible lo que marca la grieta.

12

LA GRIETA OCURRE

Wal-Mart empezó siendo pequeña. Como Microsoft. Como Apple. Como General Electric y Ford y casi todas las demás empresas que se hicieron grandes. Ninguna empezó por una adquisición o una escisión ni alcanzó un tamaño descomunal de la noche a la mañana. Casi todas las empresas u organizaciones empiezan igual: con una idea. Ya sea una organización que crece hasta convertirse en una corporación de miles de millones de dólares como Wal-Mart, ya una que fracase a los pocos años, la mayoría echan a andar con una sola persona o un pequeño grupo de ellas que tienen una idea. Hasta Estados Unidos empezó de la misma manera.

Al principio, las ideas están alimentadas por la pasión, la misma irresistible emoción que provoca que hagamos cosas bastante irracionales. Esa pasión impulsa a muchas personas a hacer sacrificios para que una causa mayor que ellos pueda hacerse realidad. Algunos abandonan los estudios o dejan un empleo estupendo con un buen sueldo y otras ventajas para intentar arreglárselas por su cuenta. Algunos trabajan durante jornadas extraordinariamente largas sin pensárselo dos veces, en ocasiones sacrificando la estabilidad de sus relaciones o incluso su propia salud. Esta pasión es tan embriagadora y fascinante que también puede afectar a los demás. Motivados por el ideal del fundador, muchos empleados iniciales acaban dando muestras de la clásica conducta de los adoptantes iniciales. Fiándose de su instinto, estos primeros empleados también abandonan sus trabajos excelentes y aceptan salarios más bajos para incorporarse a una organización que tiene un 90 por ciento de probabilidades estadísticas de irse al garete. Pero las estadísticas no importan; imperan la pasión y el optimismo, y la energía es alta. Al igual que los adoptantes iniciales, la conducta de los que se incorporan al principio dice más de ellos que de las expectativas de la empresa.

Sin embargo, la razón del fracaso de tantas pequeñas empresas se debe a que la pasión por sí sola no basta. Para que la pasión sobreviva, es necesario una estructura. Un PORQUÉ sin los CÓMO, una pasión sin estructura, tiene muchas probabilidades de fracasar. ¿Te acuerdas del *boom* de las punto. com? Pasión a raudales, pero no tanta estructura. Los Titanes de Endicott House, sin embargo, no se enfrentaron a este problema. Ellos sabían cómo crear los sistemas y los procesos para ver crecer a sus empresas. Estos emprendedores se encuentran estadísticamente entre el 10 por ciento de pequeños empresarios que no quebraron en sus primeros tres años de vida. De hecho, muchos siguieron adelante y se las arreglaron bastante bien. Su problema era otro. Puede que la pasión necesite una estructura para sobrevivir, pero, para crecer, la estructura necesita pasión.

Eso es lo que presencié en la Reunión de Titanes: vi una sala llena de personas con la pasión suficiente para fundar empresas y el suficiente conocimiento para crear sistemas y estructuras para sobrevivir e incluso arreglárselas pero que muy bien. Pero, tras pasar tantos años centrados en convertir una visión en un negocio viable, muchos empezaban a obsesionarse con el QUÉ y el CÓMO de lo que hacía la empresa. Escudriñando informes financieros o algún otro resultado fácilmente medible, y obsesionándose con CÓMO iban a alcanzar esos resultados tangibles, dejaron de centrarse en el PORQUÉ de que en un principio fundaran la empresa. Esto es también lo que ha sucedido en Wal-Mart: una empresa obsesionada con servir a la comunidad acabó obsesionándose con cumplir sus objetivos.

Al igual que Wal-Mart, los emprendedores de Endicott solían pensar, actuar y transmitir de dentro afuera del Círculo Dorado, desde el PORQUÉ hasta el QUÉ. Pero a medida que fueron consiguiendo más éxito, el proceso se invirtió. El QUÉ aparece ahora en primer lugar, y todos los sistemas y los procesos se dedican a tratar de alcanzar esos resultados tangibles. La razón del cambio acaecido es sencilla: sufrieron una grieta, y su PORQUÉ se hizo confuso.

El mayor reto es el éxito

El único gran reto al que se enfrenta cualquier organización es... el éxito. Cuando la empresa es pequeña, el fundador se fiará de su instinto para tomar todas las decisiones importantes. Desde la comercialización hasta el producto, desde la estrategia hasta las tácticas, la contratación y los despidos, las decisiones que el fundador adopte, si confía en su intuición, parecerán las correctas. Pero cuando la organización crece, cuando sus éxitos aumentan, se hace físicamente imposible que una persona tome todas las decisiones importantes. No solo hay que confiar en los demás y depender de ellos para tomar las grandes decisiones, sino que esas personas también empezarán a decidir a quién contratar. Y con lentitud aunque con firmeza, a medida que el megáfono crece, la claridad del PORQUÉ empieza a diluirse.

Mientras que la intuición sería el filtro de las primeras decisiones, las cuestiones racionales y los datos empíricos suelen servir de único fundamento para las decisiones posteriores. Porque en todas las organizaciones que sufren la grieta, sus empleados ya no están motivados por una causa mayor que ellos. Así las cosas, se limitan a ir a trabajar y a gestionar los sistemas y el trabajo para conseguir determinados objetivos preestablecidos. Ya no hay ninguna catedral que construir. La pasión se ha ido, y la motivación es mínima. A estas alturas, para la mayoría de los que aparecen cada día, lo que hacen no es más que un trabajo. Y si estos son los sentimientos de la gente de dentro, imagina cuáles serán los de las personas ajenas a la organización. No es de extrañar que las manipulaciones empiecen entonces a dominar no solo la manera que tiene la empresa de vender sus mercancías, sino de retener a sus empleados. Bonificaciones, ascensos y otros incentivos, y hasta infundir miedo a las personas, se convierten en la única manera de conservar el talento. Eso tiene poco de motivación.

El diagrama anterior describe la vida de una organización. La línea superior representa el crecimiento de lo QUE hace la organización. En el caso de una empresa, esa cuantificación suele ser monetaria: beneficios, ingresos, beneficio bruto de explotación (EBITDA), precio de la acción, aumento de la cuota de mercado. Pero el parámetro puede ser cualquier cosa, en función de lo que quiera que haga la organización. Si esta se dedica a la recuperación de cachorros perdidos, entonces el parámetro sería el número de cachorros satisfactoriamente rescatados. Es implícitamente sencillo medir el crecimiento de lo QUE hace una organización. Después de todo, los QUÉ son tangibles y fáciles de cuantificar.

La segunda línea representa el PORQUÉ, la claridad de la finalidad, la causa o la creencia del fundador. El objetivo consiste en garantizar que, a medida que la cuantificación de QUÉ aumenta, la claridad del PORQUÉ se mantenga en estrecha consonancia. Dicho de otra manera, a medida que el volumen del megáfono aumenta, el mensaje que sale por él debe seguir siendo claro.

El volumen del megáfono deriva exclusivamente del crecimiento del QUÉ. Cuando este parámetro crece, cualquier empresa puede convertirse en una empresa «líder». Pero es la capacidad de motivar, de conservar la claridad del PORQUÉ, lo que confiere solo a unas pocas personas y organizaciones la capacidad de liderazgo. En el momento en que la claridad del PORQUÉ empieza a hacerse confusa se produce la grieta. En este punto, las organizaciones tal vez suenen con fuerza, pero ya no son claras.

Cuando las organizaciones son pequeñas, QUÉ hacen y POR QUÉ lo hacen guardan un estrecho paralelismo. Surgidas de la personalidad del fundador, es relativamente fácil que los primeros empleados «lo entiendan».

La claridad del PORQUÉ se entiende porque el origen de la pasión está cerca; de hecho, acude físicamente al trabajo todos los días. En la mayoría de los pequeños negocios, los empleados son introducidos todos en la misma sala y se relacionan entre ellos. El mero hecho de estar en torno a un fundador carismático permite que aflore el sentimiento de formar parte de algo especial. Aunque quizá se puedan conseguir algunas mejoras, por lo que respecta a las pequeñas empresas que se encuentran a sus anchas permaneciendo pequeñas, la necesidad de definir el PORQUÉ no es tan importante. En cuanto a las organizaciones que quieren aprobar la Prueba del Autobús Escolar, que desean convertirse en organizaciones que valgan miles de millones de dólares o trabajar a una escala lo bastante grande para cambiar los mercados o la sociedad, la necesidad de superar la grieta deviene primordial.

La Prueba del Autobús Escolar es una sencilla metáfora. Si el fundador o líder de una organización chocara con un autobús escolar, ¿la organización seguiría prosperando al mismo ritmo sin él al frente? Hay tantas organizaciones que se basan en la fuerza de una única personalidad que su marcha puede provocar un trastorno extraordinario. La cuestión no es que eso suceda —a la postre todos los fundadores se marchan o mueren—, se trata solo de cuándo y cómo está preparada la organización para la inevitable marcha. El problema no es estar aferrado al líder, sino encontrar las maneras eficaces de mantener viva para siempre la idea fundacional.

Para aprobar la Prueba del Autobús Escolar, para que una organización siga motivando y liderando después de la muerte de su fundador, debe extraerse el PORQUÉ de este e integrarlo en la cultura de la empresa. Es más, un plan sucesorio sólido debería tratar de encontrar un líder que se sienta motivado por la causa fundacional y esté preparado para llevarla a la siguiente generación. Los futuros jefes y empleados por igual deben estar motivados por algo mayor que la fuerza de la personalidad del fundador, y tienen que ver más allá del beneficio y el valor de las acciones exclusivamente.

Microsoft ha sufrido una grieta, pero la cosa no ha llegado tan lejos para que la empresa no pueda volver a encarrilarse. Hubo un tiempo no tan lejano en que la gente de Microsoft iba a trabajar cada día para cambiar el mundo.

Y lo hicieron. Lo que Microsoft logró, poniendo un ordenador personal encima de cada mesa, cambió espectacularmente nuestra forma de vida. Pero entonces su PORQUÉ se volvió confuso. Hoy día, pocas personas de la empresa reciben la orden de hacer todo lo que esté en sus manos para contribuir a que la gente sea más productiva y pueda sacar el máximo provecho a sus capacidades. En vez de eso, Microsoft se ha convertido en una simple empresa de *software*.

Si visitas la sede central de Microsoft en Redmond, Washington, descubrirás que, aunque su PORQUÉ se ha vuelto confuso, no se ha perdido del todo. Ese sentimiento de tener una causa, ese deseo de volver a cambiar el mundo, sigue allí, pero se ha desenfocado, resumido en el CÓMO y el QUÉ hacen. Microsoft tiene una oportunidad excepcional para aclarar su PORQUÉ y recuperar la motivación que la llevó al lugar que ocupa hoy día. Si no lo hace, si se limita a gestionar el QUÉ y sigue ignorando el PORQUÉ, la empresa acabará pareciéndose a America Online, una compañía que ha sobrepasado tanto su grieta que en realidad ha perdido su PORQUÉ. Apenas le queda ya una pizca del PORQUÉ original.

America Online motivaba. Al igual que Google en la actualidad, era la empresa de moda para la que había que trabajar. La gente pedía a gritos ser trasladada a Virginia para trabajar para esta impresionante empresa que estaba cambiando las reglas del negocio. Y no hay duda de que, al igual que todas las empresas motivadoras, AOL puso en marcha unos cambios que alteraron de forma profunda la manera en que lo hacemos casi todo. Su causa era clara y sus decisiones estaban regidas por su PORQUÉ. Su objetivo era que hubiera más gente en la red, aunque sus decisiones de perseguir dicha meta sembraran el caos en la propia empresa a corto plazo. Centrada en su PORQUÉ, AOL tomó la delantera a sus competidores al decidir cambiar la tarificación por horas para el acceso a internet por una cuota mensual sin limitaciones, una decisión que generó semejante tráfico que desactivó sus servidores. Habida cuenta de los efectos, la decisión no fue ni práctica ni racional, pero era la decisión correcta para contribuir a hacer realidad su causa. Que sus sistemas se desactivaran por el aumento del tráfico no hizo más que impulsarla a esforzarse en hacer frente al problema y garantizar que en la práctica Estados Unidos se conectara a Internet y se mantuviera en la línea.

En aquellos días, tener una dirección de correo electrónico de AOL era un motivo de orgullo, una muestra de ser uno de los que formaban parte de la revolución de Internet. En la actualidad, seguir teniendo una dirección de correo electrónico de AOL es símbolo de haberse quedado rezagado. Que el significado de algo tan simple como @aol.com haya cambiando de una manera tan espectacular es una prueba más de que la causa de la empresa hace tiempo que ha pasado a mejor vida. Ausente un PORQUÉ claro, el tamaño y la inercia es todo cuanto tiene AOL para seguir funcionando. La empresa ya no motiva, ni a los que trabajan en ella ni a los de fuera. Ya no nos referimos a la empresa como antes y sin duda tampoco es lo mismo lo que sentimos por ella. No la comparamos con Google o Facebook ni con ninguna de las demás empresas que han cambiado el sector actualmente. Como un descomunal tren de mercancías con los frenos accionados, todavía serán necesarios muchos kilómetros para que este tren termine deteniéndose por completo. Es una mera cuestión de física. En el mejor de los casos, el tamaño de AOL la ayudará a funcionar, pero sin una finalidad, causa o creencia convincente, la empresa no es más que un conjunto de mercancías. Lo más probable es que acabe siendo troceada y vendida como chatarra (tecnología o clientes), lo cual es una triste realidad si se tiene en cuenta la enorme motivación que AOL ejerció antaño.

No es una coincidencia que los emprendedores de éxito añoren los viejos tiempos; no es casualidad que una gran empresa hable de «volver a la esencia». A lo que se están refiriendo es a una época previa a la grieta. Y tendrían razón. En realidad sí que necesitan volver a una época en la que lo QUE hacían guardaba un perfecto paralelismo con el POR QUÉ lo hacían. Si continúan por la senda de centrarse en el crecimiento del QUÉ a expensas del PORQUÉ —más volumen y menos claridad—, su capacidad para prosperar y motivar en los años venideros es, en el mejor de los casos, dudosa. Empresas como Wal-Mart, Microsoft, Starbucks, Gap, Dell y tantas otras que eran especiales tienen todas que superar la grieta. Si no son capaces de retomar su PORQUÉ y volver a motivar tanto a los de dentro como a los de fuera de la organización, todas acabarán pareciéndose más a AOL que a las empresas que fueron.

Lo que se mide, se hace

En el otoño de su primer año en la universidad, Christina Harbridge se propuso buscar un empleo a tiempo parcial.[79] Intrigada por las perspectivas de trabajar en el negocio de las antigüedades, respondió a un anuncio aparecido en un periódico de Sacramento para realizar trabajo de oficina para un «coleccionista». Pero Harbridge no tardó en descubrir que el trabajo consistía en archivar documentos para un agente de cobros [en inglés, *collector* significa tanto «coleccionista» como «recaudador» o «cobrador», de ahí su confusión. *N. del T.*], y ni siquiera entonces estuvo del todo segura de qué significaba eso.

La oficina de las cobranzas consistía en una enorme sala con docenas de teléfonos profesionales, cada uno de ellos dotado con un cobrador de deudas que no paraba de hacer llamada tras llamada siguiendo una larga lista de empresas y personas físicas que debían dinero. La configuración de la sala implicaba que no hubiera ninguna intimidad; todos podían oír las llamadas del resto. A Harbridge enseguida le llamó la atención el tono desabrido que utilizaban los cobradores con aquellos a quienes pretendían cobrar las deudas impagadas. «Los acosaban, y prácticamente los amenazaban —me dijo Christina—. Hacían cualquier cosa para sacarles información.»

Harbridge me reconoció que tanto el dueño de la empresa como los cobradores eran todos personas amables y generosas. Se ayudaban mutuamente, se escuchaban sus respectivos problemas e incluso durante las vacaciones se reunían para ayudar a una familia sin hogar. Pero cuando estaban al teléfono intentando cobrar una deuda, esas mismas personas se convertían en unos seres agresivos e insensibles, groseros y, con frecuencia, mezquinos. Y no eran porque fueran malas personas; era porque se les incentivaba para que fueran de esa manera.

El comportamiento despótico de aquellas personas era absolutamente lógico. «Lo que se mide, se hace», como dice el famoso consultor de ventas Jack Daly. Y en el mundo del cobro de deudas, los cobradores reciben primas por la cantidad de dinero que consiguen cobrar. Esto ha dado como

---

79. Entrevista personal con Christina Harbridge, noviembre de 2008, http://christinaharbridge. com/blog/.

resultado todo un sector que amenaza, importuna, acosa y provoca. No pasó mucho tiempo antes de que Harbridge se sorprendiera adoptando la misma actitud cuando hablaba con los deudores. «Empecé a amenazar a la gente por teléfono de la misma manera que todos los demás de la oficina», contaba.

Sintiendo que lo QUE estaba haciendo no guardaba ningún equilibrio con su PORQUÉ, Harbridge decidió que tenía que haber otra manera. «Se me metió en la cabeza que iba a poner en marcha una agencia que cobrara siendo agradable», me dijo. Las personas del sector de la cobranza pensaron que Harbridge era una ingenua, cuando no una loca. Y puede que lo fuera.

En 1993, se trasladó a San Francisco y abrió su propio negocio de cobros, Bridgeport Financial, comprometida con la creencia de que los cobradores tendrían más éxito tratando a las personas con respeto que acosándolas. Harbridge levantó su empresa sobre su PORQUÉ, a saber, que cada persona tiene su historia y que todas merecen ser escuchadas. Su planteamiento consistía en hacer que sus cobradores trataran de establecer una relación con el deudor que estaba al otro extremo de la línea en el transcurso de una conversación de tres minutos. El objetivo era que se enterasen de todo lo que pudieran acerca de las circunstancias de esa persona: ¿tenía medios para pagar la deuda? ¿Aceptarían un calendario de pagos? ¿La razón de que no hubieran pagado era consecuencia de una situación pasajera? «Conseguíamos que la gente nos dijera la verdad —decía—. Como es natural, contábamos con un servicio jurídico, pero tratábamos de no recurrir a él.» Sin embargo, Harbridge sabía que, fueran cuales fueran sus intenciones, si medía los resultados de la misma manera que los demás acabaría produciéndose el mismo comportamiento desagradable. Así que se le ocurrió una manera completamente nueva de incentivar a su gente. Encontró la manera de evaluar el PORQUÉ.

En Bridgeport Financial, las primas no se daban en función de la cantidad de dinero que se cobrara; se daban basándose en cuántas cartas de «agradecimiento» enviaban sus agentes. Esto es más difícil de lo que parece. Enviar una carta agradeciendo a alguien el tiempo que pasó hablando por teléfono requiere unas cuantas cosas. En primer lugar, Harbridge tenía que contratar a personas que creyeran en lo que ella creía. Tenía que contratar a las personas apropiadas. Si sus empleados no creían que todo el mundo merece ser escuchado, no daría resultado. Solo unos empleados que encajaran serían capaces de crear el ambiente al teléfono que en realidad mereciera enviar una carta de agradecimiento, aunque la finalidad de la llamada fuera pedir dinero. Harbridge evaluaba el PORQUÉ de que su empresa existiera, no lo QUE hacían, y el resultado fue una cultura en la que la solidaridad se valoraba por encima de todo.

Pero ¿qué hay de los demás resultados? ¿Qué pasó con sus resultados financieros, lo primero que buscan la mayoría de las empresas? Bridgeport Financial logró cobrar un 300 por ciento más que la media del sector. Más aún, la mayoría de las personas y las empresas que empezaron siendo perseguidas acabaron haciendo más negocios con la primera empresa, la que en un principio las había enviado a la agencia de cobros para que las persiguieran. Esto es algo casi sin precedentes en el sector de la recuperación de deudas.

La empresa de Harbridge tuvo éxito no solo porque ella conocía POR QUÉ estaba haciendo lo que hacía, sino porque también encontró la manera de evaluar el PORQUÉ. El crecimiento de la empresa fue sonoro, y la causa de Christina, clara. Empezó con el PORQUÉ, y lo demás vino a continuación.

La mayoría de las actuales organizaciones utilizan unos parámetros muy claros para hacer un seguimiento del progreso y crecimiento de lo QUE hacen, generalmente el dinero. Por desgracia, contamos con unas mediciones muy malas para garantizar que un PORQUÉ mantenga la claridad. Dwayne Honoré lleva diez años dirigiendo su empresa de construcción industrial en Baton Rouge, Luisiana, un negocio que aprendió de su padre.[80] Con un sentido profundo de su finalidad, hace algunos años ideó un brillante sistema para garantizar que sus valores se vean reforzados en la cultura de su empresa. Resolvió cómo medir algo de lo que la mayoría de las personas solo pueden hablar de boquilla: la conciliación de la vida laboral y la familiar. Honoré cree que las personas no deberían dedicar todo su tiempo a trabajar, sino más bien que deberían trabajar para pasar más tiempo con sus familias.

---

80. Entrevista personal con Dwayne Honoré, diciembre de 2008, http://www.dhonore.com/explore.cfm/ourcompany/owner/.

A todos los empleados de Honoré Construction se les exige que sean puntuales en fichar por la mañana y puntuales en fichar por la tarde. Pero hay una trampa: deben fichar a la entrada entre las 8 h y las 8.30 h y salir entre las 17 h y las 17.30 h. Si salen más tarde, se quedan fuera del conjunto de primas. Y, dado que los empleados saben que tienen que marcharse a las 17.30, la pérdida de tiempo ha caído al mínimo; la productividad es alta, y apenas hay movimientos de personal. Piensa en la cantidad de cosas que tienes que hacer la víspera de irte de vacaciones. Pues ahora imagina que todos los días son así. Eso fue lo que Dwayne Honoré descubrió cómo lograr. Y, habida cuenta de que resolvió cómo medir un valor que para él tiene suma importancia, ese valor es asumido por todos. Y lo más importante, dado que todos los actos de Honoré pasan la Prueba del Apio, los demás pueden darse cuenta claramente de qué es en lo que cree.

El dinero es una manera absolutamente legítima de cuantificar las mercancías vendidas o los servicios prestados, pero no es un cálculo del valor. El mero hecho de que alguien gane mucho dinero no quiere decir que necesariamente aporte mucho valor y, de igual manera, el mero hecho de que alguien gane poco dinero no implica necesariamente que el valor que aporte sea pequeño. Limitarse a evaluar la cantidad de mercancías vendidas o el dinero obtenido no es indicativo de valor. El valor es un sentimiento, no una cuantificación. Es una sensación. Uno podría discutir que un producto con más accesorios que se venda más barato es el de mayor valor. Pero ¿con qué criterio?

Mi tío fabricaba raquetas de tenis. Sus raquetas se hacían justo en la misma fábrica que unas raquetas de marca. Unas y otras estaban hechas del mismo material y con la misma maquinaria; la única diferencia era que, cuando las raquetas de mi tío salían de la cadena de montaje, en la fábrica no les ponían el logotipo de la marca famosa. Las raquetas de mi tío se vendían a menor precio en la misma gran tienda junto a las raquetas de marca. Un mes tras otro, las raquetas de marca superaban en ventas a las de la marca blanca. ¿Y por qué? Porque la gente percibía un mayor valor en las raquetas de marca y le parecía bien pagar un precio superior por esa sensación. Desde un plano estrictamente racional, las raquetas genéricas ofrecían un valor mayor. Pero repito, el valor es una sensación, no un cálculo, razón por la cual las empresas le dan tantísima importancia a invertir en su marca. Pero una marca fuerte, al igual que todos los demás factores intangibles que contribuyen a la percepción del valor, empieza por un sentido claro del POR-QUÉ.

Si los que están fuera del megáfono comparten tu PORQUÉ, y eres capaz de transmitir con claridad esa creencia en todo lo que dices y haces, la confianza surge y el valor se percibe. Cuando eso sucede, los compradores leales siempre racionalizarán el mayor precio que pagan o los inconvenientes que padecen para obtener esa sensación. Para ellos, el sacrificio de tiempo o dinero vale la pena, así que tratarán de explicar que su sentido del valor es fruto de la calidad o las funcionalidades o de algún otro elemento fácil de señalar, aunque no es así. Estos son factores externos, y el sentimiento que obtienen procede exclusivamente de su interior. Cuando la gente puede señalar a una empresa y definir con claridad qué es en lo que esta cree y utiliza palabras no relacionadas con el precio, la calidad, el servicio y las funcionalidades, eso es demostración de que la empresa ha gestionado con éxito la grieta. Cuando la gente describe el valor que percibe con palabras emotivas y acaloradas como «amor», ese es un claro indicio de que existe una idea clara del PORQUÉ.

Las buenas sucesiones mantienen vivo el PORQUÉ

Hay tres palabras que se echan a faltar en el discurso de despedida de Bill Gates cuando dejó oficialmente Microsoft en junio de 2008. Son tres palabras que posiblemente ni siquiera se diera cuenta de que tenían que estar allí.

«Voy a regresar.»

Aunque Gates renunció a su puesto de CEO de Microsoft a favor de Steve Ballmer en 2000 para dedicar más tiempo y energía a la Fundación Bill y Melinda Gates, siguió realizando funciones y estando presente en la sede central de Microsoft en Redmond, Washington.[81] Su plan había sido siempre dejar por completo la empresa al cuidado de otros, pero, al igual que muchos fundadores, Gates se olvidó de hacer una cosa que permitiría que su

---

81. «Gates exits Microsoft to focus on charity work», MSNBC News Services, 27 de junio de 2008, http://www.msnbc.msn.com/id/25408326/.

plan saliera bien. Este descuido podría tener un efecto devastador sobre Microsoft, y puede que incluso le exija regresar algún día para enderezar la nave que construyó.

Bill Gates es especial. No solo por su cerebro o estilo de gerencia. Aunque importantes, por sí solas estas dos cosas no constituyen la fórmula para crear de la nada una corporación de 60.000 millones de dólares. Al igual que todos los líderes visionarios, Bill Gates es especial porque representa aquello en lo que cree. Él es la personificación del PORQUÉ de Microsoft. Y por esta razón sirve de faro físico, de recordatorio de POR QUÉ van todos a trabajar.

Cuando fundó Microsoft con Paul Allen en 1975, lo hizo para promover una causa mayor: si le das a la gente las herramientas adecuadas, y la haces más productiva, entonces todos, con independencia de su suerte en la vida, tendrán una oportunidad para alcanzar su verdadero potencial. «Un ordenador personal en cada casa y sobre cada mesa», era lo que imaginaba;[82] algo extraordinario viniendo de una empresa que ni siquiera fabricaba ordenadores personales. Gates veía a estos como los grandes igualadores. El *software* de más éxito de Microsoft, Windows, permitía que cualquiera tuviera acceso a una tecnología potente. Las herramientas como Word, Excel y PowerPoint otorgaban a todo el mundo la capacidad para realizar la promesa de la nueva tecnología: hacerse más eficaz y productivo. Las empresas pequeñas, por ejemplo, podían parecer y actuar como las grandes. Los programas informáticos de Microsoft ayudaron a Gates a promocionar su causa de potenciar al «hombre corriente».

No te equivoques, Microsoft ha hecho más para cambiar el mundo que Apple. Aunque nos sintamos atraídos por la fama bien merecida de Apple en lo que se refiere a la innovación y el desafío de los modelos empresariales de más de un sector, fue Microsoft la responsable del fomento del ordenador personal. Gates puso uno sobre cada mesa, y al hacerlo cambió el mundo. Como encarnación física del PORQUÉ de la empresa, el «hombre corriente» que satisfizo un potencial increíble, ¿qué pasa ahora que se ha ido?

El propio Gates ha sostenido siempre que es objeto de una atención «desproporcionada» por su labor en Microsoft, gran parte de ella, claro está, debida a su excepcional riqueza. Como todos los líderes motivados, reconoce

---

82. http://www.microsoft.com/about/companyinformation/ourbusinesses/profile.mspx.

que su función consiste en guiar la causa, pero que son otros los que serán físicamente responsables de dar vida a esa causa. Martin Luther King Jr. no podría haber cambiado Estados Unidos cruzando un puente en Selma, Alabama, con cinco destacados líderes de los derechos civiles; fueron necesarias las miles de personas que desfilaban tras ellos para incitar al cambio. Gates reconoce la necesidad de la gente para producir el cambio real, aunque se olvidó de recordar que cualquier movimiento eficaz, social o empresarial, necesita un líder que marche en cabeza, predicando el ideal y recordando a las personas POR QUÉ aparecieron en un principio. Aunque King necesitó cruzar el puente de Selma en su marcha hacia Montgomery, fue lo que significaba cruzar el puente lo que importaba. Al igual que en los negocios, aunque el beneficio y el precio de la acción son destinos esenciales y válidos, no son los que motivan a la gente a acudir al trabajo.

Aunque Microsoft pasó por la grieta hace años, transformándose de una empresa que pretendía cambiar el mundo en otra que hace programas informáticos, tener a Gates merodeando por ahí contribuyó a que la empresa mantuviera al menos una idea general del PORQUÉ de su existencia. Con la marcha de Gates, Microsoft ya no tiene suficientes sistemas para medir y difundir su PORQUÉ. Este es un problema que tendrá un efecto exponencial con el paso del tiempo.

Una salida como la de Gates no carece de precedente entre las empresas con líderes igual de visionarios. Steve Jobs, la encarnación física del revolucionario agitador, un hombre que también personificaba el PORQUÉ de su compañía, abandonó Apple en 1985 después de la legendaria lucha por el poder con el presidente, John Sculley, y la junta directiva de Apple.[83] Las consecuencias para Apple fueron de gran calado.

Contratado inicialmente por Jobs en 1983, Sculley era un ejecutivo perfectamente capacitado y con una amplia experiencia.[84] Él sabía QUÉ hacer y CÓMO hacerlo. Considerado uno de los directores de mercadotecnia con

83. Pollack, Andrew, «Apple Computer Entrepreneur's Rise and Fall», *New York Times*, 19 de septiembre de 1985, http://query.nytimes.com/gst/fullpage.html?res=950DE7DA1739F93AA2575AC0A963948260&scp=3&sq=apple%201985%20jobs%20resigns&st=cse.

84. «Marketing Genius for Pepsi an Apple: John sculley III, WG'63», *Wharton Alumni Magazine*, primavera de 2007, http://www.wharton.upenn.edu/alum_mag/issues/125anniversaryissue/sculley.html.

más talento disponibles, había ascendido rápidamente en el escalafón de PepsiCo. En esta, creó la campaña publicitaria de la prueba de sabor «el Desafío de Pepsi», que tuvo un enorme éxito y condujo a Pepsi a superar a Coca-Cola por primera vez. Pero el problema estaba en que Sculley no era la persona adecuada para Apple. Dirigía la empresa como si fuera un negocio, y no estaba allí para liderar la causa.

De entrada, conviene tener en cuenta cómo una persona tan poco idónea como Sculley consiguió el empleo. Sencillo: fue manipulado. Sculley no se puso en contacto con Jobs y le pidió formar parte de la causa de Apple. Tal como se desarrolló la verdadera historia, las repercusiones eran casi previsibles. Jobs sabía que necesitaba ayuda, y sabía que necesitaba a al alguien del tipo CÓMO que le ayudara a adaptar su visión. Se puso en contacto con Sculley, un hombre con un sólido currículo y le dijo: «¿Quieres vender agua azucarada toda tu vida o quieres cambiar el mundo?»[85] Jugando con el ego, las aspiraciones y los miedos de Sculley, Jobs llevó a cabo una manipulación perfectamente ejecutada. Y con ella, Jobs fue depuesto de su propia empresa al cabo de unos pocos años.

Apple siguió viviendo sin el combustible de Steve Jobs durante unos cuantos años porque las empresas empezaron a comprar Macintosh y los creadores de *software* siguieron creando nuevos programas informáticos. Pero no pasaría mucho tiempo antes de que la empresa empezara a tambalearse. Apple ya no era lo que había sido. Había sufrido la grieta y la había ignorado; el PORQUÉ se estaba haciendo cada vez más confuso con el paso de los años; literalmente, la inspiración había desaparecido.

Con un ejecutivo capacitado como Sculley dirigiendo la empresa, no había nadie que guiara la causa. «Los nuevos productos serían "menos revolucionarios y más evolutivos" —informaba por entonces la revista *FORTUNE*—, incluso algunos podrían calificarlos de insulsos.»[86] Cansado de las maneras «creativas» de Apple, Sculley reorganizó la empresa una y otra vez, tratando en cada ocasión de recuperar lo que Apple a todas luces había per-

85. *Triumph of the Nerds:* The Television Program Transcripts: Part III, PBS, http://pbs.org/nerds/part3.html.

86. O'Reilly, Brian, «Apple Computer's Risky Revolution», *FORTUNE*, 8 de mayo de 1989, http://money.cnn.com/magazines/fortune/fortune_archive/1989/05/08/71954/index.htm.

dido. A tal fin, incorporó un nuevo personal ejecutivo que lo ayudara, pero lo único que hicieron fue tratar de arreglar el CÓMO trabajaba la compañía, cuando en realidad era el PORQUÉ lo que necesitaba atención. Huelga decir que la moral estaba por los suelos. Y no fue hasta el regreso de Jobs en 1997 cuando se le recordó a todo el·mundo, de dentro y de fuera de la empresa, POR QUÉ existía Apple. Con el regreso de la claridad, la empresa reestableció rápidamente su energía para la innovación, para pensar diferente y, de nuevo, para redefinir los sectores. Con Jobs de nuevo al timón, la cultura de desafiar el estado de las cosas, de potenciar al individuo, regresó. Todas las decisiones se pasaron por el cedazo del PORQUÉ, y dio resultado. Como la mayoría de los líderes motivadores, Jobs confiaba en su instinto antes que en los consejos de los demás, lo que le acarreó frecuentes críticas por no tomar decisiones relacionadas con el mercado de consumo masivo, como la de dejar que la gente clonara el Mac. No podía; tales acciones violaban aquello en lo que creía: no superaban la Prueba del Apio.

Para empezar, cuando la persona que encarna el PORQUÉ se marcha sin definir con claridad POR QUÉ se fundó la empresa, deja a su sucesor sin una causa clara que liderar. El nuevo CEO subirá a bordo para dirigir la empresa y centrará su atención en el crecimiento del QUÉ, sin apenas prestar atención al PORQUÉ. Y lo que es peor, para empezar hasta puede que intente implantar su propia visión sin tener en cuenta la causa que inicialmente motivaba a la mayoría de las personas a acudir al trabajo. En estos casos, puede que el jefe trabaje en contra de la cultura de empresa, en lugar de dirigirla o basarse en ella. El resultado es el menoscabo de la moral, el éxodo masivo, un rendimiento deficiente y una lenta y constante transición hacia la cultura de la desconfianza y del sálvese quien pueda.

Eso fue lo que le sucedió a Dell. Michael Dell también tenía una causa cuando puso en funcionamiento su empresa. Desde el principio, se centró en la efectividad como el medio para hacer llegar a más manos una mayor capacidad de procesamiento.[87] Por desgracia, esa fue una causa que él también olvidó y que más tarde no transmitió lo bastante bien antes de renunciar al puesto de presidente ejecutivo de Dell Corp., en julio de 2004. Después de

---

87. Lohr, Steve, «Can Michael Dell Refocus His Namesake?», *New York Times*, 9 de septiembre de 2007, http://www.nytimes.com/2007/09/09/technology/09dell.html.

que la empresa empezara a debilitarse —por ejemplo, la atención al cliente cayó en picado—, regresó al cabo de menos de tres años.

Michael Dell reconoció que, sin su presencia para mantener la energía centrada en la razón por la que Dell Corp. había sido fundada, la empresa había acabado obsesionándose más con el QUÉ a expensas del PORQUÉ. «La empresa estaba demasiado atenta al corto plazo, y la balanza de las prioridades se estaba inclinando hacia las cosas que proporcionaban resultados inmediatos; esa fue la causa principal», le dijo Dell al *New York Times* en septiembre de 2007. En realidad, la empresa había llegado a ser tan inoperante que algunos directivos se vieron obligados a falsificar los informes de ingresos entre 2003 y 2006 para cumplir con los objetivos de ventas, lo que sugiere una cultura empresarial que ejercía una presión excesiva sobre los responsables para cumplir con los objetivos de la cuenta de resultados. En el ínterin, la empresa había pasado por alto importantes cambios en el mercado, muy particularmente el potencial del mercado de consumo, y también había perdido su ventaja con los proveedores de componentes. Y en 2006, Hewlett-Packard adelantó a Dell como el mayor vendedor de ordenadores personales del mundo. Dell había sufrido la grieta, y no fue capaz de darse cuenta de que la razón se debía a que ya no era la empresa que había sido.

Starbucks es otro buen ejemplo. En 2000, Howard Schultz dimitió de su cargo de presidente ejecutivo de la empresa, y por primera en la historia de esta, y a pesar de los 50 millones de clientes semanales, Starbucks empezó a resquebrajarse.

Si te remontas en la historia de la empresa, la razón de su prosperidad no hay que buscarla en su café, sino en la vivencia que proporcionaba a sus clientes.[88] Fue Schultz quien llevó ese PORQUÉ a la empresa cuando llegó en 1982, diez años después de que Gordon Bowker, Jerry Baldwin y Zev Siegl empezaran vendiendo habas de café en Seattle. Al comienzo, todo giraba en torno al café. Schultz, decepcionado con la estrechez de miras de los fundadores de Starbucks, se propuso dar una nueva orientación a la empresa, orientación que en última instancia convirtió a Starbucks en la empresa que conocemos hoy. Schultz se había quedado prendado de las cafeterías de Italia, y albergaba el ideal de crear un ambiente acogedor que estuviera entre

88. https://www.starbucks.com/about-us/company-information/starbucks-company-timeline.

el hogar y el trabajo, el «tercer espacio», como lo denominó, que permitiera que Starbucks creara por sí sola una cultura de la cafetería en Estados Unidos, algo que hasta entonces solo había existido en los campus universitarios.

Esa fue la época en que Starbucks representaba algo. La cadena era el reflejo de una creencia fundamental sobre el mundo, y fue esa idea lo que la gente compraba, no el café. Y, además, era motivadora. Pero Starbucks, como tantas empresas antes que ella, sufrió la inevitable grieta. También ella se olvidó de POR QUÉ fue fundada y empezó a centrarse en los resultados y los productos. Hubo un tiempo en que Starbucks ofrecía la posibilidad de que disfrutaras de tu café en un recipiente de cerámica y te comieras tu pastel en un plato del mismo material. Dos detalles perfectos que contribuyeron a dar vida a la creencia de la empresa en un ambiente entre el trabajo y el hogar. Pero la vajilla de cerámica es cara de mantener, y Starbucks se deshizo de ella a favor de los mucho más eficientes vasos de papel. Aunque esto ahorraba dinero, no lo hizo sin un coste: el deterioro de la confianza. Nada como un vaso de papel le dice a un cliente: «Te queremos, ahora lárgate». Los locales dejaron de ser el tercer espacio; ahora se trataba del café. El PORQUÉ se estaba haciendo confuso. Afortunadamente, Schultz, la encarnación física del PORQUÉ, estaba allí para recordarle a la gente la causa principal. Pero en 2000 se marchó, y las cosas fueron a peor.

La empresa había crecido desde poco más de 1.000 locales a 13.000 en solo diez años. Ocho años y dos directores generales más tarde, la empresa estaba peligrosamente sobredimensionada justo cuando se estaba enfrentando a una embestida de la competitividad por parte de McDonald's, Dunkin' Donuts y otros lugares inesperados. En un ya famoso informe que Schultz escribió a su sucesor, Jim Donald, pocos meses antes de volver a asumir el timón, le rogaba a este último que «realizara los cambios necesarios para evocar la herencia, la tradición y la pasión que todos sentimos por la auténtica vivencia de Starbucks».[89] La razón de que la empresa se estuviera tambaleando no era que hubiera crecido demasiado, sino que Schultz no

---

89. «Text of Starbucks Memo», *Wall Street Journal*, 24 de febrero de 2007, http://online.wsj. com/public/article/SB117234084129218452-hpbDoP_cLbOUdcG_0y7qLlQ7Okg_20080224. html?mod=rss_free.

había imbuido adecuadamente de su PORQUÉ a la organización, de manera que esta pudiera gestionarlo en su ausencia. A principios de 2008, Schultz sustituyó a Donald por un líder que podía conducir a la empresa de vuelta a la época anterior a la grieta: él mismo.[90]

Ninguno de estos ejecutivos está considerado como un regalo del cielo para la gestión. La paranoia de Steve Jobs, por ejemplo, está sobradamente documentada, y Bill Gates es socialmente torpe. Sus empresas están llenas de miles de personas, y por sí solos ellos no pueden tirar de todos los hilos ni pulsar todos los botones para hacer que todo funcione de manera adecuada. Dependen de las mentes y las capacidades de gestión de equipos de personas para que los ayuden a crear sus megáfonos. Recurren a las personas que comparten su causa. A este respecto, no se diferencian de los demás ejecutivos. Pero lo que todos ellos tienen en común, algo que no todos los presidentes ejecutivos poseen, es que representan físicamente la causa en torno a la cual levantaron sus empresas. Su presencia física recuerda a todos los directivos y empleados POR QUÉ acuden al trabajo. Dicho de manera sencilla: ellos motivan. Pero, al igual que Bill Gates, estos líderes motivadores han fracasado todos a la hora de expresar con propiedad su causa con unas palabras en torno a las cuales los demás pudieran congregarse en su ausencia. Y no expresar firmemente con palabras el movimiento los deja como los únicos que pueden dirigir el movimiento. ¿Y qué sucederá si Jobs o Dell o Schultz se vuelven a marchar?

Para las empresas, sea cual sea su tamaño, el éxito es el principal reto. A medida que Microsoft se fue haciendo grande, Gates dejó de hablar de lo que creía y de cómo iba a cambiar el mundo y empezó a hablar de lo que la empresa estaba haciendo. Microsoft cambió. Fundada como una empresa que creía en hacer a la gente más productiva para que así pudiera explotar al máximo sus capacidades, Microsoft se convirtió en una empresa que, simplemente, hacía productos de *software*. Y un cambio tan aparentemente sutil afecta a las conductas; y altera las decisiones; y tiene consecuencias en la manera en que una empresa se estructura para el futuro. Aunque Microsoft

---

90. Helm, Burt y Jena McGregor, «Howard Schultz's Grande Challenge», *Business Week*, 9 de enero de 2008, http://www.businessweek.com/magazine/content/08_03/b4067000369003. htm?chan=top+news_top+news+index_businessweek+exclusives.

hubiera cambiado desde su fundación, las consecuencias nunca serían tan dramáticas porque al menos Bill Gates estaba allí, la encarnación física de la causa que motivaba a sus ejecutivos y empleados.

Microsoft es solo una de las cosas tangibles que Gates ha hecho en su vida para hacer realidad su causa. La empresa es uno de los QUÉ para su PORQUÉ. Y ahora se ha ido para hacer otra cosa que también representa a su causa: utilizar la Fundación Gates para ayudar a personas de todo el mundo a que se levanten cada mañana para superar obstáculos, de manera que ellas también puedan tener la oportunidad de desarrollar sus capacidades. La única diferencia es que ya no lo está haciendo con el *software*. Steve Ballmer, sin duda un hombre inteligente, no encarna físicamente la visión del mundo de Gates. Su visión es la de un enérgico ejecutivo que ve números, competidores y mercados. Es un hombre con el don para gestionar el mensaje del QUÉ. Al igual que John Sculley en Apple, Jim Donald en Starbucks y Kevin Rollins en Dell —todos los presidentes ejecutivos que sustituyeron a los fundadores o ejecutivos visionarios—, Ballmer podría ser la persona ideal para trabajar al lado de un visionario, pero ¿es la persona ideal para sustituirlo?

Toda la cultura de estas empresas se creó en torno a la visión de un hombre. El único plan sucesorio que dará resultado es el de encontrar un CEO que crea en ese movimiento y esté dispuesto a seguir liderándolo, no a sustituirlo con su propio ideal de futuro. Ballmer sabe cómo unir a la empresa, pero ¿sabe motivarla?

El éxito en la sucesión consiste en algo más que seleccionar a alguien con una serie de aptitudes adecuadas; consiste en encontrar a alguien que se mueva al unísono de la causa original en torno a la cual se fundó la empresa.

Un gran segundo o tercer CEO no toma el timón para implantar su propio ideal de futuro; antes bien, toma el estandarte original y lidera a la empresa hacia la siguiente generación. Esa es la razón de que la llamemos sucesión, no sustitución. Hay una continuidad en la visión.

Una de las razones de que Southwest Airlines haya hecho tan bien la sucesión hay que encontrarla en lo arraigada que está su causa en la cultura, y en que los presidentes ejecutivos que asumieron el cargo desde Herb Kelleher también encarnaron la causa. Howard Putnam fue el primer presidente de Southwest después de Kelleher. Aunque por su trayectoria era un hombre del sector, no fue su historial profesional lo que lo hacía tan idóneo para dirigir la empresa. Era una opción óptima. Putnam relata su primer encuentro con Kelleher para entrevistarse para el cargo.[91] Putnam se recostó en su silla y se dio cuenta de que Kelleher se había quitado los zapatos debajo de la mesa. Y lo que fue aun más revelador: reparó en el agujero que Kelleher tenía en uno de los calcetines. Ese fue el momento en que Putnam sintió que él era el hombre idóneo para el puesto. Le encantó que Kelleher fuera como cualquier otra persona: él también llevaba agujereados los calcetines.

Aunque Putnam supo que Southwest le convenía, ¿cómo sabemos si él le convenía a Southwest? Tuve la oportunidad de pasar medio día con Putnam para hablar. En un momento dado de la tarde, le sugerí que hiciéramos un descanso y tomáramos un café en Starbucks. La mera sugerencia lo indignó: «¡No voy a ningún Starbucks! —comentó burlonamente—. «Yo no pago cinco dólares por una taza de café. Y además, ¿qué demonios es un *frappuccino*?» Fue en ese momento cuando me di cuenta de lo idóneo que era Putnam para Southwest. Era un hombre corriente, alguien que iba a Dunkin' Donuts. Era el hombre perfecto para coger la antorcha de Kelleher y seguir adelante con ella. Southwest lo motivaba. En el caso de Howard Putnam, Kelleher contrató a alguien que podía representar la causa, no reinventarla.

En la actualidad, la causa está tan asimilada en la empresa que es casi automática. Lo mismo podría decirse de Colleen Barrett, que se convirtió en presidenta de Southwest en 2001, unos treinta años después de que trabajara como secretaria de Kelleher en su bufete de San Antonio.[92] En 2001, la empresa tenía casi 30.000 empleados y una flota de 344 aviones. Cuando asumió el cargo, Barrett dijo que dirigir la empresa se había convertido en «una actividad sumamente colectiva». Kelleher acabó su implicación con el día a día de la empresa, pero dejó una cultura empresarial tan sólida que su presencia en los pasillos ya no sería necesaria. La persona física había sido sustituida en la práctica por su cultura. Pero es esa cultura lo que ha contribuido a mantener con vida el PORQUÉ. Barrett admite sin embozo que no es la ejecutiva más inteligente del lugar; a decir verdad, es autocrítica con su valoración personal. Pero, en su condición de líder de la empresa, ser la más

91. Entrevista personal con Howard Putnam, octubre de 2008.

92. Entrevista personal con Colleen Barrett, diciembre de 2008.

inteligente no forma parte de su cometido. Su trabajo consiste en liderar la causa, en personificar los valores y en recordar a todos POR QUÉ están allí. La buena noticia es que será fácil saber si un sucesor está llevando la antorcha correcta. Basta con aplicar la Prueba del Apio y comprobar si lo que la empresa dice y hace tiene lógica. Basta con comprobar si lo QUE está haciendo revela POR QUÉ fue fundada. Si no podemos determinar con facilidad el PORQUÉ de una empresa limitándonos a analizar sus productos, sus servicios, su publicidad y sus declaraciones públicas, entonces hay muchas posibilidades de que ella tampoco sepa cuál es. Si una empresa lo supiera, nosotros también lo sabríamos.

Cuando el PORQUÉ desaparezca, lo único que te quedará es el QUÉ

El 5 de abril de 1992, aproximadamente a las ocho de la mañana, Wal-Mart perdió su PORQUÉ. Ese día, Sam Walton, el líder motivador de Wal-Mart, el hombre que encarnaba la causa en torno a la cual creó el mayor minorista del mundo, moría de un cáncer de médula ósea en el Medical Science Hospital de la Universidad de Arkansas, en Little Rock. Poco después, el hijo mayor de Walton, S. Robeson Walton, que sucedió a su padre como presidente de la empresa, hizo una declaración pública. «No hay previsto ningún cambio en la dirección, el control o la política de la empresa», dijo.[93] Para desgracia de los empleados, los clientes y los accionistas de Wal-Mart, eso no fue lo que ocurrió.

Sam Walton era la representación del hombre corriente. Aunque en 1985 fue designado la persona más rica de Estados Unidos por la revista *Forbes*, una denominación que mantuvo hasta su muerte, nunca comprendió la importancia que los demás le daban al dinero. Walton era sin duda un hombre competitivo, y el dinero era un buen criterio para medir el éxito. Pero eso no era lo que le proporcionaba a Walton ni a los que trabajaban en Wal-Mart la sensación de éxito. Lo que Walton valoraba por encima de todo eran las personas. La gente.

---

93. http://findarticles.com/p/articles/mi_m3092/is_n8_v31/ai_12098902/.

Cuida a las personas y las personas te cuidarán a ti era su creencia, y todo lo que Walton y Wal-Mart hacían lo ponía de manifiesto. En los comienzos, por ejemplo, Walton se empeñaba en aparecer a trabajar los sábados, para ser justo con los empleados de su tienda que tenían que trabajar los fines de semana.[94] Además, se acordaba de los cumpleaños y los aniversarios e incluso de la madre de una cajera a la que acababan de extirpar la vesícula biliar. Reprendía a sus ejecutivos por conducir coches caros, y durante muchos años se negó a utilizar el reactor de la empresa. Si el estadounidense medio no tenía esas cosas, entonces tampoco deberían tenerlas aquellos que se suponía eran sus paladines.

Wal-Mart jamás sufrió una grieta mientras estuvo bajo el mando de Walton, porque este jamás se olvidó de dónde venía. «Sigo sin poder creerme que sea noticia que me corte el pelo en la peluquería. ¿En qué otro sitió iba a cortármelo? —decía—. ¿Que por qué conduzco una camioneta? ¿En qué se supone que tengo que sacar a pasear a mis perros, en un Rolls-Royce?»[95] Vestido a menudo con su característica chaqueta de *tweed* y una gorra de camionero, Walton era la encarnación de aquellos a quienes trataba de servir: el estadounidense de la calle.

Con una empresa tan querida por empleados, clientes y comunidades, Walton solo cometió un error de bulto: no supo traducir su causa a unas palabras lo bastante claras para que los demás pudieran continuar liderándola después de su muerte. La culpa no fue toda de él. La parte del cerebro que controla el PORQUÉ no controla el lenguaje. Así que, al igual que otros muchos, lo más que Walton podía expresar era CÓMO hacer realidad su causa. Hablaba de hacer productos baratos para hacer las cosas más asequibles al trabajador medio. Hablaba de construir tiendas en poblaciones rurales para que la mano de obra de la columna vertebral de Estados Unidos no tuviera que desplazarse a los centros urbanos. Todo esto entraba dentro de la lógica; todas sus decisiones superaban la Prueba del Apio. Pero fue el PORQUÉ en torno al cual se creó la empresa lo que quedó sin decir.

Walton mantuvo su implicación en la empresa hasta poco antes de su muerte, cuando su frágil salud le impidió seguir participando. Al igual que

---

94. Walton, Sam y John Huey, *Sam Walton: Made in America; Mi Story*, Bantam, Nueva York, 1992.

95. Ibídem.

todas las organizaciones con líderes fundadores cuya presencia física ayuda a mantener vivo el PORQUÉ, su permanente implicación en la compañía había recordado a todos POR QUÉ acudían a trabajar cada día. Motivaba a todos los que lo rodeaban. De la misma manera que Apple siguió funcionando unos pocos años más sin el combustible de Steve Jobs antes de que empezaran a aparecer importantes grietas, así Wal-Mart no tardó en olvidar a Sam Walton y su PORQUÉ tras su fallecimiento. Pero, a medida que el PORQUÉ se fue haciendo cada vez más confuso, la compañía cambió de rumbo. A partir de ese momento, habría una nueva motivación en la empresa, una sobre cuyo peligro el propio Walton ya había advertido: ir tras el dinero.

Costco fue cofundada en 1983 por Jim Sinegal, una persona del tipo PORQUÉ, y Jeffrey Brotman, que era del tipo CÓMO. Sinegal aprendió el negocio del comercio de descuento de Sol Price, la misma persona de quien Sam Walton había admitido haber «tomado prestado» gran parte de lo que sabía sobre el negocio.[96] Y, al igual que Walton, Sinegal creía en las personas ante todo. «Vamos a ser una empresa que va a dirigirse a todo el mundo por su nombre de pila», declaró en una entrevista concedida en el programa de noticias *20/20* de la ABC.[97] Siguiendo la misma fórmula que otros líderes motivadores, Costco cree en cuidar a sus empleados antes que nada. Históricamente, ha pagado a sus empleados alrededor de un 40 por ciento más que lo que cobran los que trabajan en Sam's Club, el almacén de descuentos propiedad de Wal-Mart. Y Costco ofrece beneficios que están por encima de la media, entre ellos la cobertura médica a más del 90 por ciento de sus empleados. De resultas de ello, su tasa de rotación de personal es invariablemente cinco veces menor que la del Sam's Club.

Como todas las empresas creadas en torno a una causa, Costco ha confiado en su megáfono para que la ayude a crecer. No tiene ningún departamento de publicidad y no gasta dinero en anuncios. La Ley de la Difusión es lo único que necesita para propagar el mensaje. «Imagina que tienes 120.000 fieles

---

96. Boyle, Matthew, «Why Costco is so addictive», *FORTUNE*, 25 de octubre de 2006, http://money.cnn.com/magazines/fortune/fortune_archive/2006/10/30/8391725/index.htm.

97. Goldberg, Alan B., y Bill Ritter, «Costco CEO Finds Pro-Worker Means Profitability», ABC News, 2 de agosto de 2006, http://abcnews.go.com/2020/business/story?id=1362779.

embajadores ahí fuera que no paran de decir cosas buenas de ti», bromea Sinegal, reconociendo el valor de la confianza y la lealtad de sus empleados por encima de los anuncios y la publicidad.

Los analistas de Wall Street criticaron durante años la estrategia de Costco de gastar tanto en su gente, en lugar de recortar gastos para aumentar los márgenes y contribuir a incrementar el valor de sus acciones.[98] Wall Street preferiría que la empresa se centrara en lo QUE hace a expensas de POR QUÉ lo hace. Un analista del Deutsche Bank le dijo a la revista *FORTUNE*: «Costco sigue siendo una empresa a la que se le da mejor servir a un miembro del club y a un empleado que a un accionista».

Por suerte, Sinegal confía más en su intuición que en los analistas de Wall Street. «Wall Street se dedica al negocio de hacer dinero entre ahora y el martes que viene —declaró en la entrevista de *20/20*—. Nosotros nos dedicamos al negocio de crear una organización, una institución que esperamos siga aquí dentro de cincuenta años. Y pagar buenos sueldos y conservar a las personas que trabajan contigo es un negocio muy bueno.»

La sorprendente revelación que se extrae de todo esto no es solo la gran capacidad de motivación de Sinegal, sino que en casi todo lo que dice y hace resuena Sam Walton. Wal-Mart llegó a ser tan grande haciendo exactamente lo mismo: centrándose en el PORQUÉ y garantizando que lo QUE hacía lo demostrara. El dinero nunca es la causa, siempre es una consecuencia. Pero en aquel aciago día de abril de 1992, Wal-Mart dejó de creer en su PORQUÉ.

Desde la muerte de Sam Walton, Wal-Mart se ha visto asolada por los escándalos provocados por los malos tratos que inflige a los empleados y los clientes en aras del valor de las acciones. Su PORQUÉ se ha hecho tan confuso que, incluso cuando hace las cosas bien, pocos son los que están dispuestos a reconocerle el mérito. Sin ir más lejos, la empresa se contó entre las primeras grandes corporaciones en implantar una política medioambiental encaminada a reducir los residuos y fomentar el reciclado. Pero los críticos de Wal-Mart han llegado a ser tan escépticos con las intenciones de la empresa que el movimiento fue rechazado ampliamente por

---

98. Helyar, John, «The Only Company Wal-Mart Fears», *FORTUNE*, 24 de noviembre de 2003, http://money.cnn.com/magazines/fortune/fortune_archive/2003/11/24/353755/index.htm.

considerarse solo una pose. «Wal-Mart lleva años trabajando para mejorar su imagen y aligerar su impacto medioambiental —informaba un artículo publicado en el sitio web del *New York Times* el 28 de octubre de 2008—. Wal-Mart sigue vendiendo consumismo hasta cuando se compromete a recortar los costes sociales y medioambientales de reciclar la basura en sus tiendas.»[99]

Por su parte, Costco, que tardó más que Wal-Mart en anunciar una política medioambiental, recibió no obstante una atención desproporcionada. La diferencia es que la gente se lo *cree* cuando es Costco quien lo hace. Cuando los demás conocen POR QUÉ haces lo QUE haces, están dispuestos a reconocerte el mérito de todo lo que podría servir de prueba del POR-QUÉ; cuando no tienen nada claro tu PORQUÉ, lo QUE haces carece de sentido. Aunque las cosas que hagas o las decisiones que tomes tal vez sean buenas, no tendrán sentido para los que no comprenden con claridad el PORQUÉ.

¿Y qué hay de los resultados? Al seguir funcionando manteniendo vivo el recuerdo de Sam Walton, al principio la cultura de Wal-Mart permaneció intacta, y el valor de las acciones de las dos empresas se mantuvo parejo durante algunos años después de la muerte de aquel. Pero cuando Wal-Mart pasó a adoptar un estilo de funcionamiento post-Sam y postgrieta, mientras Costco mantenía la claridad de su PORQUÉ, la diferencia en el valor se acusó de manera espectacular. Una inversión en Wal-Mart el día en que Sam Walton falleció habría hecho ganar a un accionista un 300 por ciento cuando se escribió este libro; invertir en Costco el mismo día habría dado como resultado una ganancia de un 800 por ciento.

La ventaja de Costco radica en que la encarnación de su PORQUÉ, Jim Sinegal, sigue estando allí. Las cosas que dice y hace contribuyen a reforzar en todos los que lo rodean lo que la empresa representa. Por mantenerse fiel a ese PORQUÉ, Sinegal recibe un sueldo de 430.000 dólares, una cantidad relativamente pequeña habida cuenta del tamaño y el éxito de la empresa. En el apogeo de Wal-Mart, Sam Walton nunca recibió un sueldo superior a los 350.000 dólares anuales, algo coherente con lo que creía. David Glass, la

---

99. Revkin, Andrew C., «Wal-Mart's New Sustainability Push», nytimes.com, 23 de octubre de 2008, http://dotearth.blogs.nytimes.com/tag/wal-mart/.

primera persona en asumir el puesto de CEO después de Sam Walton, un hombre que había pasado un tiempo considerable cerca de Walton, afirmó: «Gran parte de lo que sucede actualmente con las empresas de altos vuelos y esos directores generales sobrepagados que en realidad se dedican a saquear desde el principio y a los que no les preocupa nadie salvo ellos mismos me entristece de verdad. Es una de las principales cosas que hoy día no funcionan en la empresa estadounidense».[100]

Otros tres presidentes ejecutivos han intentado llevar la antorcha que Walton encendió. Y con cada sucesión esa antorcha, esa idea clara de finalidad, causa y creencia, ha ido perdiendo intensidad. La última esperanza descansa en Michael T. Duke, que asumió el cargo de CEO a principios de 2009. El objetivo de Duke es el de recuperar el lustre y la claridad del PORQUÉ de Wal-Mart.

Y para conseguirlo, empezó poniéndose un salario anual de 5.430.000 dólares.[101]

100. Walton y Huey, *Sam Walton*.

101. http://finance.yahoo.com/q/pr?s=WMT.

SEXTA PARTE

DESCUBRIR EL PORQUÉ

13

LOS ORÍGENES DE UN PORQUÉ

Todo empezó en el norte de California durante la Guerra de Vietnam, donde los ideales antigubernamentales y el desprecio hacia los grandes centros de poder se extendieron como la pólvora. Dos jóvenes consideraban al poder del Estado y de las corporaciones como sus enemigos, no porque como tal fuera grande, sino porque aplastaba el espíritu de las personas. Los dos muchachos soñaban con un mundo en el que una persona individual tuviera voz; soñaban con una época en que un particular pudiera plantarle cara al poder tradicional, a las viejas premisas y a las ideas sobre el *statu quo* y desafiarlas con éxito. Incluso hacerlas cambiar de rumbo. Los dos jóvenes se juntaban con los *hippies*, con quienes compartían ideales, aunque veían que había una manera de cambiar el mundo que no precisaba de manifestaciones ni de meterse en actividades ilegales.

Steve Wozniak y Steve Jobs alcanzaron la mayoría de edad en ese momento. No solo era la época en que el espíritu revolucionario estaba a flor de piel en el norte de California, sino que también era el momento y el lugar de la revolución informática. Y en esta tecnología es donde vieron la oportunidad para poner en marcha su propia revolución. «El Apple dio a la persona individual la capacidad para hacer las mismas cosas que una empresa —relata Wozniak—. Por primera vez en la historia, una persona podía enfrentarse a una gran empresa por la sencilla razón de disponer de la posibilidad de utilizar la tecnología.»[102] Wozniak diseñó el Apple I, y más tarde el Apple II, para que fuera bastante sencillo y la gente aprovechara el poder de la tecnología. Jobs sabía cómo venderla. Así nació Apple Computer, una empresa

---

102. Entrevista personal con Steve Wozniak, noviembre de 2008.

con una finalidad: otorgar a la persona individual el poder de plantar cara al poder establecido; potenciar a los soñadores y a los idealistas para desafiar al orden establecido y tener éxito. Pero su causa, su PORQUÉ, había empezado mucho antes del nacimiento de Apple.

En 1971, utilizando la habitación de Wozniak en la Universidad de California en Berkeley como taller, los dos Steve fabricaron algo a lo que llamaron Caja Azul.[103] Este pequeño aparato saboteaba el sistema telefónico y hacía posible realizar llamadas a larga distancia sin que se reflejaran en la factura del teléfono. Apple Computers no existía todavía, pero Jobs y Woz ya estaban desafiando a uno de los poderes tipo Gran Hermano, en este caso a la compañía que ostentaba el monopolio telefónico en Estados Unidos, American Telephone and Telegraph. Técnicamente, lo que la Caja Azul hacía era ilegal y, no deseando desafiar al poder infringiendo la ley, Jobs y Woz nunca utilizaron realmente el artefacto en su propio beneficio. Pero les gustó la idea de dar a las personas la posibilidad de que pudieran evitar tener que jugar de acuerdo con las normas de las fuerzas monopolísticas, un *leitmotiv* que se repetiría muchas más veces en el futuro de Apple.

El 1 de abril de 1976 volvieron a repetir su modelo, enfrentándose en esta ocasión a los gigantes del sector informático, y sobre todo al conocido como Big Blue, IBM. Antes de Apple, la computación seguía implicando la utilización de una tarjeta perforada para dar instrucciones a una descomunal unidad central escondida en un centro de computación situado en algún lugar. IBM dirigía su tecnología a las grandes empresas y no, como Apple se propuso, a convertirla en una herramienta para que las personas atacaran a las corporaciones. Con una finalidad clara y una disciplina asombrosa, el éxito de Apple Computer parecía seguir la Ley de la Difusión casi a propósito. Durante su primer año de actividad, la empresa vendió ordenadores por valor de un millón de dólares a aquellos que creían en lo mismo que ella. Al segundo año, las ventas alcanzaron los 10 millones de dólares. Al tercer año de actividad ya era una empresa con unos ingresos de 100 millones de dólares, y alcanzó el nivel de empresa multimillonaria en solo seis años.

---

103. Cantlay, Nick, «Biography: Stephen Wozniak», The Apple Museum, http://www.theapplemuseum. com/index.php?id=50.

Convertida ya en un nombre familiar, en 1984 Apple lanzó el Macintosh con su célebre anuncio «1984» que se difundió por primera vez durante la Super Bowl.[104] Dirigido por Ridley Scott, el famoso director de clásicos de culto como *Blade Runner*, el anuncio también cambió el rumbo de la industria publicitaria. El primer «anuncio de la Super Bowl», marcó el comienzo de la tradición anual de la publicidad cinematográfica de gran presupuesto durante la gran final del fútbol americano. Con el Macintosh, Apple cambió una vez más la tradición de cómo se hacían las cosas: cuestionaba el sistema operativo DOS de Microsoft, el modelo utilizado en la época por la mayoría de los ordenadores personales. El Macintosh fue la primera computadora para el mercado de consumo masivo en utilizar una interfaz gráfica de usuario y un ratón, lo que permitía que la gente, simplemente, «señalara y clicara» en lugar de tener que utilizar un código de entrada. Curiosamente, fue Microsoft la que llevó el concepto de Apple al público general con Windows, la versión de Gates de la interfaz gráfica de usuario. La capacidad de Apple para provocar revoluciones y la de Microsoft para llevar las ideas al mercado de consumo masivo ilustran a la perfección el PORQUÉ de cada una de las empresas y, de hecho, de sus respectivos fundadores. Jobs siempre trató de desafiar, y Gates, de llegar a la mayoría de las personas.

Apple siguió desafiando con otros productos que aplicaban el mismo modelo. Entre los ejemplos más recientes se cuentan el iPod y, sobre todo, iTunes. Con estas tecnologías, Apple se enfrentó a los modelos empresariales establecidos del sector musical, una industria tan enfrascada en tratar de proteger su propiedad intelectual y su desfasado modelo de negocio que solo se ocupaba de demandar a los adolescentes de trece años que pirateaban canciones, mientras Apple se dedicaba a redefinir el mercado de la música en la red. El modelo se repitió de nuevo cuando Apple lanzó el iPhone. El orden establecido dictaba que los proveedores de telefonía móvil, y no los fabricantes de móviles, decidían las funciones y las capacidades de los teléfonos reales. T-Mobile, Verizon Wireless y Sprint, por ejemplo, les decían a Motorola, LG y Nokia lo que tenían que hacer. Apple cambió todo eso cuando anunció que con el iPhone sería ella la que le diría al proveedor lo que debía hacer el teléfono. Resulta paradójico que la empresa a la que Apple

---

104. http://www.youtube.com/watch?v=OYecfV3ubP8.

desafió, lustros antes con su Caja Azul en esta ocasión mostrara el comportamiento clásico del adoptante inicial. AT&T fue la única que aceptó este nuevo modelo, y de esta manera se inició una nueva revolución.

La gran capacidad de Apple para la innovación surge de su PORQUÉ y, a excepción de los años en que Jobs estuvo ausente, jamás ha cambiado desde que se fundara la empresa. Vosotros, sectores que os aferráis a los modelos empresariales heredados, deberíais ser precavidos: podéis ser el siguiente. Si Apple se mantiene fiel a su PORQUÉ, es muy probable que la industria cinematográfica y la televisiva tengan todas las papeletas para serlo.

La capacidad de Apple para hacer lo que hace no tiene nada que ver con la experiencia de los sectores industriales. Todas las empresas informáticas y tecnológicas tienen libre acceso al talento y los recursos y están igual de cualificadas para producir todos los productos que fabrica Apple. Tiene que ver con la finalidad, la causa o la creencia que pusieron en marcha hace muchos años un par de idealistas en Cupertino, California. «Quiero hacer mella en el universo», como dijo Steve Jobs. Y eso es exactamente lo que hace Apple en los sectores en los que compite. La empresa nace del PORQUÉ de sus fundadores. No hay ninguna diferencia entre una y el otro. Apple es solo uno de los QUÉ del PORQUÉ de Jobs y Woz. Las personalidades de Jobs y de Apple son exactamente iguales. En realidad, las personalidades de todos los que se sienten atraídos de manera visceral por Apple son iguales. No existe ninguna diferencia entre un cliente de Apple y un empleado de Apple; uno cree en el PORQUÉ de la empresa y decide trabajar para ella, y el otro cree en ese mismo PORQUÉ y decide comprar sus productos. Solo hay una diferencia de conducta. Los accionistas fieles tampoco son diferentes. Lo QUE compran es diferente, pero la razón para que lo compren y se mantengan fieles es la misma. Los productos de la empresa se convierten así en símbolos de sus identidades. A los acérrimos de fuera de la empresa se les acusa de formar parte del culto a Apple; a los acérrimos de dentro se les señala por formar parte del «culto a Steve». Sus símbolos son distintos, pero su devoción a la causa es igual. Que utilicemos la palabra «culto» implica que podemos reconocer la existencia de una fe profunda, de algo irracional, que comparten todos aquellos que creen. Y estaríamos en lo cierto. Jobs, su empresa, sus fieles empleados y sus leales clientes existen todos ellos para traspasar los límites. Todos tienen ganas de una buena revolución.

Que el PORQUÉ de Apple sea tan claro no significa que todo el mundo se sienta atraído por ella. A algunas personas les gusta, y a otras, no. Algunas personas la aceptan, y otras sienten repulsión por ella. Pero hay algo que no se puede negar: la empresa representa algo. La Ley de la Difusión dice que solo el 2,5 por ciento de la población tiene una mentalidad innovadora; este porcentaje está compuesto por un grupo de personas dispuestas a confiar en su intuición y a asumir mayores riesgos que los demás. Tal vez no sea una casualidad que el Windows de Microsoft forme parte del 96 por ciento de los ordenadores del mundo, mientras que Apple se mantiene en torno al 2,5 por ciento. La mayoría de las personas no desean cuestionar el estado de las cosas.

Aunque los empleados de Apple te dirán que el éxito de su empresa reside en sus productos, el hecho es que son muchas las empresas que fabrican productos de calidad. Y aunque los empleados de Apple quizá sigan insistiendo en que sus productos son los mejores, todo depende de los criterios por los que los juzgues. Los productos de Apple son en realidad los mejores para aquellos que se relacionan con el PORQUÉ de Apple. Es la creencia de Apple que se manifiesta en todo lo que piensa, dice y hace la que la hace ser lo que es. Es tan eficaz en eso, que es capaz de identificar con claridad sus productos limitándose a anteponer al nombre de estos la letra «i».Pero no solo es dueña de la letra, es dueña de la *palabra* «I». Es la empresa que lucha por el espíritu creativo de la persona individual, y sus productos, servicios y publicidad, sencillamente, lo ponen de manifiesto.

El PORQUÉ proviene de echar la vista atrás

Los cálculos más prudentes hablan de una proporción de tres a uno. Pero algunos historiadores afirman que el ejército inglés era superado en una proporción de seis a uno. Sea cual sea el cálculo que decidas creerte, el panorama del rey inglés Enrique V no parecía halagüeño. El mes de octubre de 1415 tocaba a su fin, y el ejército inglés estaba preparado para enfrentarse a las mucho más numerosas fuerzas francesas en Agincourt, en el norte de

Francia. Pero el número de los combatientes era solo uno de los problemas de Enrique.

El ejército inglés había marchado a través de más de 400 kilómetros, en lo que había invertido cerca de tres semanas y casi perdido el 40 por ciento de sus tropas a causa de las enfermedades. Los franceses, en marcado contraste, estaban más descansados y de mucho mejor ánimo. En el mucho mejor preparado y experimentado ejército francés también estaban entusiasmados ante la perspectiva de vengarse de los ingleses y compensar así la humillación de las derrotas anteriores. Y, por si fuera poco todo esto, estaban muchísimo mejor pertrechados. Los ingleses contaban con una armadura ligera, pero fuera cual fuese la protección que tuvieran no igualaba al mayor peso de la armadura francesa. Pero cualquiera que conozca la historia medieval europea ya conoce el resultado de la batalla de Agincourt. A pesar de tenerlo todo en contra, los ingleses vencieron.

Estos contaban con una pieza tecnológica vital con la que pudieron confundir a los franceses y dar pie a una concatenación de acontecimientos que en última instancia desembocaría en la derrota de los franceses. Los ingleses tenían el arco largo, un arma con un alcance asombroso para su época. De pie a considerable distancia del campo de batalla, lo bastante lejos para no necesitar una armadura pesada, los ingleses podían dominar el valle y lanzar una lluvia de flechas sobre los franceses. Pero la tecnología y el alcance no era lo que confería su poder a una flecha. Esta no es más que una frágil vara de madera con una punta afilada y algunas plumas. Por sí sola, una flecha no puede enfrentarse a una espada o atravesar una armadura. Lo que confiere a una flecha la posibilidad de enfrentarse a la experiencia, el adiestramiento, la superioridad numérica y la armadura es la velocidad. Esa frágil vara de madera, cuando es lanzada por el aire, se convierte en una fuerza solo cuando se mueve deprisa en una dirección. Pero ¿qué tiene que ver la batalla de Agincourt con que encuentres tu PORQUÉ?

Antes de que pueda adquirir alguna energía o lograr un impacto, una flecha ha de ser tensada hacia atrás con una inclinación de 180º lejos del blanco. Y de ahí es también de donde un PORQUÉ obtiene su fuerza. El PORQUÉ no proviene de mirar adelante hacia lo que quieres lograr y decidir una estrategia adecuada para llegar allí; no nace de ningún estudio de mercado ni deriva de exhaustivas entrevistas con los clientes o incluso con los empleados. El PORQUÉ es fruto de mirar en la dirección diametralmente opuesta de donde te encuentras ahora. Descubrir POR QUÉ es un proceso de exploración, no de invención.

Igual que el PORQUÉ de Apple se desarrolló durante las rebeldes décadas de 1960 y 1970, así el PORQUÉ de cada persona u organización proviene del pasado. Es algo que nace de la educación y la experiencia vital de un individuo o un pequeño grupo. Cada persona tiene un PORQUÉ, y cada organización también. Una organización, no lo olvides, es uno de los QUÉ, una de las cosas tangibles que un fundador o grupo de fundadores han hecho en sus vidas para revelar su PORQUÉ.

Toda empresa, organización o grupo con capacidad para motivar empieza con una persona o pequeño grupo de personas que fueron motivadas para hacer algo mayor que ellas. Curiosamente, intensificar la claridad del PORQUÉ no es la parte difícil; lo es la disciplina para confiar en la propia intuición, para mantenerse fiel a la finalidad, causa o creencias de uno. Mantener un equilibrio y una autenticidad absolutas es la parte más difícil. Los pocos que pueden crear un megáfono en torno a su causa, y no únicamente una empresa, son los que adquieren la capacidad para motivar. Y de esta manera, aprovechan una fuerza para mover a la gente que pocos pueden siquiera imaginar. Descubrir el PORQUÉ de una empresa u organización o comprender el PORQUÉ de cualquier movimiento social siempre empieza por lo mismo: por ti.

Soy un fracaso

Hay tres meses grabados de manera indeleble en mi memoria: de septiembre a diciembre de 2005. Fue entonces cuando toqué fondo.

Puse en marcha mi empresa en febrero de 2002, una experiencia increíblemente emocionante. Destilaba «fanfarronería», que diría mi abuelo. Desde una edad muy temprana, mi objetivo había sido fundar mi propia empresa. Era el Sueño Americano, y yo lo estaba viviendo. Toda mi sensación de lo mucho que valía se debía al hecho de que lo había hecho, de haberme arriesgado, y me parecía alucinante. Si alguien me preguntaba alguna vez qué hacía, adoptaba una pose como la de George Reeves en la vieja serie de televisión *Las aventuras de Superman*. Me ponía las manos en las caderas, sacaba pecho, ladeaba ligeramente el cuerpo y, con la cabeza bien alta, declaraba: «Soy emprendedor». Lo que hacía era cómo me definía a mí mismo, y eso me hacía sentir bien. No era como Superman; era Superman.

Como sabe cualquiera que emprende un negocio, se trata de una carrera fantástica. Hay una estadística que pende sobre tu cabeza: más del 90 por ciento de todas las nuevas empresas fracasan en los primeros tres años. Para cualquiera que tenga siquiera una pizca de espíritu competitivo, sobre todo para alguien que se define a sí mismo como emprendedor (las manos en la cadera, pecho fuera, ligeramente ladeado el cuerpo), tales probabilidades abrumadoras de fracaso no resultan intimidatorias, solo sirven para echar más leña al fuego. La estupidez de pensar que formas parte de la reducida minoría de los que realmente conseguirán sobrevivir a los tres años y que resistirás a pesar de no tener ninguna probabilidad forma parte de lo que hace que los emprendedores sean lo que son: personas impulsadas por la pasión y por una irracionalidad absoluta.

Transcurrido el primer año, lo celebramos. No habíamos ido a la ruina; habíamos superado las adversidades; estábamos viviendo el sueño. Pasaron dos años. Y luego, tres. Todavía no estoy seguro de cómo lo hicimos; jamás habíamos implantando ningún sistema ni ningún proceso decentes. Pero al cuerno con eso, habíamos destrozado las estadísticas. Yo había alcanzado mi meta y eso era lo único importante. Ya era un orgulloso miembro de un muy reducido grupo de personas que podía decir, con las estadísticas en la mano, que era un pequeño empresario estadounidense.

El cuarto año resultó ser muy diferente. La novedad de ser un emprendedor se había disipado. Ya no adoptaba la pose de George Reeves. Cuando me preguntaban qué hacía, ahora le decía a la gente que me dedicaba al «asesoramiento de posicionamiento y estratégico». Ya no era tan emocionante y sin duda ya no se parecía a una gran carrera; ya no era un objetivo apasionante, solo era un negocio. Y la realidad es que el negocio ya no parecía tan prometedor.

Nunca tuvimos un éxito galopante. Nos ganábamos la vida, sí, pero poco más. Teníamos algunos clientes incluidos en la lista de FORTUNE 500 e hicimos un buen trabajo. Yo era meridianamente claro sobre lo que hacíamos. Y podía decirte en qué éramos diferentes, explicarte cómo lo hacíamos. Al igual que todos los demás participantes en el juego, trataba de convencer a los posibles clientes de nuestra manera de actuar, de en qué éramos mejores, de que nuestra manera era única…, y eso era un trabajo difícil. Lo cierto es que vencimos a las estadísticas gracias a mi energía, no a mi agudeza empresarial, pero no tenía la energía para mantener esa estrategia el resto de mi vida. Era lo bastante consciente para saber que si la empresa tenía que sostenerse a sí misma necesitábamos unos sistemas y unos procesos mejores.

Me sentía increíblemente desmoralizado. Desde un punto de vista intelectual, podía decirte qué era lo que teníamos que hacer, solo que me veía incapaz de hacerlo. En septiembre de 2005 estaba más cerca de lo que había estado nunca, si es que no lo estaba ya, de sumirme en la depresión más absoluta. Toda mi vida había sido un tipo bastante alegre, así que el mero hecho de sentirme infeliz ya era bastante malo en sí. Pero la cosa era mucho peor.

La depresión me puso paranoico. Estaba convencido de que me iba a la ruina, convencido de que me iban a echar de mi piso; estaba seguro de no gustarle a nadie de los que trabajaban para mí y de que mis clientes sabían que era un fraude. Pensaba que todas las personas que conocía eran más inteligentes que yo, que todos con los que me cruzaba eran mejores que yo. Cualquier energía que me hubiera quedado para sostener la empresa estaba ahora dedicada a apuntalarme a mí mismo y a fingir que me iba bien.

Sabía que para que todo cambiara tenía que aprender a organizar mejor las cosas antes de que todo se fuera al garete. Asistí a conferencias, leí libros y pedí asesoramiento sobre cómo conseguirlo a amigos que habían tenido éxito. Todos los que recibí eran buenos consejos, pero no podía oírlos. Me dijeran lo que me dijesen, lo único que era capaz de escuchar es que lo estaba haciendo todo mal. Tratar de arreglar el problema no me hizo sentir mejor, antes al contrario: me sentía desamparado. Se me empezaron a ocurrir cosas desesperadas, a tener pensamientos que para un empresario son casi peor que el suicidio: pensé en buscar un empleo. De lo que fuera, de cualquier cosa que me ayudara a detener la sensación de fracaso que me embargaba a diario.

Ese año recuerdo ir a visitar a la familia de mi futuro cuñado por Acción de Gracias. Sentado en el sofá del salón de la casa de su madre, la gente me hablaba, aunque en ningún momento oí una palabra. Si me hacían alguna pregunta, solo respondía con tópicos. En realidad, no sentía ningún deseo o ni siquiera tenía ya capacidad para entablar una conversación. Fue entonces cuando me di cuenta de la verdad. Pese a las estadísticas, era un fracasado.

Como universitario especializado en antropología y estratega en el mundo de la mercadotecnia y la publicidad, siempre había sentido curiosidad acerca de las razones para que la gente hiciera las cosas que hacía. En los inicios de mi trayectoria profesional empecé a sentir curiosidad por esos mismos asuntos en el mundo real; en mi caso, el de la mercadotecnia de las empresas. Circula una vieja creencia en el sector acerca de que el 50 por ciento de toda la publicidad da resultado; el problema estriba en saber qué 50 por ciento es el que funciona. Siempre me asombró que tantas empresas desarrollaran su actividad con tamaño nivel de incertidumbre. ¿Por qué querría alguien dejar el éxito de algo que cuesta tanto y habiendo tanto en juego a expensas de un lanzamiento de moneda? Estaba convencido de que, si había una parte de la publicidad que funcionaba, sería posible descifrar la causa.

Todas las empresas con idénticos recursos tienen el mismo acceso a las mismas agencias, al mismo talento y a los mismos medios de comunicación; entonces, ¿porqué una publicidad funciona y otra no? Era algo que había visto permanentemente cuando trabajaba en una agencia de publicidad. En condiciones relativamente iguales, el mismo equipo podía crear una campaña que tendría un éxito enorme un año y luego, al año siguiente, crear algo que no daría ningún resultado. En lugar de centrarme en la parte que no funcionaba, decidí prestar atención a la que sí a fin de descubrir qué es lo que tenían en común. La buena noticia para mí fue que no había gran cosa que estudiar.

¿Cómo ha podido Apple superar sistemáticamente a sus competidores una y otra vez? ¿Qué hizo tan bien Harley-Davidson que pudo generar un seguimiento de personas tan fieles como para tatuarse un logotipo empresarial en el cuerpo? ¿Por qué a la gente le gusta tanto Southwest, cuando en realidad no es *tan* especial..., no? Al intentar codificar por qué funcionaban, creé un sencillo concepto que denominé el Círculo Dorado. Pero mi pequeña teoría quedó enterrada en los archivos de mi ordenador. Solo era un pequeño proyecto piloto sin una aplicación real, solo algo que me pareció interesante.

No fue sino meses más tarde cuando conocí en un acto a una mujer que se interesó por mis puntos de vista acerca de la comercialización. Victoria Duffy Hopper se crió en una familia de académicos y desde siempre también se había sentido fascinada por la conducta humana. Ella fue la primera que me habló del sistema límbico y de la neocorteza. Lo que me contó me picó la curiosidad y empecé a leer acerca de la biología del cerebro, y fue entonces cuando hice el verdadero descubrimiento.

La biología de la conducta humana y el Círculo Dorado coincidían a la perfección. Aunque lo que estaba tratando de comprender era por qué algunas campañas de comercialización funcionaban y otras no, había tropezado con algo inmensamente más profundo. Y descubrí por qué las personas hacen lo que hacen. Fue entonces cuando me di cuenta de cuál era la verdadera causa de mi estrés. El problema no era que no supiera qué hacer ni cómo hacerlo; el problema era que había olvidado el PORQUÉ. Había sufrido lo que ahora conozco como grieta, y tenía que descubrir de nuevo mi PORQUÉ.

Motivar a las personas para que hagan las cosas que las motivan

Henry Ford decía: «Tanto si piensas que puedes como si piensas que no, estás en lo cierto». Él era una persona brillante del tipo PORQUÉ que cambió la forma de trabajar del sector. Un hombre que encarnaba todas las características de un gran líder, alguien que comprendía la importancia de la perspectiva. Yo no era más tonto que cuando fundé mi empresa, en realidad probablemente todo lo contrario. Lo que pasaba es que había perdido la perspectiva. Sabía lo que estaba haciendo, pero había olvidado POR QUÉ. No es lo mismo correr con todo tu corazón con los ojos cerrados que correr con todo tu corazón con los ojos abiertos de par en par. Durante tres años, mi corazón había latido con fuerza, pero había tenido los ojos cerrados. Tenía pasión y energía, pero me faltaba el foco y la orientación. Así que tuve que recordar qué era lo que motivaba mi pasión.

Acabé obsesionado con el concepto del PORQUÉ. La idea me consumía, y no hablaba de otra cosa. Cuando me remonté a mi infancia, descubrí un asunto extraordinario. Ya fuera con mis amigos, ya en el colegio o en la vida profesional, siempre había sido el eterno optimista. Era yo el que motivaba a los demás para que creyeran que podían hacer lo que quisieran. Este patrón es mi PORQUÉ. Motivar. Con independencia de que lo hiciera en el campo de la publicidad o del asesoramiento; daba igual la clase de empresas con las que estuviera trabajando o los sectores en los que interviniera. Motivar a las personas a hacer las cosas que los motivan, para que, juntos, podamos cambiar el mundo. Ese es el camino al que tanto mi vida como mi trabajo están consagrados ahora. Henry Ford se habría sentido orgulloso de mí. Después de meses de pensar que no podía, de repente supe que sí podía.

Me convertí a mí mismo en conejillo de indias para probar el concepto. Si la razón de que hubiera tocado fondo se debía a que mi Círculo Dorado estaba desequilibrado, entonces tenía que volver a equilibrarlo. Si era importante empezar con el PORQUÉ, entonces empezaría con el PORQUÉ en todo lo que hiciera. No hay un solo concepto en este libro que no haya puesto en práctica. Con el megáfono en la boca, hablaba del PORQUÉ a cualquiera que quisiera escuchar. Aquellos adoptantes iniciales que oyeron mi causa me vieron como una herramienta de su arsenal para alcanzar su propio PORQUÉ. Y me presentaron a otros a lo que consideraban que yo podría motivar. Y de esta manera la Ley de la Difusión empezó a hacer su trabajo.

Consideré que el Círculo Dorado y el concepto del PORQUÉ estaban dando resultado, y quise enseñárselo a los demás. Tenía que tomar una decisión: ¿debía intentar patentarlo, protegerlo y utilizarlo para ganar mucho dinero, o regalarlo? Esta decisión iba a ser mi primera Prueba del Apio. Mi PORQUÉ es motivar a las personas para que hagan cosas que las motiven, y si iba a ser fiel a esa causa solo una era la decisión que tenía que tomar: darlo gratis, hablar de ello, compartirlo. No habría nunca una salsa secreta o una formula especial de la que solo yo conociera los ingredientes. El ideal es hacer que todas las personas y todas las organizaciones conozcan su PORQUÉ y lo utilicen en aras de todo lo que hagan. Así que eso es lo que estoy haciendo, estoy confiando por completo en el concepto del PORQUÉ y en el modelo que se produce de forma natural que es el Círculo Dorado para que me ayuden a alcanzar ese objetivo.

El experimento empezó a dar sus frutos. Antes de empezar con el POR-QUÉ, en toda mi vida me habían invitado a pronunciar una conferencia pública. Ahora recibo entre treinta y cuarenta invitaciones anuales para hablar sobre el Círculo Dorado, ante todo tipo de público y por todo el mundo. Me dirijo a audiencias de emprendedores, a grandes corporaciones, a organizaciones sin ánimo de lucro, a políticos e instituciones oficiales. He hablado en el Pentágono ante el Jefe del Estado Mayor y ante el secretario de las Fuerzas Aéreas. Antes del Círculo Dorado ni siquiera conocía a alguien en el ejército. Antes de empezar con el PORQUÉ no había salido jamás en televisión; en poco menos de dos años empecé a ser invitado habitualmente para aparecer en la MSNBC. He trabajado con miembros del Congreso sin haber hecho ningún trabajo relacionado con la Administración o la política antes de empezar con el PORQUÉ.

Y soy la misma persona, y sé lo mismo que sabía antes. La única diferencia es que ahora empiezo con el PORQUÉ. Al igual que Gordon Bethune, que le dio la vuelta a Continental con las mismas personas y el mismo equipamiento, pude dar la vuelta a las cosas con las cosas que ya sabía y hacía.

No tengo mejores contactos que los demás ni tengo una ética del trabajo mejor. No he asistido a ninguna de las mejores facultades del país, y mis notas de la universidad fueron mediocres. Lo más divertido es que todavía no sé cómo crear una empresa. La única cosa que he hecho que la mayoría de las personas no hace es aprender la manera de empezar con el PORQUÉ.

14

LA NUEVA COMPETENCIA

Si sigues tu PORQUÉ, entonces los demás te seguirán a ti

¡PUM! Suena el pistoletazo, y la carrera comienza. Los corredores echan a correr campo a través. Llovió el día anterior, y el suelo sigue empapado. Hace frío. Es un día perfecto para correr. La línea de corredores no tarda en formar un pelotón, y como si fueran un cardumen de peces se hacen uno. Se mueven como un solo individuo. El pelotón establece un ritmo para maximizar su energía durante toda la carrera. Al igual que en cualquier carrera, al cabo de un breve período de tiempo los más fuertes empezarán a tomar la delantera, y los más débiles a rezagarse. Pero no Ben Comen.[105] Ben Comen se ha quedado atrás en cuanto sonó el pistoletazo de salida. No es el corredor más veloz del equipo; en realidad, es el más lento. Jamás ha ganado una sola carrera en todo el tiempo que lleva en el equipo de campo a través del instituto de Hanna. Ben, para que lo entiendas, tiene parálisis cerebral.

La parálisis cerebral, una enfermedad que suele estar provocada por complicaciones habidas durante el parto, afecta al movimiento y al equilibro de las personas. Los problemas físicos se prolongan durante toda la vida. La deformada columna vertebral provoca que el cuerpo se tuerza, los músculos se suelen debilitar y los reflejos motores se hacen lentos. La rigidez de los músculos y las articulaciones también afecta al equilibro. Los que padecen parálisis cerebral suelen tener un modo de andar inestable, entrechocan las

105. Reilly, Rick, «Worth the Wait», *Sports Illustrated*, https://www.si.com/vault/2003/10/20/351885/worth-the-wait.

rodillas y arrastran los pies. A un desconocido pueden parecerles patosos. O incluso escacharrados.

La delantera que toma el pelotón sigue aumentando, mientras que Ben se va quedando cada vez más rezagado. Resbala sobre la hierba mojada y se cae de bruces al blando suelo. Se levanta lentamente y sigue adelante. Se vuelve a caer; esta vez se hace daño. Se vuelve a levantar y sigue corriendo. Ben no va a abandonar. El pelotón ha desaparecido ya de la vista, y Ben está corriendo solo. Reina el silencio, y puede oír su jadeo. Se siente solo. Vuelve a tropezarse con sus pies y cae al suelo una vez más. Con independencia de su fortaleza mental, no puede ocultar el dolor y la frustración que se reflejan en su rostro. Hace una mueca de dolor cuando recurre a toda su energía para volver a levantarse y seguir corriendo. Para Ben, esto forma parte de su rutina. Todos los demás terminan la carrera en unos veinticinco minutos, pero él suele tardar más de cuarenta y cinco.

Cuando por fin cruza la línea de meta, Ben está dolorido y agotado; para conseguirlo ha necesitado hasta el último gramo de fuerza. Tiene el cuerpo magullado y lleno de sangre, y está cubierto de barro. En realidad, Ben nos motiva. Pero esta no es una de esas historias del tipo «cuando las cosas se ponen difíciles, el fuerte sigue adelante». Esas son grandes lecciones dignas de aprenderse, sin duda, pero no necesitamos que Ben Comen nos las enseñe. Para eso disponemos de muchos otros en los que poder fijarnos, como aquel atleta olímpico, por ejemplo, que sufrió una lesión pocos meses antes de los Juegos y cuando se recuperó ganó una medalla. La lección de Ben es de más calado.

Después de unos veinticinco minutos sucede algo asombroso. Cuando todos los demás han terminado su carrera, se dan la vuelta para correr con Ben. Ben es el único corredor que, cuando se caiga, otro lo ayudará a levantarse; Ben es el único corredor que, cuando termina, tiene a cien personas corriendo tras él.

Lo que Ben nos enseña es algo especial. Cuando compites contra todos los demás nadie quiere ayudarte, pero cuando compites contigo mismo todos quieren hacerlo. Los deportistas olímpicos no se ayudan entre sí; son competitivos. Ben empieza todas las carreras con una idea muy clara de POR QUÉ está corriendo: no está allí para derrotar a nadie sino a sí mismo. Nunca pierde eso de vista. Su sentido de POR QUÉ está corriendo le proporciona la fuerza para seguir adelante; para seguir insistiendo; para seguir levantándose; para continuar. Y para hacerlo una y otra vez y otra vez más. Y todos los días que corre, la única marca que se propone batir es la suya. Ahora piensa en cómo desarrollamos la actividad mercantil. Siempre estamos compitiendo contra otro, siempre tratando de ser mejores que otros. Mejor calidad; mas funcionalidades; mejores servicios. Siempre nos estamos comparando con los demás. Y nadie quiere ayudarnos. ¿Y si acudiéramos al trabajo todos los días para ser mejores que nosotros? ¿Y si el objetivo fuera trabajar mejor esta semana que lo que trabajamos la pasada, mejorar este mes lo que hicimos el último, y por ninguna otra razón que la de que queramos dejar la organización en mejor situación que la encontramos?

Todas las organizaciones empiezan con el PORQUÉ, pero solo las grandes mantienen la claridad de su PORQUÉ un año tras otro. Las que olvidan POR QUÉ fueron fundadas comparecen en la carrera todos los días para superar a otro, en lugar de superarse a sí mismas. La finalidad, para aquellas que pierden de vista POR QUÉ están participando en la carrera, es alcanzar la medalla o derrotar a otro.

¿Y si la próxima vez que alguien nos preguntara: «¿Quién es vuestra competencia?», respondiéramos: «Ni idea»? ¿Y si la próxima vez que alguien insistiera: «Bueno, ¿y qué es lo que hacéis mejor que la competencia?», respondiéramos: «De todas maneras, no somos mejores que ellos»? ¿Y si a la siguiente vez que alguien nos preguntara: «Bueno, entonces, ¿por qué deberíamos hacer negocios con vosotros?», respondiéramos con aplomo: «Porque el trabajo que hacemos ahora es mejor que el que hacíamos hace seis meses. Y porque el trabajo que haremos dentro de seis meses será mejor que el que hacemos hoy. Porque nos levantamos todos los días con una idea de POR QUÉ venimos a trabajar. ¿Que si somos mejores que nuestra competencia? Si crees en lo que nosotros creemos y crees que las cosas que hacemos te pueden ayudar, entonces somos mejores. Si no crees en lo que creemos y no crees que las cosas que hacemos te vayan a ayudar, entonces no somos mejores. Nuestro objetivo es encontrar clientes que crean en lo mismo que nosotros y trabajar juntos para que todos podamos tener éxito. Lo que buscamos son personas que trabajen codo con codo con nosotros para perseguir el mismo objetivo. No nos interesa sentarnos a una mesa enfrente de otro para alcanzar un buen acuerdo. Y estas son las cosas que hacemos para hacer avanzar nuestra causa…». Y a continuación vienen los detalles de CÓMO Y QUÉ hacéis. Pero, esta vez, todo empezó con el PORQUÉ?.

Imagina que todas las organizaciones empezaran con el PORQUÉ. Las decisiones serían más sencillas, mayores las lealtades, y la confianza, moneda corriente. Si nuestros dirigentes fueran diligentes a la hora de empezar con el PORQUÉ, el optimismo reinaría y la innovación florecería. Como este libro demuestra, esta norma es prioritaria. Da igual el tamaño de la organización, da lo mismo el sector, no importa el producto o servicio, que, si todos asumimos alguna responsabilidad en empezar con el PORQUÉ y motivamos a los demás a que hagan lo mismo, entonces, entre todos, podemos cambiar el mundo.

Y eso sí que es una gran motivación.

*   *   *

Si este libro te ha motivado, por favor, pásaselo a otra persona a la que quieras motivar.

AGRADECIMIENTOS

No hay nada en este mundo que me aporte más alegría y felicidad que despertarme cada mañana con una idea clara del PORQUÉ, el de motivar a las personas para que hagan cosas que las motiven. Es algo sencillo de hacer cuando se está rodeado de tantas personas increíbles para motivarme.

Hay infinidad de personas que creyeron en mí y que me ayudaron a lo largo de los años. Desearía dar las gracias a los que me ayudaron a crear una parte de mi megáfono con este libro. Amy Hertz fue la primera en insistir en que lo escribiera y me presentó a mi increíble agente, Richard Pine, alguien que cree en hacer cosas buenas y que se dedica a convertir en escritores a aquellos que tienen un mensaje positivo que transmitir. Su paciencia y orientación han sido impagables. Debo darle las gracias a Russ Edelman, que fue tan amable de presentarme a su editor, Jeffrey Krames, que, a su vez, apostó por mí y me permitió que insistiera en que hiciera las cosas de forma diferente. Y a Adrian Zackheim, que está dispuesto a desafiar las convenciones y está liderando la evolución de la industria editora.

Gracias también a Mark Rubin, que ve los colores que yo puedo ver y en cuyo sótano empecé a escribir; y a Tom y Alicia Rypma, en cuya casa seguí escribiendo; y a Delta Airlines, por ser tan buenos conmigo mientras escribía tanto a 35.000 pies de altura. Mi agradecimiento a Julia Hurley por encargarse de que todo saliera bien, y a todo el equipo de Portfolio, que tanto se esforzó en hacer realidad este libro. Y, por encima de todo, a Laurie Flynn (y a su familia), que con tanta pasión se entregó a ayudarme a contar esta historia.

He tenido el grandísimo honor y privilegio de conocer a algunas personas maravillosas que me han motivado de una manera difícil de cuantificar. Ron Bruder ha cambiado mi manera de ver el mundo. La general de brigada Lori Robinson me ha enseñado en qué consiste la humildad de los grandes líderes. Kim Harrison, que vive su PORQUÉ —para apreciar todas las cosas buenas que la rodean— y que trabaja incansablemente para procurar que se aprecien las buenas ideas y las buenas personas. Ella me enseñó lo que es una verdadera colaboración. Y a los que compartieron lo que saben para ayudar a hacer realidad el PORQUÉ, os estoy verdaderamente agradecido por vuestro tiempo y energía: Colleen Barrett, Gordon Bethune, Ben Comen, Randy Fowler, Christina Harbridge, Dwayne Honoré, Howard Jeruchimowitz, Guy Kawasaki, Howard Putnam, James Tobin, Acacia Salatti, Jeff Sumpter, el coronel *Cruiser* Wilsbach y Steve Wozniak.

Mucho antes de que el libro fuera siquiera una idea, estuvieron todas las personas y adoptantes iniciales que quisieron saber algo sobre el PORQUÉ y utilizaron el Círculo Dorado para que los ayudara a crear sus organizaciones. Este grupo de visionarios se mostró dispuesto a adherirse a una nueva idea, y su ayuda para que descubriera muchos de los detalles y matices del concepto fue fundamental. Gracias a Geoffrey Dzikowski, Jenn Podmore, Paul Guy, Kal Shah, Victor DeOliveria, Ben Rosner, Christopher Bates, Victor Chan, Ken Tabachnick, Richard Baltimore, Rick Zimmerman, Russ Natoce, Missy Shorey, Morris Stemp, Gabe Solomon, Eddie Esses y Elizabeth Hare, que vieron el valor del PORQUÉ para la creación de la organización más valiosa de todas: su familia. Gracias también a Fran Biderman-Gross, que no solo es una adoptante inicial, sino que se tomó infinidad de molestias para adoptar su PORQUÉ en todos los aspectos de su vida, animando también a los demás a conocer el suyo. Gracias a la congresista Stephanie Herseth Sandlin, al congresista Paul Hodes y a la congresista Allyson Schwartz, por lo mucho que me aportaron y por seguir devolviendo a los demás con semejante pasión.

A lo largo de los años ha habido personas que me dieron una oportunidad y me ayudaron a impulsar mi causa. Mi agradecimiento para Trudi Baldwin, directora del Programa de Posgrado en Comunicaciones Estratégicas de la Universidad de Columbia (un programa fantástico); a Jim Berrien, que confió en mí; al infatigable Jack Daly, que me dio clases; a Piers Fawkes; a Denis Glennon, por su aliento; a Kevin Goetz; a Tony Gomes; a Paul Gumbinner, que me sirvió una profesión en bandeja de plata; a Kenneth Hein; a Peter Intermaggio, que me enseñó a confiar en mí; a Pamela Moffat; a Rick Sapio, que sigue haciendo buenas cosas por mí; a Alana Winter y Mat Weiss, por pedirme que compartiera mis ideas con una audiencia, y a Diederik Werdmolder, que apostó por mí desde el principio.

Doy las gracias a todas las mentes fantásticas que he conocido en las Fuerzas Aéreas estadounidenses y que dieron la cara por intentar algo diferente. Estas personas encarnan el PORQUÉ de las USAF: la de encontrar y ejecutar mejores maneras de hacer las cosas. Al general de División Erwin Lessel (que fue el primero en introducirme en la organización); al general de división William Chambers, al general de brigada Walter Givhan, al general de brigada Dash Jamieson (que nunca deja de creer), al general de división Darren McDew, al general de brigada (Sel) Martin Neubauer (que sabe más de lo que yo nunca sabré), a Christy Nolta, a la general de brigada Janet Therianos y a la teniente coronel Dede Halfhill (me debes una, DeDe).

Estoy inmensamente agradecido a todas las personas brillantes y a las conversaciones sinceras que tanto inspiraron las ideas que acabaron convirtiéndose en el Círculo Dorado y todas sus partes. Gracias a Kendra Coppey, que me ayudó a salir del agujero a finales de 2005, y a Mark Levy, que me orientó en la dirección correcta. Gracias a Peter Whybrow, que vio un problema en Estados Unidos y me ayudó a comprender la neurociencia de todo ello. A Kirt Gunn, cuya brillante mente de narrador inspiró la grieta. Todas las conversaciones con Brian Collins alumbraron algo nuevo. Gracias también a Jorelle Laakso, que me enseñó a alcanzar las cosas en las que yo creía. A William Ury, que me mostró el camino a seguir, y al teniente general David Deptula, quien probablemente sea la persona más inteligente que conozca y que me ofreció una nueva perspectiva para resolver problemas sumamente complicados.

Mi comprensión del PORQUÉ sería incompleta sin las conversaciones, la ayuda y el apoyo de Nic Askew, Richard Baltimore, Christopher Bennett, Christine Betts, Ariane de Bonvoisin, Scott Bornstein, Tony Conza, Vimal Duggal, Douglas Fiersetin, Nathan Frankel, JiNan Glasgow, Cameron Herold, John Hittler, Maurice Kaspy, Peter Laughter, Kevin Langley, Niki Lemon, Seth Lloyd, Bruce Lowe, Cory Luker, Karl y Agi Mallory, Peter Martins, Brad Meltzer, Nell Merlino, Ally Miller, Jeff Morgan, Alan Remer, Pamela y Nick Roditi, Ellen Rohr, Lance Platt, Jeff Rothstein, Brian Scudamore, Andy Siegel, John Stepleton, Rudy Vidal, los cursos de la Reunión de Titanes de 2007 y 2008 y el inigualable Ball of Mystery.

Gracias a mi difunto abuelo, Imre Klaber, que me enseñó que es más divertido ser un poco excéntrico que ser completamente normal. A mis padres, Steve y Susan Sinek, que siempre me animaron a seguir mi propio ritmo. Y a Sara, mi extraordinaria y excepcional hermana, que aprecia que siga con la cabeza en las nubes pero que me asegure de tener los pies en la tierra.

Hay algunos libros y autores que, con el paso del tiempo, me han estimulado, dado ideas y ofrecido nuevas perspectivas: las obras de Ken Blanchard, de Tom Friedman y de Seth Godin; *The Starfish and the Spider* [*La araña y la estrella de mar: la fuerza imparable de las organizaciones sin mandos*], de Ori Brafman y Rod Beckstrom; *First, Break All the Rules* [*Primero rompa todas las reglas: las claves que distinguen a los mejores directivos*], de Marcus Buckingham; *Good to Great* [*Empresas que sobresalen*], de Jim Collins; *The 7 Habits of Highly Effective People* [*Los 7 hábitos de la gente altamente efectiva: lecciones magistrales sobre el cambio personal*], de Stephen Covey; *The 4-Hour Workweek*, de Tim Ferriss; *Never Eat Alone* [*Nunca comas solo: claves del networking para optimizar tus relaciones personales*], de Keith Ferrazzi; *E-Myth* [*La empresa E-Myth*], de Michael Gerber; *The Tipping Point* y *Outliers* [*Fuera de serie: por qué unas personas tienen éxito y otras no*], de Malcolm Gladwell; *Chaos* [*Caos: la creación de una ciencia*], de James Gleick; *Emotional Intelligence* [*La inteligencia emocional*], de Daniel Goleman; *Made to Stick* [*Ideas que pegan*], de Chip y Dan Heath; *Who moved My Cheese?* [*¿Quién se ha llevado mi queso?: cómo adaptarnos a un mundo en constante cambio*], de Spencer Johnson, M. D.; *The Monk and the Riddle*, de Randy Komisar; *The Five Dysfunctions of a Team* [*Las cinco disfunciones de un equipo: un inteligente modelo para formar un equipo cohesionado y eficaz*], de Patrick Lencioni; *Freakanomics*, de Steven D. Levitt y Stephen J. Dubner; *FISH!* [*Fish!: la eficacia de un equipo radica en su capacidad de motivación*], de Stephen Lundin, Harry Paul, John Christensen y Ken Blanchard; *The Naked Brain*, de Richard Restack; *Authentic Happiness* [*La auténtica felicidad*], de Martin Seligman; *The Wisdom of Crowds*, [*Cien mejor que uno: la sabiduría de la multitud o por qué la mayoría es más inteligente que la minoría*], de James Surowiecki; *The Black Swan* [*El cisne negro: el impacto de lo altamente improbable*], de Nicholas Taleb; *American Mania*, de Peter Whybrow, M. D.; y el principal libro que todo el mundo debería leer, el libro que nos enseña que no podemos controlar las circunstancias que nos rodean y que lo único que podemos controlar es nuestra mentalidad: *El hombre en busca de sentido*, de Viktor Frankl.

Deseo dar las gracias especialmente a todas esas personas que se han unido a esta causa y trabajan para motivar a los que los rodean. Agradezco todos los correos electrónicos y notas que me enviáis; las guardo todas como recordatorios de que se necesitan muchas, muchas personas, trabajando unidas, para conseguir tener un verdadero impacto.

Y para terminar, a todos los que leáis este libro y se lo paséis a alguien que creáis le va a motivar, gracias. Sé que, si somos muchos los que nos familiarizamos con la existencia del PORQUÉ y nos esforzamos en empezar todo lo que sabemos con el PORQUÉ, podremos cambiar y cambiaremos el mundo.